KB052810

화학 물질의 습격
위험한 시대를 사는 법

일상의 편리함 속에 숨은 화학물질 중독, 피할 수 없는가?

화학물질의 습격

위험한 시대를 사는 법

계명찬 지음

KOREA.COM

■

차례

■

PART 2

아이에게 대물림되는
환경 독성 물질의 고통

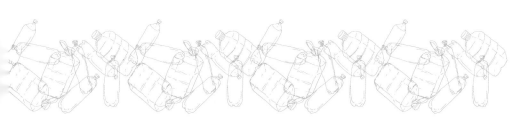

화학 산업의 발달로 얻은
수많은 편익과 혜택 그리고 부작용

인류는 화학 산업의 발달로 수많은 편익과 혜택을 얻었다. 화학 비료는 재래식 비료에 비해 훨씬 편리하고 손쉽게 땅을 비옥하게 만들어 주었다. 제초제와 살충제의 사용은 작물의 성장에 방해가 되는 잡초와 해충을 제거해 수확량을 극대화하였다. 농업뿐 아니라 매우 다양한 곳에서 그리고 의외의 영역에서도 화학 물질은 그 역할을 하고 있다. 강철로 이루어진 대형 선박들이 소금기 가득한 바다에서도 녹슬지 않으며, 음식이나 음료를 담고 있는 통조림과 캔은 시고 달고 짠 갖가지 맛의 음식과 음료들을 언제나 깨끗하고 온전한 내용물로 보이게 만들어 준다. 장미향을 내기 위해 굳이 장미를 꺾을 필요가 없고, 값비싼 바닐라콩을 쓰지 않더라도 바닐라향의 맛 좋은 아이스크림을 만들 수 있게 되었다. 하루 일과를 마치고 귀가하였을 때 옷에 묻은 기름때를 손쉽게 제거하고, 기분 좋은 향으로 머리를 감고 몸을 씻을 수 있게 되었다.

플라스틱의 등장은 또 어떠한가? 가볍고 물에 젖지 않고 튼튼하며 때로는 유연한 플라스틱은 훌륭한 건축자재로도 쓰이고 아이들의 장난감으로도 만들어진다. 깨지기 쉽고 무거운 유리병을 대신하여 유리처럼 투명하지만 튼튼하며 가볍기까지 한 플라스틱 병에 물을 담아 마실 수 있게 되었고, 맛있기로 소문난 식당의 음식을 플라스틱 포장 용기에 간편하게 포장해 오거나 집에서 만든 음식을 손쉽게 담아 외출한 후 사용 후에는 버리고 올 수도 있다. 이처럼 나열하자면 수도 없는 화학 제품들이 현대인들의 일상 곳곳에서 사용된다. 생활 속 화학 제품들의 편익의 이면에 있는 어두운 사실에 대해서는 대부분의 사람이 무지하거나 잊어버린 채 혜택 즉, 편리함만을 당연한 일상으로 여기며 생활하고 있다.

화학 제품의 편리함 뒤에 숨겨진 진실에 대한 다양한 통계를 다룬 뉴스 기사를 접할 때마다 편리함 만큼 커진 일상의 위기감에 대해 새삼 느끼게 된다. 수십 년 전에 비해 삶의 질이 나아진 것 같지만 한편으로는 단순 생리 불순에서부터 불임과 암까지 각종 질병의 발병률 역시 비례해 증가하고 있다는 것을 대부분의 사람이 어렴풋이나마 알고 있을 것이다. 보건교육포럼에서 2010년 발표한 〈초·중·고 여학생의 초경 현황 연구〉 보고를 보면 여학생의 초경 나이가 1970년대에 14.4세에서 1998년 13.5세, 1999년 12.8세, 2005년 12.25세, 2010년에는 11.98세로 점차 어려지고 있다. 의학 기술의 발달로 평균 수명이 증가하는 것과 반대로 2차 성징을 경험하고 사춘기를 겪게 되는 연령은 점차 빨라지고 있는 것이다.

의학 기술의 발달과 별개로 불임과 난임, 당뇨와 같은 대사 질환, 파킨슨병과 같은 신경계 질환, 고혈압, 각종 암까지 다양한 질병이 증가하고 있다. 혹자는 이러한 이상 현상의 원인을 서구화된 식습관이나 현대인에게 일상이 되어 버린 스트레스에서 찾기도 하고, 늦춰진 결혼 적령기나 고령화와 같은 사회 현상에서 찾기도 한다. 과연 이러한 이유만으로 현대인에게서 심화되고 있는 다양한 질병을 설명할 수 있을까?

2차 세계대전 당시 네덜란드 사람들은 먹을 것이 부족해 굶주림에 시달리자 튤립 뿌리를 먹기 시작했다. 지속적으로 튤립 뿌리를 먹으면서 이상 증상이 나타났다. 여성들에게서 생리 불순과 함께 자궁 출혈, 불임 등의 증상이 나온 것이다. 튤립 뿌리에 함유된 피토에스트로겐(phytoestrogen)은 여성 호르몬과 유사한 물질로, 이것이 체내에 흡수되면서 정상적으로 작동해야 할 호르몬의 균형이 무너진 것이 그 원인으로 밝혀졌다. 이는 우리의 몸이 얼마나 정교하게 조절되는지를 보여 줌과 동시에 외부 요인에 얼마나 민감하게 반응할 수 있는지 보여 준다.

튤립 뿌리를 먹었을 때 나타났던 생리 불순, 자궁 출혈, 불임과 같은 증상들은 튤립 뿌리를 먹어 본 적 없는 우리에게도 낯설지만은 않다. 그 이유는 무엇일까? 오른쪽 그림은 여성 호르몬인 에스트로겐과 대표적인 내분비계 교란물질의 화학 구조를 비교한 그림이다.

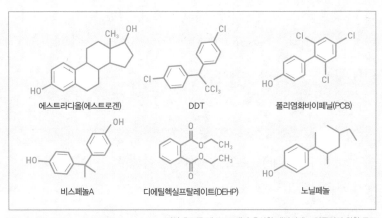

여성 호르몬 에스트로겐과 유사한 내분비계 교란물질의 화학 구조

완벽하게 일치하는 모양은 아니지만 에스트로겐과 내분비계 교란물질의 구조가 유사하다는 것을 쉽게 알 수 있다. 내분비계 교란물질은 사람의 몸에 들어가 호르몬의 작용을 방해하거나 교란하는 물질로, 화학적 구조가 생체 호르몬과 비슷해 마치 호르몬처럼 작용하여 일명 '환경호르몬'이라 불린다. 즉, 환경호르몬은 우리 몸의 호르몬 수용체와 쉽게 결합할 수 있다는 의미다. 마치 도둑이 머리핀을 열쇠구멍에 끼워 넣어 열쇠가 맞물리는 자리를 맞추면 잠긴 자물쇠가 열리는 것처럼 이와 같은 교란물질들은 호르몬 수용체에 끼어 들어가 정상적인 호르몬의 작용을 방해한다.

오늘날 우리는 튤립 뿌리를 먹지 않음에도 위와 같은 화학 물질들에 노출되어 튤립 뿌리를 먹은 것과 비슷한 이상 증상을 겪게 될 수 있다. 이러한 화학 물질들이 더 큰 문제로 다가오는 것은 단순히 유해하기 때문만은 아니다. 앞서 언급했듯이 우리는 수많은 화학 물질들에 둘러싸여 생활하고 있으며, 이들 물질에 노출되는 것은 필연적이고 일상적이다. 그리고 그 영향은 매우 광범위하게 나타나고 있다.

해양생물학자인 레이첼 카슨은 1962년 《침묵의 봄Silent Spring》이라는 책을 통해 살충제로 쓰이는 DDT가 해충뿐 아니라 모든 곤충을 무분별하게 죽이고, 이것이 먹이사슬 상층부로 이어져 새의 지저귐이 사라진 조용한 봄을 맞게 될 것이라 경고했다. 그리고 인간 역시 이러한 영향에서 자유로울 수 없음을 강조하였다. 동물학자인 테오 콜본은 1991년 《도둑맞은 미래Our Stolen Future》라는 책을 통해 화학 물질로 나타날 수 있는 유해 영향에 대한 다양한 연구 결과들을 더욱 구체적으로 제시하였다. 테오 콜본은 자연계에서 야생동물들의 급격한 개체수 감소 현상을 관측하고 그 이유를 찾던 중 인간이 만든 화학 물질이 야생동물들의 생식기 장애와 생식 능력 저하, 이상 행동, 면역 저하로 인한 질병 발생을 유발하고 있음을 발견한다. 그 당시 남성의 정자 수 감소 및 여성 호르몬제인 디에틸스틸베스트롤(dietylstilbestrol, DES)을 복용한 임신부 자녀에게서 나타난 각종 생식 기능 관련 질환 등이 알려지면서, 화학 물질 노출은 자연뿐아니라 인간에게도 유해한 영향을 미친다는 문제의식이 제기된다.

이러한 문제의식을 바탕으로 1991년 인류학, 면역학, 의학, 정신분석학, 동물학, 신경내분비학 등 다양한 분야의 연구자들이 모인 윙스프레드회의에서 합의문을 발표하게 된다.[1] 다음은 그 합의문 일부를 발췌한 것이다.

- 환경 내로 방출된 많은 수의 인공 화학 물질들은 인간을 포함한 동물의 내분비계를 혼란시킬 수 있다. 몇몇 살충제와 산업용 화학 물질을 포함하여 난분해성이고 생물에 축적되는 유기 할로겐과 다른 합성 제품 그리고 몇 가지 중금속이 이에 포함된다.

- 많은 야생동물 집단은 이미 이 화합물들에 의해 영향을 받았다. 그 영향으로는 새·물고기의 갑상선 질환, 물고기·새·조개류·포유류의 생식력 감소, 새·물고기·거북에서의 부화율 감소와 기형 출생, 새·포유류의 대사 이상, 새의 이상 행동, 수컷 물고기·수컷 포유류의 탈남성화와 여성화, 새·포유류의 면역 계통 이상 등이 포함된다.

- 그 영향의 유형은 종과 화합물에 따라 다양하다. 그럼에도 네 가지 일반적인 원칙을 제시할 수 있다. 1) 관련된 화학 물질은 성체보다는 배아, 태아 혹은 출산 전후의 유기체에 완전히 다른 영향을 미칠 수 있다. 2) 그 영향은 종종 노출된 성체가 아닌 후손에서 뚜렷하다. 3) 발생 중인 유기체의 노출 시점이 그 특성과 미래의 위해를 결정하는 데 중요하다. 4) 중요한 노출은 배아 발달 기간에 일어나지만 그 뚜렷한 발현은 성숙할 때까지 나타나지 않을 수 있다.

- 인간 역시 이런 성질의 화합물에 의해 영향을 받아 왔다. 여성 호르몬제인 디에틸스틸베스트롤은 화학 합성 치료제로, 디에틸스틸베스트롤을 복용한 어머니들에게서 태어난 딸들은 현재 질투명세포암의 증가, 다양한 생식기 이상, 비정상적인 임신, 면역 기능의 변화 등으로 고통받고 있다.

- 합성 내분비계 교란물질들의 환경 내 용량이 줄어들거나 규제되지 않는

다면 집단 수준에서 대규모 기능 이상이 일어날 가능성이 크다. 내분비
계 교란물질로 알려진 수많은 합성 화학 물질에 반복적으로, 꾸준히 노
출될 경우 야생동물과 인간에 대한 잠재적인 위험성은 매우 커질 가능
성이 있다.

● 야생동물에게서 보고된 생식에 미친 영향들은 같은 식량자원, 예컨대
오염된 물고기 등에 의존하는 인류의 관심사가 되어야 한다. 물고기는
새들이 노출되는 주된 경로다. 유기 염소 계열의 내분비계 교란물질에
의한 조류의 생식 장애 현상은 현재 가장 잘 설명되고 있는 모델이다. 조
류와 포유류의 내분비계는 매우 유사하므로 야생동물에게서 나타난
현상은 인간에게서도 나타날 수 있음을 의미한다.

(테오 콜본 외, 《도둑맞은 미래》 중에서)

현재까지 1억 3,700만 종의 화학 물질이 등록되어 있고 계속 늘
어날 전망이며 화학 물질에 대한 현대인의 의존도는 날로 심화되어
가고 있다. 화학 물질의 이용에 따른 편익이 늘어난 만큼 화학 물질
들에 의한 바디버든도 심화되어 간다. 즉 우리가 겪는 바디버든은
편익의 대가인 것이다. 대체 물질이 개발되고 있지만, 완전히 안전하
기보다는 조금 덜 해로운 물질로 보는 것이 타당하다. 오늘의 획기
적인 신물질이 내일의 바디버든 주범이 되는 시대에 살고 있는 것이
다. 결국 우리 삶은 화학 물질에 의한 바디버든으로부터 완벽히 자
유로울 수는 없다.

따라서 수많은 화학 제품 속에 생활하는 우리는 최소한의 화

학 물질로 검소한 편리함을 추구하려는 의지가 필요하다. 화학 물질에 대한 윙스프레드선언이 공표된 지 20여 년이 흐르는 동안 다양한 연구가 이루어졌고 유해성이 밝혀진 화학 물질들에 대해 규제가 이루어졌다. 그러나 여전히 우리는 다양한 화학 물질들에 노출되어 살아가고 있으며, 어떤 것들은 안전성에 관한 구체적인 연구가 이루어지지 않은 채 사용되고 있다. 이러한 화학 물질들은 체내에 축적되어 바디버든이라는 무서운 결과로 나타나는 것이다.

화학 물질이 주는 혜택은 분명 크다. 이 책에서 말하고자 하는 내용은 화학 물질을 쓰지 말자는 것이 아니라 우리가 어떤 화학 물질을 쓰고 있는지, 환경호르몬을 비롯하여 다양한 바디버든의 위험성을 충분히 인지하고 이들 물질에 대한 노출을 줄일 수 있는 생활 습관을 가지는 데 있다.

Part 1

오늘은
얼마나
쌓으셨나요?

1장

내 몸속에 차곡차곡 쌓이는 독성 물질, 바디버든

재미교포 이재림 디자이너는 2011년 한 강연을 통해 흥미로운 옷을 소개했다. 바로 버섯 포자가 박힌 수의다. 인간은 자신들의 편익을 위해 수많은 화학 물질을 만들어 환경을 파괴하고 있으며, 이는 자연스레 인간의 몸에도 쌓이게 된다. 이렇게 체내에 쌓인 화학 물질들은 사람이 죽었을 때 다시 환경에 영향을 미치게 된다. 수의에는 각종 화학 물질이나 중금속을 분해할 수 있는 버섯 포자들이 박혀 있어, 사람이 사후에 체내에 축적된 유해 물질로 환경에 유해한 영향을 미치기 전에 버섯들로 이를 분해하게 만든다는 아이디어다. 이재림 씨는 인간이 환경에 지고 있는 빚을 조금이라도 덜고자 하는 의도로 이러한 수의를 고안했다고 한다.

우리 몸에는 얼마나 많은 화학 물질이 쌓이고 있을까? 그는 강연 끝에 의미심장한 말을 남겼다.

"우리는 환경오염에 있어서 가해자이자 피해자다. 우리 몸은 환경 독성 물질의 필터이자 저장소다."

미국 질병통제예방센터(CDC)에서 발표한 보고서에 따르면,[2] 남녀노소를 불문하고 수많은 화학 물질이 체내에 축적되어 있다. 우리는 뉴스를 통해 비스페놀A(BPA), 디디티(DDT), 프탈레이트(phthalate), 브롬계 난연제(PBDEs) 등 이미 익숙한 것에서부터 뭔지 모를 화학 물질까지 기준치 이상 검출되어 논란이 되었다는 기사를 접해 본 경험이 있을 것이다.

현대인이 사용하는 제품들 중에서 화학 물질이 사용되지 않는 것은 거의 없으며, 인간에게 크나큰 편익을 제공하는 화학 물질이 생활 화학 제품에서 검출되는 것은 당연한 일인 것 같다. 문제는 이들 화학 물질 중 일부는 매우 유해하며, 어떠한 경우에 있어서는 체내에 축적되어 쉽게 사라지지 않는다는 데 있다. 사라지지 않은 채 몸속에 남은 화학 물질들은 마치 짐처럼 쌓이게 되는데, 이것이 바로 바디버든이며, 바디버든을 유발하는 대표적인 유해 화학 물질은 환경호르몬이다.

대부분의 사람이 다양한 매체를 통해 오래 전부터 환경호르몬이라는 단어를 들어 왔고, 무엇이 환경호르몬을 발생시키는지를 알고 있으며, 환경호르몬으로부터 자신을 보호하기 위해 상당한 노력을 기울이기도 한다. 대표적인 예로 비스페놀A가 사용된 식품 용기보다 '비스페놀A-free' 제품을 선호하는 것처럼 말이다. 적지 않은 노력과 관심을 갖는다고 생각하지만 여전히 환경호르몬을 포함한 유해 화학 물질로 인한 피해와 불안감은 사라지지 않고 있다. 그리고 또 그 노력과는 별개로 자신도 인지하지 못한 수많은 화학 물질, 즉 바디버든을 쌓고 있다.

2장

캔, 통조림, 물통에 사용되는
대표적 환경호르몬, 비스페놀A

비스페놀A의 위험성과 비스페놀A 대체 물질, 생활 속 '비스프리'의 함정 등에 관하여 간략히 살펴보자. 비스페놀에 대해 서술하자면 책 한 권을 다 채울 만큼 많은 연구가 있으며, 그만큼 사람들의 경각심 또한 크다. 다만 그 관심이 비스페놀A(bisphenol A, BPA)에 집중된 편이다. 비스페놀A가 적용되는 제품들은 생각보다 훨씬 다양하고 또 일상 곳곳에 깊이 자리하고 있다. 잘 알려진 대로 비스페놀A는 대표적인 내분비계 교란물질 즉, 환경호르몬이다.

비스페놀A는 투명하고 단단한 플라스틱 소재인 폴리카보네이트(polycarbonate, PC)와 통조림 캔의 내부 코팅제로 사용되는 에폭시수지의 주원료다. 비스페놀A가 사용된 폴리카보네이트 소재는 투명하고 단단한 플라스틱 또는 유광의 매끈한 플라스틱으로, 내열성

비스페놀A가 사용되는
폴리카보네이트 소재의 생수통과
에폭시수지로 코팅된 통조림캔

이 강해 과거 젖병과 식품용기, 건축자재로 활발히 쓰였다. 에폭시 수지는 통조림 캔, 수도관의 내부 코팅제로 쓰이며 일부 알루미늄 물병의 내부 코팅제로도 쓰인다.

비스페놀A는 여성 호르몬인 에스트로겐과 유사한 구조를 가지고 있어 여성 호르몬의 작용을 방해함으로 내분비계 장애를 불러일으키고, 그 결과 생식 능력 저하, 성조숙증, 발달 장애, 대사 장애, 고혈압 및 유방암 등을 유발할 수 있다. 다양한 질환의 새로운 원인으로 비스페놀A가 지목되면서 미국과 유럽, 우리나라를 포함해 전 세계적으로 규제되고 있다. 이러한 규제와 소비자의 선호를 따라 대부분의 제조사에서도 '비스페놀A-free' 제품을 출시하고 있지만, 여전히 비스페놀A는 다양한 분야에서 사용되고 있다.

영수증, 영화표 속 비스페놀A

더욱 놀라운 것은 물건 값을 계산하고 받는 영수증에 관한 것이다. 마트나 백화점에서 가장 많이 사용되는 영수증은 열에 반응하는 특수한 종이인 감열지로 만들어진다. 이 영수증에서 비스페놀A가 검출되면서 이에 대한 소비자의 경각심이 올라갔고, 일부 영수증을 '비스페놀A-free'인 대체재로 전환했다. 하지만 이들 영수증을 수거하여 분석한 결과 비스페놀A가 함유된 영수증과 마찬가지로 여성호르몬 유사 물질이 검출되었다. 왜일까? 비스페놀A 대신 비스페놀F나 비스페놀S를 사용하여 제조하였음이 의심되는 부분이다.

필자는 백화점, 마트, 약국, 영화관 등 영수증을 많이 취급하는 곳에서는 계산할 때마다 꼭 필요한 경우가 아니면 영수증을 받지 않겠다고 계산원에게 이야기한다. 그리고 이 영수증 속에 대표적인 환경호르몬인 비스페놀A가 다량 포함되어 있다는 사실을 아는지 물어 본다. 일부는 알고 있지만 상당수는 모르거나 관심이 없다고 대답한다. 나는 즉시 상당량의 환경호르몬이 영수증 제조에 사용되며, 영수증을 손으로 직접 만지면 피부를 통해 흡수되기 때문에 하루에 수백 장 이상의 영수증을 만지는 계산원들에게는 특별한 주의가 필요하다고 당부한다. 이런 일은 전문 지식이 높은 약사들에게서도 종종 관찰되는 일이었다.

영수증 한 장에 들어 있는 비스페놀A의 양은 적지 않다. 미국환경 단체 EWG(Environmental Working Group)에 따르면, 영수증 한 장에 들어 있는 비스페놀A의 양은 캔 음료나 젖병에서 나오는 양보다 수백 배 많다. 스위스 과학자들의 연구 결과에 따르면, 감열지를 5초만 만져도 피부를 통해 $0.2 \sim 0.6 \mu g$의 비스페놀A가 흡수된다. 국내 수도권 대형마트 7곳의 계산원 54명의 소변검사 결과, 근무 전후의 비스페놀A 농도가 큰 차이를 보였다. 장갑을 착용하지 않고 근무

한 계산원의 소변에서는 비스페놀A 농도가 근무 전보다 2배나 높았다.

영수증을 매일 만지면서 일하는 계산원들은 손가락 피부를 통해 들어올 수 있는 비스페놀 계열의 환경호르몬에 주의해야 한다. 영수증의 환경호르몬 문제점을 인식한 일부 업체에서는 계산원의 장갑 착용을 규정하거나 권하기도 한다. 소비자 입장에서도 증빙이 필요 없다면 영수증을 발급받지 않는 것이 종이도 절약하고 환경호르몬의 노출도 피하는 방법이다.

비스페놀A 대체재들은 안전할까?

비스페놀A를 대신해 사용되는 물질 중에는 비스페놀A와 같은 비스페놀 계열의 화학 물질로 비스페놀A와 비슷한 화학 구조를 갖는 비스페놀S(bisphenol S, BPS)와 비스페놀F(bisphenol F, BPF)가 있다. 비스페놀S와 비스페놀F는 비스페놀A와 비슷한 물성을 가지면서 비스페놀A의 유해성 논란을 피하기 쉬워 대체재로 활발히 사용되고 있다.

비스페놀S의 경우 일상생활에서 흔히 접하는 감열지와 플라스틱에 사용된다. 기존의 비스페놀A를 사용한 플라스틱보다 빛과 열에 강해 플라스틱 물병, 식품용기 등의 소재로 사용된다. 이러한 제품들은 '비스페놀A-free'로 홍보되면서 안전하다는 인식을 심어 주며 인기리에 판매되었다.

하루는 슈퍼마켓과 커피 전문점에 들러 비스페놀A 대체재를 이용한 제품들이 시장에서 얼마나 팔리는지 조사하였다. 반찬용기 등 플라스틱 용기와 물병에 '비스프리(Bis-Free)'라는 문구를 선명하게 인쇄한 제품들이 눈에 들어왔다. 용기 제작에 사용된 성분 표시를 살펴보니 다행히도 현재로선 최소한 납득이 갈 만한 수준의 소재를 사용한 제품들이었다.

비스페놀F 역시 플라스틱 제품에 쓰이는데, 주요 용도는 에폭시수지와 같은 코팅제의 성분으로 식음료를 담는 통조림 캔의 내부 코팅과 상수도관의 내부 코팅제로 쓰인다. 한국과 미국, 중국, 일본의 실내 먼지 속에 함유된 비스페놀의 구성비를 분석한 연구에 따르면 비스페놀A가 가장 높았고 그 뒤를 비스페놀S와 비스페놀F가 차지하고 있어, 두 대체재 역시 활발히 사용되고 있음을 보여 주었다.

비스페놀S와 비스페놀F가 사용되는 대표적인 사례가 감열지다. 2016년 여성환경연대에서 국내 유통 업체를 대상으로 영수증 속의 비스페놀 검출을 조사한 결과, 6개의 백화점과 대형마트 중에서 단 두 곳을 제외하고는 비스페놀A와 비스페놀S가 검출되었다.[3] 감열지에 함유된 비스페놀은 단순 접촉만으로도 피부를 통해 인체로 침투한다. 일반적으로 비스페놀A는 잔류성이 낮아 입을 통해 흡수되면 소화 과정을 통해 빠르게 배출되는 것으로 알려져 있는데, 피부를 통해 흡수된 비스페놀A는 혈류 속에서 더 오래 지속되는 것으로 나타났다.[4]

환경호르몬, 먹었을 때와 만졌을 때

음식물 섭취를 통한 경구 노출과 피부를 통한 경피 노출시 비스페놀A 배출에 걸리는 시간을 비교한 실험 결과를 살펴보자. 비스페놀A가 섞여 있는 과자를 섭취한 경우 섭취 후 5시간 뒤 소변에서 가장 높은 농도로 비스페놀A가 검출되었고, 24시간 뒤에는 검출되지 않았다. 반면 비스페놀A가 묻어 있는 물건을 5분간 만지게 한 뒤 소변에서 비스페놀A를 측정한 결과 48시간까지 소변에서 비스페놀A의 농도가 점점 증가하였으며, 실험 대상자 중 절반은 5일 후에도 소변에서 비스페놀A가 검출되었고, 나머지 절반의 경우 일주일이 지난 뒤에도 비스페놀A가 검출되었다.[5] 이는 비스페놀A를 음식물로 흡수한 경우보다 피부를 통해 흡수되었을 때 더 오랫동안 체내에 잔류한다는 의미다.

흥미롭게도 남성보다 여성이 훨씬 더 피부를 통한 비스페놀A의 흡수가 잘 일어난다는 연구 결과가 있다. 아마도 여성은 핸드크림 등의 보습제를 자주 사용하므로 손바닥에 적정 습기와 유분이 유지되어 비스페놀A가 흡수되기 유리한 환경이 조성된 것으로 추정된다.

한동안 비스페놀S나 비스페놀F는 기존의 비스페놀A를 대신한 효과적인 대체재로 인식되었다. 하지만 지속적인 연구가 이어지면서 이들 또한 기존의 비스페놀A와 유사한 유해 영향이 있음이 드러났다. 비스페놀S의 경우 일반적으로 비스페놀A보다는 내분비 교란 효과가 약하다고 알려져 있지만 비스페놀S 역시 여성 호르몬인 에스트로겐과 유사한 효과가 있음이 지속적으로 보고되고 있다.

2015년 캐나다 캘거리대학교 연구에서는 담수어인 제브라피시에 비스페놀S를 노출시켰을 때 뇌세포에 변형을 일으켜 과잉 행동을 유발했다고 보고했다. 제브라피시는 인체와 비슷한 뇌 성장을 보여 배아의 뇌 발달을 연구할 때 많이 사용된다. 따라서 이 연구 결과는 인간이 비스페놀S에 노출되었을 때에도 과도한 신경 세포 증식과 함께 과잉 행동 장애와 같은 신경계 이상 질환이 나타날 수 있음을 의미한다. 또 다른 어류를 이용한 실험에서는 부모 세대에 비스페놀S를 노출시켰더니 어미가 배란한 난자 수와 수정란의 부화 수가 감소하였고 자녀 세대에서는 기형이 나타났다. 이는 비스페놀S에 노출되면 당대에서 생식 능력 저하 그리고 발달 장애를 초래할 수 있다는 연관성을 보여 준다.

비스페놀A는 배출이 빠르고 생분해성도 비교적 높아 안전하다는 주장도 있다. 주로 비스페놀A를 원료로 하는 제품을 생산하는 기업들은 이 주장을 근거로 삼기도 한다. 해수와 담수에서 비스페놀A, 비스페놀F, 비스페놀S의 생분해성을 비교한 실험에서 비스페놀A와 비스페놀F는 둘 다 빠르게 분해되었지만 비스페놀S는 해수와 담수 모두에서 생분해성이 나타나지 않았다. 다시 말해 비스페놀S는 분해되지 않은 채 자연계에 오래 남아 있을 수 있으며, 생물 농축 등 다양한 경로를 통해 비스페놀A보다 심각한 수준의 악영향을 지속적으로 미칠 수 있다는 의미다.

2010년경을 전후로 상수도관의 내부 코팅제로 사용되는 비스페놀A가 논란이 되기도 했다.[6] 2015년 발표된 연구 결과에 따르면 한국, 중국, 일본, 인도의 주요 강에서 비스페놀류를 분석한 결과 인도를 제외한 3개국에서 비스페놀F의 농도가 가장 높았으며, 우리나라 한강의 경우 비스페놀F의 평균 농도가 555ng/L로 비스페놀A(114ng/L)에 비해 4배 이상 높았다. 한강의 비스페놀F의 농도는 상류보다 하류로 갈수록 높게 나타났다. 이러한 연구 결과로 수도관에 비스페놀A 대신 비스페놀F가 사용되고 있다고 추정된다.

비스페놀F는 비스페놀A의 안전한 대체재로 알려져 있었다. 양서류 배아를 이용한 실험에서 비스페놀A나 비스페놀S와 달리 비스페놀F는 배아 발달에 중요한 역할을 하는 세포 신호 전달 단백질인 노치(Notch)를 저해하지 않아 발달 저해가 나타나지 않았다. 하지만 여성 호르몬 유사 효과를 비교한 실험에서 비스페놀F는 비스페놀A 수준으로 나타났다. 또한 사람과 설치류의 태아 정소를 이용한 실험에서 비스페놀A와 비스페놀F를 노출시켰을 때 두 그룹 모두에게서 동일한 수준으로 남성 호르몬인 테스토스테론 생성이 저하되었다. 따라서 비스페놀F의 내분비계 교란 효과는 확실해 보인다.

3장

생활의 편리함을 준
페트병과 플라스틱 용기의 위험성

플라스틱은 작은 단위의 분자량을 가진 단위체들과 항산화제, 자외선안정화제, 윤활제, 정전기방지제, 점도조절제 등 다양한 첨가제가 복합된 화합물이다. 단위체 성분과 보조적으로 첨가되는 성분들 중 일부는 내분비계 교란을 일으킬 수 있는 물질이며, 이는 물병, 반찬통 등 최종 제품에서 극미량이 녹아 나올 수 있다.[7] 극미량이라고 해도 에스트로겐 수용체에 작용하는 비스페놀A, 식물성 에스트로겐은 태아나 미성숙한 개체에 영향을 미칠 수 있는 것으로 알려져 있으므로, 플라스틱 제품에서 녹아 나오는 성분이 내분비계 교란 활성이 있다면 낮은 농도일지라도 간과해서는 안 되는 것이다.[8]

최종 제품은 유통과 소비 과정에서 자외선, 전자레인지, 가열, 고온과 저온에 반복되어 노출되고 식기 세척 등 다양한 물리적 스트레스에도 놓이게 되는데, 이로 인해 구성 성분들이 분해되어 새로운 형태의 화학 물질로 변화되어 그 성분이 우리에게 축적될 수 있다.[9] 따라서 원료 물질 중 대표 물질 하나만을 대상으로 유해성을 평가하던 기존의 방식이 아니라, 최종 제품에서 녹아 나오는 성분의 안전성을 평가하여 의도하지 않았던 유해 물질이 존재할 가능성을 염두에 두고 분석해야 하는 필요성이 과학계에서 제기되었다. 그렇지 않을 경우 위험한 물질을 놓치게 될 수도 있다.

포장용 랩과 종이컵 안쪽의 코팅재, 폴리에틸렌(PE)

새로운 소재와 조성을 갖는 플라스틱은 사용의 편리함과 저렴한 가격을 무기로 우리의 일상생활 속 도처에서 사용되고 있다. 2016년 기준 한국인 1명의 연간 플라스틱 소비량은 98.2kg으로, 영국 56.3kg이나 미국 97.7kg보다 많다.

분리수거를 할 때는 모두 플라스틱으로 분류하지만, 이를 제조에 사용하는 원료인 수지에 따라 분류해 보면 매우 다양한 플라스틱이 사용되고 있음을 알 수 있다. 플라스틱이라고 하면 단단하고 가벼운 소재를 쉽게 떠올리지만, 비닐 역시 큰 범주에서는 플라스틱에 속한다. 비닐에 사용되는 플라스틱도 여러 가지인데, 투명하고 얇은 데다 접착력이 있어 배달 음식을 포장하는 데 쓰이는 업소용 랩은 폴리염화비닐(PVC)이 주원료이고, 식품 매장에서 음식을 담아 주는 반투명 비닐 봉투는 저밀도 폴리에틸렌(LDPE)이 주원료이다.

폴리에틸렌(Polyethylene, PE)은 가볍고 유연하며 열에 강하여 포장재로 널리 쓰이는 플라스틱으로, 만드는 방식에 따라 고밀도 폴리에틸렌(HDPE)과 저밀도 폴리에틸렌(LDPE)으로 나뉜다. 고밀도 폴리에틸렌은 밀도가 크고 불투명한 플라스틱으로, 우유통, 장난감, 세제 용기 등에서 쉽게 볼 수 있다. 저밀도 폴리에틸렌은 충격과 인장 강도가 우수해서 주로 식품을 포장하는 랩이나 비닐 포장재로 사용된다. 또한 폴리에틸렌은 종이컵에서 종이가 물에 젖지 않고 견고함을 유지할 수 있게 하는 역할도 한다. 자판기에 사용되는 종이컵도, 커피 전문점의 테이크아웃 종이컵에도 폴리에틸렌 코팅이 사용되는데, 바꿔 말하면 우리가 종이컵이라고 생각하는 대부분의 일회용 컵들이 실제로는 종이컵이 아니라는 이야기다.

우리나라는 분리수거를 강조하고 열심히 실천하는 나라 중 하나지만, '쓰레기 대란'이라는 말이 나올 정도로 재활용 효율이 좋은 편은 아니다.[10] 재활용 효율을 낮추는 원인에는 종이컵도 포함된다. 종이의 재활용을 위해서는 순수 종이만 필요한데, 대부분의 종이컵은 폴리에틸렌 등의 플라스틱 수지로 코팅이 되어 있다. 때문에 우리가 열심히 분리수거를 하더라도 종이컵은 종이로 재활용이 되기보다는 폐기 즉, 매립이나 소각의 대상이 되고 만다. '종이'컵이지만 실제로 우리가 먹고 마시는 내용물이 담기는 면은 플라스틱 소재로 되어 있으니 종이 '틀'로 된 플라스틱 컵인 셈이다. 우리는 이 종이 '틀' 컵에 커피와 같은 뜨거운 음료를 담아 마시기도 하고, 일회용 식품용기나 컵라면 용기로도 사용한다. 폴리에틸렌 소재의 내열성이 물의 끓는점인 100℃보다 높은 것으로 알려져 있지만 실제로는 그보다 더 낮은 온도에서도 손상이 발생할 수 있다. 실제로 종이컵에 뜨거운 물을 부었을 때 내부 코팅이 벗겨지는 것을 현미경을 통해 관찰한 사례도 있었다.[11] 종이컵에 뜨거운 물을 담아 마시는 것만으로도 플라스틱의 일부를 함께 마시게 될 수 있는 것이다.

이 '컵'의 크기가 다양해진 만큼 담게 되는 내용물 역시 다양해졌는데 때로는 알코올 즉, 술을 담기도 하고, 기름기 가득하거나 산성이 강한 음식을 담기도 한다. 튀김 등의 음식은 물의 끓는점보다 훨씬 더 높은 온도에서 조리되고, 알코올, 산, 기름 등의 성분은 굳이 높은 온도가 아니더라도 화학 물질이 더 쉽게 녹아 나온다.

정리하자면 어떤 형태로든 종이컵의 사용은 우리의 몸이 화학 물질에 노출되는 가능성을 높이는 행위가 된다. 당장에는 큰 영향이 없을지라도 이것이 지속되었을 때 안전하다고 장담할 수 없다. 분리수거나 재활용 쓰레기 등의 환경적인 이유에서뿐만 아니라 우리의 건강을 위해서라도 종이컵과 같은 일회용품의 사용을 줄여야 한다. 독성이 약한 물질일지라도 잘못된 사용 방법은 우리 몸에 독을 쌓는 결과를 가져올 수 있다.

휴대폰, 물컵 등에 쓰이는 단단한 플라스틱, 폴리카보네이트(PC)

대체적으로 투명하고 단단한 플라스틱 소재로 폴리카보네이트(polycarbonate, PC)가 널리 사용되고 있다. 폴리카보네이트는 비스페놀

A를 주원료로 사용하며 무색투명한 무정형의 열가소성 플라스틱 중합체다. 가공이 쉽고 내열성, 내충격성 및 투명성이 있기 때문에 휴대폰, 노트북, 모니터 등 IT 제품의 외장재를 비롯해 CD, DVD 소재로 폭넓게 사용되는데, 특히 내열성이 강해 과거에는 젖병과 식품용기로 많이 쓰였다.

많은 연구 논문을 통해 생활환경 속 폴리카보네이트 소재의 제품에서 비스페놀A가 나옴을 경고하였다.[12] 비스페놀A의 위험성이 알려지고 폴리카보네이트 소재의 제품에서 비스페놀A가 나온다는 것이 알려지면서 우리나라를 비롯해 많은 나라에서 유아용 젖병 소재로 폴리카보네이트 사용을 금지하였다. 현재 젖병과 식품 용기에는 거의 사용되지 않고 있지만 아직도 많은 생활용품 특히 물병, 물컵 등에서는 폴리카보네이트가 이용된다.

앞서 비스페놀S, 비스페놀F 등을 사용한 폴리카보네이트 대체 플라스틱을 '비스페놀A-free'라고 홍보하는 제품을 주의해야 한다고 경고한 바 있다. 플루오렌-9-비스페놀(fluorene-9-bisphenol, BHPF)은 비스페놀A 대체 물질 중 하나로, 플라스틱 제조시 주원료가 아니더라도 부재료로 활용되는 화학 물질이다.

플루오렌-9-비스페놀은 주로 '비스페놀A-free' 플라스틱에서 발견할 수 있으며, 최근 발표된 연구에 따르면 폴리카보네이트와 마찬가지로 물병에서 녹아 나온 플루오렌-9-비스페놀이 여성 호르몬인 에스트로겐의 작용을 억제하는 것으로 보고되었다. 물병에서 녹아 나온 플루오렌-9-비스페놀이 함유된 물을 암컷 쥐에게 먹인 결과 자궁의 크기가 줄어들었고, 이러한 효과는 플루오렌-9-비스페놀의 농도에 비례하여 나타났다.[13] 자궁은 여성 호르몬에 의존적인 대표 기관이다. 이처럼 플루오렌-9-비스페놀에서 나타난 여성 호르몬 교란 효과는 생식 능력 저하를 비롯한 다양한 내분비계 교란을 야기할 수 있음을 암시한다.

구체적인 검증 연구가 필요하겠지만, 비스페놀A를 사용하지 않는 제품들에서도 내분비계 교란 활성이 검출되고 있는 만큼 '비스페놀A-free' 제품일지라도 마냥 안심하고 사용하기에는 우려가 따른다. 비스페놀류를 사용하지 않으면서도 투명하고 단단한 폴리카보네이트 대체용 플라스틱 소재로는 바이오플라스틱, 코폴리에스테르 (copolyester) 등을 꼽는다. 이들은 원료로 비스페놀A를 사용하지 않으므로 일단은 믿고 사용하게 되지만 이들 소재의 가장 큰 약점은 가격이 비싸다는 점이다. 그렇지만 안전을 생각한다면 비싸더라도 이들 소재의 제품을 사용할 수밖에 없다.

가볍고 투명한 패트병의 소재, 폴리에틸렌 테레프탈레이트(PET)

페트병에 사용되는 플라스틱 소재는 페트(PET)로 알려진 폴리에틸렌 테레프탈레이트(polyethylene terephthalate, PET)다. 폴리에틸렌 테레프탈레이트 소재는 가벼우면서 강도가 높고 투명해 우리가 흔히 마시는 생수병과 음료수병은 물론 카페에서 사용되는 투명한 플라스틱 컵에도 사용된다.

폴리에틸렌 테레프탈레이트는 에틸렌글리콜(ethylene glycol)과 테레프탈레이트(terephthalate)를 중합시켜 만든 소재다. 여기서 사용되는 테레프탈레이트는 환경호르몬으로 지목되는 프탈레이트와는 전혀 다른 물질이다. 다시 말해 제조 과정에 있어 프탈레이트로 대표되는 가소제가 사용되지 않는다.

이론상으로 폴리에틸렌 테레프탈레이트 소재는 가소제를 별도로 사용하지 않을 뿐더러 물질 자체가 내분비계 교란을 유발하지 않기 때문에 안전한 소재다. 가소제가 사용되지 않은 폴리에틸렌 테레프탈레이트 소재는 일반적인 조건에서는 아무런 이상이 발견되지 않았다. 그러나 고체-액체에서 비휘발성 성분을 추출할 때 주로 이용되는 정밀한 화합물 분석을 적용하면 폴리에틸렌 테레프탈레이트 합성 과정에서 생성되는 중간 산물과 단위체, 가소제 등이 검출된다.[14]

경우에 따라서는 외부 자극에 의해 에스트로겐 유사 효과를 나타내는 물질이 폴리에틸렌 테레프탈레이트 소재에서 녹아 나올 수 있다는 연구 결과도 있다. 에스트로겐에 반응하는 특성을 가진

쓰레기통에서
많은 부피를 차지하는
일회용기들

세포를 이용한 체외 실험 모델에서, 자외선에 24시간 노출시킨 폴리에틸렌 테레프탈레이트 물병에서 녹아 나온 화학 물질을 처리한 결과 에스트로겐 활성이 검출된 것이다.[15] 이 연구에서 특정 화학 물질을 구체적으로 규정하지 않았지만 아마도 폴리에틸렌 테레프탈레이트 원재료보다는 제조 공정상에 부가적으로 사용된 화학 물질 중 일부가 특정 조건에서 녹아 나오고, 이들이 인체에 유해한 영향을 일으킬 수도 있다는 것으로 해석된다.

폴리에틸렌 테레프탈레이트 소재의 생수병을 햇볕에 노출시킨 뒤 내부에 담겨 있던 물의 성분을 분석한 결과, 환경호르몬은 아니지만 이와 유사한 아세트알데히드와 포름알데히드가 미량 검출되기도 하였다.[16] 폴리에틸렌 테레프탈레이트 제조시 에틸렌글리콜과 테레프탈레이트를 중합시키기 위한 촉매로 안티모니(antimony)라는 중금속을 사용하는데, 아직 안전성에 관한 연구가 더 필요한 상태지만 안티모니는 국제암연구소(IARC)에서 정한 2B군 발암 물질로 암을 유발할 가능성이 있다고 평가된다. 그뿐만 아니라 안티모니에 대한 내분비계 교란 효과에 대한 연구에서는 비스페놀A 만큼은 아니지만 에스트로겐 유사 효과를 나타내는 것으로 보고되었다.[17] 안티모니는 일반 페트병에서 일상적인 조건으로는 거의 나오지 않는다. 다만 온도가 올라갈수록 녹아 나오기 쉽다. 특히 60℃ 이상의 조건에 노출될 경우 기준치(한국 40ppb, 일본 2ppb, 미국은 5ppb, 1ppb=1μg/L) 이상의 안티모니가 녹아 나올 수 있고, 자외선 노출에 의해서도 녹아 나오는 것으로 나타났다.[18] 2015년 우리나라 식약처의 자료에 따르면 25℃에서 120일 보관시 0.001ppm, 60℃에서 120일 보관시 0.02ppm 정도가 녹아 나오는 것으로 보도되었다.

　찌는 듯한 여름, 목마름을 달래 줄 생수 한 병을 자동차 안에서 발견하였다면, 마셔도 될까? 햇볕에 노출된 것도 아니고 내부 온도에 의해 데워졌을 뿐 개봉하지 않은 새 물이다. 평소에는 괜찮겠지만 한여름이라면 차 안의 온도가 70℃를 넘기기도 한다. 길거리 상점을 지나가다 보면 땡볕 아래 놓여 있는 페트병 생수들을 어렵지 않게 찾아 볼 수 있다. 과연 마셔도 괜찮을까? 대개의 경우 큰 이상은 없지만 뜨겁게 데워진 채로 오래 둔 물병이라면 새 제품이라도 가능하면 피하는 것이 좋다. 추운 겨울 편의점이나 고속도로 휴게소의 온장고에 들어 있는 따뜻한 음료들을 집어들 때에도 음료수가 담긴 용기가 페트병이라면 다시 한 번 생각할 필요가 있다.

안전한 식품용기로 알려진 플라스틱, 코폴리에스테르(CP)

비스페놀A가 들어간 소재인 폴리카보네이트를 대체하기 위한 소재 중 하나가 바로 코폴리에스테르(copolyester, CP)다. 코폴리에스테르를 사용한 대표적인 재질이 폴리시클로헥산1,4-디메틸렌테레프탈레이트(PCT)로 현재 물병과 식품용기 등에서 활발히 사용되고 있다. 코폴리에스테르라는 단어의 'co'는 '공동' 또는 '함께', poly는 '여럿'을 의미한다. 이름에서 알 수 있듯이 코폴리에스테르는 한 종류 이상의 화학 물질이 함께 쓰인 중합체(polymer)를 이룬 소재를 의미한다.

코폴리에스테르는 테레프탈산다이메틸(dimethyl terephthalate, DMT), 사이클로헥산디메탄올(1,4-cyclohexanedimethanol, CHDM), 2,2,4,4-테트라메틸-1,3-시클로부탄디올(2,2,4,4-tetramethyl-1,3-cyclobutanediol, TMCD) 등 세 종류의 단위체를 중합시켜 만든 플라스틱으로, 여기에 사용된 세 가지 단위체가 남성 호르몬이나 여성 호르몬 교란 효과를 가지지 않는다는 연구 결과에 근거해 코폴리에스테르 소재가 안전하다고 말한다.[19] 하지만 지속적인 연구가 이루어지면서 물벼룩이나 어류를 이용한 동물 실험에서 단위체 중 일부가 미약한 정도지만 호르몬 유사 효과를 가진다는 것이 밝혀지거나, 세포를 이용한 실험에서 호르몬 생성에 변화를 유발한다는 보고도 있었다.[20] 따라서 현재로서는 이들 성분들에 대한 연구 결과들을 계속 주시할 필요가 있다.

일회용 컵 뚜껑, 컵라면 용기로 쓰이는 폴리스티렌(PS)

폴리스티렌(polystyrene, PS)은 생활용품, 장난감, 전기절연체, 라디오, 텔레비전 케이스, 포장재 등에 사용된다. 폴리스티렌은 가볍고, 맛과 냄새가 없는 열가소성 플라스틱으로, 흔히 일회용컵 뚜껑에서 볼 수 있다.

폴리스티렌을 발포하여 만든 것이 스티로폼이다. 한동안 컵라면 용기로 많이 사용되었던 스티로폼의 유해성에 관한 뉴스가 자주 보도되면서 최근에는 폴리에틸렌(PE)으로 내부 코팅이 된 종이 재질의 용기로 많이 대체되기도 했지만, 여전히 쉽게 접할 수 있는 재질이다.

　식품의약품안전처에서는 시중의 스티로폼 재질의 컵라면을 대상으로 실제 조리 때처럼 내용물에 끓는 물을 부어 5~30분간 플라스틱에서 녹아 나오는지 실험하였는데, 그 결과 20분 후부터 스티렌 다이머, 스티렌 트리머가 미량 녹아 나왔다. 휘발성 유기화합물(VOCs)의 일종이기도 한 스티렌 성분은 발암성 물질이자 생식 기능의 장애를 초래할 수 있는 환경호르몬으로 의심받는 물질이다. 그렇다면 스티로폼 용기에 들어 있는 컵라면을 먹으면 안 된다는 말인가? 이와 관련, 식약처는 "컵라면에 끓는 물을 부어 통상적인 방법(10분)으로 섭취할 경우 용기에서 스티렌 다이머, 스티렌 트리머가 용출되지 않으므로 안심하고 먹어도 된다"고 했다.

　스티로폼 용기에 담긴 컵라면을 평생 동안 먹는다고 생각해 보자. 먹을 때마다 매번 소량의 스티렌 성분이 라면 국물에 녹아 나와 우리 몸에 흡수될 것이다. 대부분 배설되겠지만 그 일부가 몸속에 서서히 축적된다고 생각해 보자. 사람에 따라 차이가 있겠지만, 스티렌으로 인해 발생할 수 있는 생식 기능의 저하를 비롯한 내분비계 교란으로부터 자유롭다고 말하기 어려울 것이다. 특히 스티로폼을 용기로 사용하는 컵라면을 전자레인지에 가열하면 훨씬 더 쉽게 유해 화학 물질이 녹아 나온다. 따라서 전자레인지를 이용한 컵라면 데우기는 피해야 할 행동이다.

　대개의 경우 플라스틱은 제조 과정에서 한 가지 물질만을 사용

플라스틱 분리 기준 숫자 기호 표시 각각의 의미와 사용되는 수지에 따른 분류

식별 표시	플라스틱	성질	용도	내열온도
♳ PET	폴리에틸렌 테레프탈레이트	투명하고 가볍다. 강도가 크다.	음료수 용기 (흔히 말하는 페트병)	60~150도
♴ HDPE	고밀도 폴리에틸렌	불투명하며 저밀도 폴리에틸렌보다 밀도가 크다.	물통, 우유통, 장난감, 세제 용기 등	70~100도
♵ PVC	폴리염화비닐	투명하고 가볍다. 열가소성이 있다. 재활용이 안 된다.	시트, 필름, 파이프, 타일 등 주로 산업용	65도
♶ LDPE	저밀도 폴리에틸렌	반투명하며 부드럽다. 햇빛에 의해 산화되기 쉽다.	랩이나 비닐 등의 포장재, 봉투나 쇼핑백 등의 코팅제	70~100도
♷ PP	폴리프로필렌	반투명하고 표면이 매끄럽다. 밀도가 가장 작다.	밀폐용기, 컵, 도시락, 주방 소도구 등	121~165도
♸ PS	폴리스티렌	불투명하다. 성형성이 좋다. 단단하지만 깨지기 쉽다.	일회용컵 뚜껑, 요구르트 병, 스티로폼 용기 등	70~90도
♹ OTHER	그 밖의 여러 가지 플라스틱	재활용이 안 된다.	대용량 생수통	

하지 않는다. 대표 물질 하나만을 대상으로 유해성을 평가하면 또 다른 유해 물질을 놓치게 될 수도 있다. 폴리스티렌을 원료로 하는 스티로폼 용기 외에도, 폴리스티렌은 단독으로 사용되는 경우는 거의 없고 다른 중합체와 혼합되어 사용되는 경우가 많다. 따라서 폴리스티렌을 원료로 하는 식품포장 용기에 담긴 음식물을 먹을 때는 가열하지 않도록 주의하는 것이 필요하다.

해류를 따라 지구를 순환하는 미세플라스틱

전 지구적으로 공기가 이동하는 것을 대기 대순환이라고 한다. 바닷

물 역시 해류라는 이름으로 지구를 순환한다. 플라스틱이 대기나 해류처럼 지구를 순환하고 있다고 한다면 믿을 수 있을까? 플라스틱은 사용이 편리해서 우리 생활에 매우 밀접하고 광범위하게 사용되고 있지만 몇 가지 단점을 가진다. 그 중 하나는 썩지 않는다는 것이다.

바닷가의 바위는 오랜 시간에 걸쳐 바람과 파도에 의해 서서히 다듬어지면서 모래가 된다. 썩지 않는 플라스틱이 바다로 흘러 들어가면 서서히 모래처럼 잘게 부서진다. 분해되는 것이 아니라 마모되어 잘게 쪼개지는 것일 뿐이다.

이렇게 잘게 쪼개진 플라스틱은 가볍기 때문에 해류를 따라 바다를 순환하게 된다. 분해되지 않는 플라스틱이 바다로 흘러들어 사라지지 않고 잘게 쪼개진 뒤에 먹이사슬을 타고 들어가 우리에게 되돌아오고 있다.[21] 미세플라스틱은 바다의 플랑크톤 수보다 네 배나 많은 것으로 추산된다. 이러한 미세플라스틱을 물고기가 섭취하고, 그 물고기는 우리 식탁 위에 올라온다. 멸치부터 고등어까지 거의 모든 생선의 내장에 미세플라스틱이 포함되어 있다.

우리가 버린 플라스틱은 미세플라스틱이 되어 우리에게로 되돌아온다. 우리나라 바다에 서식하는 해양 생물의 체내에서도 미세플라스틱이 발견되는 것으로 보고되었으며, 일부 지역에서는 해외에서 발견된 사례보다 높은 수치로 검출되어 안심할 수 없게 되었다. 미세플라스틱은 이제야 연구가 시작되는 단계이기 때문에 인체에서 어떠한 영향을 불러 일으킬지, 어느 정도가 안전한 섭취량인지 그 기준이 아직 없다. 태아나 발달기 영·유아에게 어떤 영향을 일으킬지 모르는 것이다.

미세플라스틱은 크기에 따라 그리고 단계에 따라 여러 명칭을 사용할 수 있지만, 생체에 광범위한 영향을 미칠 수 있다는 점에서 현재 새로운 문제로 대두되고 있다. 굳이 바람이나 파도에 플라스틱이 쪼개지는 걸 기다릴 것도 없이 우리는 잘게 쪼갠 플라스틱인 마이크로비즈(microbeads)를 만들어 써 왔다. 각질을 제거하거나 씻는 데 도움을 주기 위한 스크럽 제품이나 치약에 사용된 작은 알갱이들이 바로 플라스틱이다. 이것들이 사용 후에는 자연스럽게 하수도에 흘러 들어가게 된다.

전 세계적으로 미세플라스틱에 대한 논란이 커지면서 화장품, 세정제, 치약 등에 플라스틱을 첨가물로 사용하지 못하도록 금지했고, 국내에서도 2017년 7월부터 금지시켰다. 인위적으로 만든 작은 플라스틱 알갱이를 마이크로비즈라 하며, 잘게 쪼개진 플라스틱은 미세플라스틱이라 한다. 마이크로비즈의 사용이 전면 금지되었으나 미세플라스틱은 이미 전 세계 바다에 퍼진 것으로 알려져 있다.

우리나라도 예외는 아니다. 한국해양과학기술진흥원에서 발표한 바에 따르면, 남해 인근의 양식장과 근해에서 잡히는 굴, 담치, 게, 갯지렁이 중 97%에 해당하는 135개체에서 미세플라스틱이 검출되었다. 마이크로비즈 사용을 금지했다고 해서 미세플라스틱이 사라지는 것은 아니다.

단순히 바다가 미세플라스틱에 의해 오염됐다는 것이 문제가 아니다. 미세플라스틱은 고스란히 우리에게 되돌아온다. 플라스틱

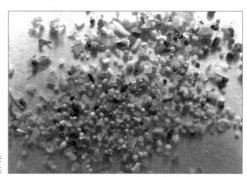

치약이나 세안제에 들어 있는
마이크로비즈

의 크기가 작아지면서 이를 먹게 되는 개체도 점차 작아지게 되었는데 이러한 미세플라스틱을 먹는 생물 중에는 물벼룩과 같이 매우 작은 개체들도 있다. 미세플라스틱을 먹은 물벼룩과 같은 플랑크톤을 상위 포식자인 멸치, 조개, 갯지렁이가 섭취하고, 이를 다시 고등어, 꽁치 등 식탁 위에 자주 올라오는 물고기가 섭취한다. 바닷새의 사체에서 다양한 플라스틱 제품이 발견되기도 했는데, 눈에 잘 보이지 않지만 이들이 잡아먹은 생선을 통해서 얼마나 많은 미세플라스틱을 섭취했는지 알 수 있다.

결국 식탁에 오른 생선을 통해 생태계의 최상의 포식자인 인간도 플라스틱을 먹게 되는 것이다.[22] 특히 미세플라스틱의 경우 주로 소화기관에 머물기 때문에, 생선의 내장까지 함께 먹는다면 자연스레 미세플라스틱도 함께 먹는 것이라고 볼 수 있다.

'생선 먹을 때만 조심하면 되지'라고 생각할 수 있지만, 수돗물에서도 미세플라스틱이 검출되고 있다. 미국의 비영리 언론기관 오르브미디어와 미네소타대학교 공중보건대학의 공동 조사에 의하

생선 안에서 발견된
미세플라스틱

면, 미국과 유럽, 아시아 등 14개국의 수돗물 샘플 154개 중 84%에
서 미세플라스틱이 검출되었다.[23] 국내에서도 환경부를 통해 조사
가 이루어졌는데 24개의 정수장 중 3개의 정수장에서 수돗물 1리터
당 0.2~0.6개의 미세플라스틱이 검출되었다. 다만 수도권에서 무작
위로 10개의 가정을 선정해 조사한 결과 수도꼭지에서 나온 수돗물
에서는 검출되지 않았다. 오르비미디어에서 발표한 외국 평균 4.3개
보다는 매우 낮은 수준으로 우려할 정도가 아니라고 하지만, 미세
플라스틱 문제는 피하고 싶다고 피할 수 있는 문제가 아닌 것이다.

2018년 10월 보도에 따르면 인체에서도 미세플라스틱이 발견되
었다. 오스트리아빈대학의 필립 슈와블 박사와 연구진은 전 세계 8
개국의 8명을 대상으로 대변을 분석한 결과 10g당 평균 24개의 미
세플라스틱이 발견되었다고 한다. 발견된 미세플라스틱은 대부분
페트병 소재인 폴리에틸렌 테레프탈레이트(PET)와 폴리프로필렌(PP)
으로 플라스틱에 든 음료와 비닐 포장된 식품을 통해 체내에 들어
온 것으로 추정되며, 이 중 6명은 생선도 섭취했다고 한다.[24]

여러 경로를 통해 먹게 되는 미세플라스틱은 대부분 소화기관

을 통해 배설되는 것으로 알려져 있지만, 일부는 소화기관에서 혈관과 림프계로 유출되어 간까지 영향을 미칠 수 있다고 한다. 플라스틱은 여러 가지 화학 물질의 혼합물이다. 이 중에는 잔류성 유기오염물질(Persistent Organic Pollutants, POPs)이 포함된다. 다시 말해 미세플라스틱의 섭취는 유기오염물질이 체내에 쌓이게 되는 결과이기도 하다. 아직 음용수와 해산물 등에 존재하는 미세플라스틱의 오염이 상대적으로 낮아 미세플라스틱 축적에 따른 1차적인 위험과 이 속에 함유되어 있는 잔류성 유기오염물질에 의한 2차적인 피해가 심각한 수준은 아니다. 그러나 오랜 시간이 흐른 뒤 생태계와 인간에게서 예상치 못했던 어떤 결과가 나타날지는 모를 일이다.

4장

생활 속에 자리 잡은 가소제 및 불소수지 제품들

플라스틱에 가소제를 첨가하면 열가소성이 높아져 다양한 모양의 제품을 쉽게 만들 수 있고, 딱딱한 플라스틱을 비닐처럼 유연하게 만들 수 있다. 그런데 우리가 일상에서 사용하는 수많은 제품 중 용기나 음식 포장용 비닐, 랩 등에 사용되는 가소제에는 특별히 주의를 기울일 필요가 있다. 플라스틱의 성분 중 비스페놀과 같은 유해 성분이 제품에 녹아 나올 수 있듯이, 플라스틱에 첨가된 가소제 역시 제품에 녹아 나올 수 있기 때문이다.

코팅제도 마찬가지다. 냄비나 프라이팬에 조리할 때 음식이 눌어붙지 않게 하기 위해 코팅제를 사용한다. 조리도구의 코팅제에도 관심을 가져야 하는 것은, 열에 계속해서 노출되는 조리도구는 소재뿐 아니라 코팅제의 성분도 음식이나 공기 중으로 녹아 나올 수 있기 때문이다.

이제부터 살펴볼 가소제 및 코팅제가 사용된 제품은 플라스틱과 마찬가지로 일상에 매우 광범위하게 사용되는 것들이다. 그 위해성이 밝혀졌지만 뚜렷한 대안이 없어 그대로 사용하고 있기도 하고, 또는 대안이 있지만 그 편리성을 위해 그대로 사용하는 제품도 있다. 바디버든을 위해 어떤 선택을 해야 하는지, 어떤 생활 습관을 가져야 하는지 살펴보도록 하자.

식품 포장재, 장난감의 PVC가 위험한 이유, 프탈레이트

몇 해 전 석촌호수에 거대한 오리 조형물이 설치되면서 '러버덕'이라는 것이 우리나라 사람들에게 소개된 적이 있다. '러버덕'은 귀엽게 생긴 오리 모양 장난감으로 우리나라에는 친숙하지 않지만 서양에서는 물에 뜨는 장난감, 쉽게 말해 목욕탕에서 가지고 놀 수 있는 흔한 장난감이다. 이름에 '러버'(rubber, 고무)가 들어가서 고무로 만들어진 것이라 생각하기 쉽지만 대부분 폴리염화비닐(PVC) 소재를 이용한 것이다. 석촌호수에 띄운 대형 러버덕도 폴리염화비닐 여러 조각들을 모아 만든 것이다.

폴리염화비닐은 본래 단단하고 부서지기 쉬운 소재지만, 여기에 가소제가 더해지면 부드럽고 말랑말랑해지며 경우에 따라서는 투명하고 질긴 소재가 되기도 한다. 이렇게 만들어진 폴리염화비닐은 바닥재, 완충재, 포장재, 접착제로 사용되거나 장난감, 식품 포장용 랩 등의 제품으로 나온다. 그 외에도 수혈용 혈액주머니, 가방 등 일상용품의 재료가 되기도 한다. 폴리염화비닐 소재를 부드럽게 만들어 주는 대표적인 가소제가 바로 내분비계 교란물질로 알려져 있는 프탈레이트(phthalate)이다.

대표적인 프탈레이트 계열의 가소제는 디에틸헥실프탈레이트(DEHP), 디부틸프탈레이트(DBP), 벤질부틸프탈레이트(BzBP) 등이 있다. 프탈레이트는 공식적인 내분비계 교란물질, 즉 환경호르몬이므로 국내·외에서 특정 분야에서는 사용이 제한된다. 프탈레이트는 플라스틱을 부드럽게 하는 용도 외에도 목재 가공, 향수, 가정용 바닥재에 사용되며 유화제나 윤활제 또는 용매로 쓰이거나 화장품에 들어가는 착향제 등으로 매우 광범위하게 사용된다. 다양한 제품에 사용되는 만큼 먹거나 호흡하거나 그리고 피부를 통해 프탈레이트에 노출될 수 있다. 특히 어린 영·유아들의 경우 물건을 입으로 가져가는 경우가 많고 실내 먼지에 노출되기도 쉬워 장난감이나 실내 먼지 등을 통한 프탈레이트 노출에 취약하다고 할 수 있다.

많은 연구를 통해 확인되었듯이 프탈레이트는 인체 내에서 내분비계 교란을 유발하며 다양한 유해 영향을 일으킨다. 남녀 모두에게서 생식 능력 저하를 유발하며, 여아의 경우 프탈레이트 노출로 인해 성조숙증 및 사춘기가 일찍 나타날 수도 있다.

2014년 EBS에서 방영한 다큐멘터리 〈하나뿐인 지구〉에서는 화장품에서 검출되는 프탈레이트와 이를 사용한 아이의 성조숙증의 연관성이 보도되었다. 최근 연구에서는 프탈레이트와 발달 장애,

특히 신경 발달 및 지능 저하와의 연관성이 제기되었으며, 주의력결 핍 과잉행동장애(Attention Deficit Hyperactivity Disorder, ADHD)와 프탈 레이트와의 연관성도 밝혀졌다. 정상적인 아이와 주의력결핍 과잉행 동장애 증상을 보이는 아이들의 소변 내 프탈레이트 검출 실험을 진행한 결과, 주의력결핍 과잉행동장애 아이들이 일반 아이들에 비 해 프탈레이트의 주요 대사체의 농도가 높게 검출되었다. 여기서 주 목해야 할 부분은 검출된 프탈레이트의 농도가 높을수록 어린이의 행동 장애 지수도 높게 나타난 것이다. 검사 대상 아이들의 MRI 검 사를 실시한 결과, 검출된 프탈레이트 농도가 높을수록 행동 조절 과 종합적인 상황 판단을 하는 우측 전두엽과 측두엽의 피질 두께 가 얇게 나타나 프탈레이트가 뇌 발달에 직접적으로 영향을 줄 수 있음을 보여 주었다.[25] 또 다른 연구에서는 프탈레이트 노출이 뇌신 경 발달에 영향을 미쳐 청각 장애를 유발할 수 있다고 밝혔다.[26]

프탈레이트로 발생할 수 있는 여러 유해 영향으로 인해 현재 주요 프탈레이트류의 사용이 규제되고 있다. 어린이용 공산품에 0.1% 이상의 프탈레이트가 함유되어 있을 경우 판매가 금지되며, 혈 액주머니나 수액연결관(튜브)과 같은 의료기기에는 프탈레이트 사용 이 전면 금지되었다. 하지만 이러한 규제는 여러 종류의 프탈레이트 중 디에틸헥실프탈레이트, 디부틸프탈레이트, 벤질부틸프탈레이트에 집중된 규제일 뿐, 여전히 유아용품을 포함해 여러 생활 제품에서 기준치 이상의 프탈레이트가 자주 검출되어 논란이 되고 있다.[27]

가소제가 사용되는 대표적인 소재는 폴리염화비닐(PVC)이다. 폴리염화비닐 포장재는 투명하고 질긴 데다 접착성이 있어 무언가를 밀봉 포장하기 매우 편리하다는 장점을 가진다. 음식점에서 식자재나 음식을 포장할 때 쓰는 랩도 폴리염화비닐로 만들어진다. 폴리염화비닐이 잘 늘어나는 특성을 갖게 만들기 위해 가소제를 사용한다. 바로 이 가소제가 환경호르몬인 프탈레이트다.

배달 음식을 랩으로만 포장한 경우를 어렵지 않게 볼 수 있다. 랩에 둘러싸인 자장면이나 뜨거운 국물이 있는 짬뽕을 배달하여 먹고, 방금 튀겨낸 뜨거운 탕수육도 랩으로 포장하여 배달한다. 뜨거운 음식을 담는 용기를 포장할 때 프탈레이트 계열의 가소제를 사용한 랩을 쓰게 되면 랩 내부의 프탈레이트가 더 쉽게 녹아 나와 국물이나 음식물 속으로 들어가고 우리는 그것을 먹고 마신다.

최근 가정용 랩은 프탈레이트 계열의 가소제를 사용하지 않은 폴리에틸렌 재질로 된 제품으로 나온다. 기존의 프탈레이트 가소제를 사용한 랩보다 잘 밀봉되지 않지만 이 정도의 불편함은 더 나은 선택을 위해 감수해야 하는 부분일 것이다. 그런데 과연 프탈레이트 계열이 아닌 가소제는 안전하다고 볼 수 있을까?

친환경이라 불리는 기준은 모호하지만, 친환경 제품이라 일컬어지는 제품들은 일반적으로 인체에 무해하다고 강조한다. 지금부터 설명할 친환경 가소제 역시 인체에 무해한 물질로 소개되는 것

배달 음식의 밀봉에 사용되는
폴리염화비닐 랩

들이다. 프탈레이트를 대체하는 대부분의 대체 가소제가 친환경이
라는 이름의 안전한 소재로 인식되어 사용되지만, 아직 구체적인 안
전성 검증에는 미흡한 면이 있다. 일부의 경우 제조원가가 높고, 폴
리염화비닐처럼 잘 늘어나는 특성이 부족하여 사용에 한계도 있다.

포장용 랩의 제조 과정에서 프탈레이트를 대신한 대체 가소제
로는 아디페이트(adipate), 시트레이트(citrate), 식물성지방산 등이 있
다. 국내의 경우 대부분 식물성지방산을 이용한다.

아디페이트계 가소제로는 디에틸헥실아디페이트(di(2-ethylhexyl)
adipate, DEHA)가, 시트레이트계 가소제로는 아세틸트라이뷰틸시트레
이트(acetyltributyl citrate, ATBC)가 활발히 사용된다. 두 가지 모두 기
존의 프탈레이트계 가소제와 비슷한 물성을 가지며 독성이 나타나
지 않아 활발히 사용되었다. 그러나 이 물질들 또한 최근 연구에서
낮은 수준이지만 간 및 신장에 독성이 있는 것으로 보고되었으며,
일부 연구에서는 갑상선 호르몬 유사 효과 및 대사 질환이 유발될
가능성이 제기되었다.

화학 가소제에 대한 불안함에서 벗어나기 위해 식물성 기름을 이용하여 가소제를 만드는 방법도 사용된다. 옥수수기름이나 콩기름 등 흔히 우리가 먹는 식용유를 이용해서 만들 수 있기 때문에 화학 가소제에 대한 거부감과 유해성 논란을 피할 수 있다는 장점이 있다. 국내 포장용 랩의 경우 대부분 식물성 기름을 이용한 가소제를 이용하여 만들어진다. 대표적인 식물성 가소제는 에폭시화 대두유(Epoxidized soy bean oil, ESBO)인데, 프탈레이트 가소제를 사용한 폴리염화비닐에 비해 잘 늘어나지는 않지만 내분비계 교란을 포함한 유전 독성과 암을 유발하는 프탈레이트 가소제가 가진 독성 영향은 없는 것으로 알려져 있다.

일반적인 환경에서는 식품포장재에서 디에틸헥실아디페이트, 아세틸트라이뷰틸시트레이트, 에폭시화 대두유와 같은 가소제가 녹아 나올 일은 없다. 전자레인지 역시 포장재에 직접적인 영향을 미치지 않기 때문에 큰 걱정 없이 사용해도 된다. 다만 음식과 접촉했을 경우 전자레인지를 통해 음식의 가열된 열로 인해 포장재에서 가소제가 녹아 나올 가능성이 있다.[28] 그뿐만 아니라 기름기가 있는 음식을 담았을 때 역시 에폭시화 대두유와 같은 가소제가 음식으로 녹아 나오는 것으로 알려져 있다. 에폭시화 대두유는 큰 독성이 없지만, 설치류 실험에 의하면 장기간 노출될 경우 간, 신장, 고환 및 자궁 등의 무게를 변화시키는 것으로 나타나 유해 영향을 미칠 가능성이 없다고 단정하기 어렵다.[29]

우리나라 식약처에서는 식품 포장용 랩의 경우 100℃를 초과

하지 않을 경우에만 사용할 것과, 지방 성분이 많은 음식물 및 주류에는 직접 접촉하지 않도록 주의 표시를 하게 되어 있다.

프라이팬과 등산복, 자동차의 코팅제, 불소수지와 과불화화합물

홈쇼핑에서 서로 다른 두 종류의 팬을 뜨거운 불에 잔뜩 달군 뒤 걸쭉한 소스를 들이붓는 장면을 본 적이 있을 것이다. 겉으로 봤을 때 달궈진 팬에 소스가 타서 달라붙은 것처럼 보이는데 한쪽은 힘을 주어 닦아도 탄 부분이 검게 남지만 다른 한쪽은 신기하게도 그을린 부분이 손쉽게 닦인다. 이렇게 잘 닦이는 프라이팬에 달걀프라이를 하면 기름을 사용하지 않았는데도 눌어붙지 않고 예쁘게 완성된다.

등산복과 같은 기능성을 강조한 아웃도어 의류들은 비에 젖지 않고 흙탕물이 튀어도 털어내기만 하면 깨끗해진다. 자동차에 사용되는 발수코팅도 이와 비슷하게 차 위로 쏟아지는 빗물이 금세 흘러내리도록 한다. 코팅되지 않는 면과 비교해 보면 코팅된 면에서 물은 기름을 만난 듯이 어느 곳에도 남지 않고 미끄러지듯 흘러가 버린다.

눌어붙지 않은 프라이팬과 방염 및 방수, 발수코팅에 공통적으로 사용되는 것이 바로 불소수지(fluoroplastic 또는 fluororesin)다. 불소수지는 탄소(C)와 불소(F)의 결합으로 만들어지는데, 이렇게 만들어진 화합물은 다른 분자를 밀어내는 성질을 가진다. 즉 불소수지 코팅을 하면 물이나 기름 등의 분자가 닿았을 때 이를 밀어내기 때문에 어떠한 물질도 달라붙기 힘든 특징을 가진다. 내열성, 내약품성, 비절연성, 저마찰 등 다양한 특징을 함께 가지고 있어 화학공업, 전기공업 등 산업 분야부터 주방용품에 이르기까지 다양한 용도로 사용된다. 매우 유용한 물질이지만 불소수지 제조에 필수적으로 사용되는 것이 과불화화합물(Perfluorinated Compounds, PFCs)이다. 과불화옥탄산(PFOA), 과불화옥탄술폰산(PFOS), 과불화헥산술폰산(PFHxS) 등이 대표적이다.

　　과불화화합물은 독성이 약하다고 알려져 있지만 난분해성으로 쉽게 분해되지 않고 내분비계 교란을 유발하는 환경호르몬이다. 최초의 불소수지는 폴리테트라플루오로에틸렌(Polytetrafluoroethylene, PTFE)으로 개발사의 상표명인 테플론(Teflon)으로 널리 알려져 있다. 테플론은 불소수지의 특성을 살려 눌어붙지 않는 프라이팬으로 만들어져 큰 인기를 끌게 된다. 이 프라이팬을 만들어 낸 회사 이름의 뜻을 찾아보면 테플론과 알루미늄의 합성어(Tefal, 테팔)임을 알 수 있다. 그만큼 테플론은 프라이팬 코팅에 상징처럼 사용되어 왔다.

　　지금까지 알려진 바로는 테플론 즉, 불소수지 자체로는 인체에 큰 유해성은 없다. 만약 프라이팬을 사용하다가 코팅이 벗겨져 섭취하게 되더라도 불소수지는 체내에 흡수되지 않고 그대로 배출되는 것으로 알려져 있다. 하지만 불소수지를 만들 때 거의 필수적으로 사용하게 되는 과불화화합물은 이와 다르다. 과불화화합물은 방수성이 뛰어나 표면 코팅제로 사용되며 계면활성제로도 사용된다.

1960년대에 테플론과 과불화화합물인 과불화옥탄산, 과불화헥산을 생산하던 듀폰과 3M은 비밀리에 과불화화합물의 독성과 유해 영향에 대해 연구하였고, 동물 실험을 통해 과불화옥탄산에 의해 간이 비대해진다는 것을 확인하였다. 수십 년간 자체 연구와 조사가 진행되는 동안 과불화옥탄산이 쉽게 분해되지 않고 체내에 축적되며 유산 등의 생식 장애를 유발할 가능성이 있음을 알게 되었고, 1981년에 이르러서 듀폰사의 테플론 생산 공장 직원에게서 태어난 신생아 7명 중 2명에게서 시각장애가 나타났지만 이러한 사실들은 외부에 알려지지 않았다. 과불화옥탄산의 유해성에 대한 주장이 제기되었지만 과학적 근거가 부족하다고 일축되었고, 위해성에 관한 구체적인 논의는 2000년대에 이르러서야 진행되기 시작했다.

그러는 동안 수십 년에 걸쳐 과불화화합물은 물과 공기 중으로, 전 지구상에 퍼졌다. 과불화화합물은 자연계에서 존재하지 않고 인위적으로 만들어진 것이다. 환경 단체 그린피스에서는 지구상에 얼마나 많은 과불화화합물이 퍼져 있는지 조사하였다. 과불화화합물이 사용되지 않은 장비를 착용한 뒤 스위스, 칠레, 중국 등지의 사람의 발길이 거의 닿지 않는 곳에서 눈과 물을 채취하여 성분을 분석한 결과, 모든 곳에서 과불화화합물이 검출되었다. 과불화화합물은 난분해성으로 자연계에서 쉽게 분해되지 않고 체외 배출도 어렵다. 보통 체내에 축적되면 그 양이 반으로 줄어들기까지 4~9년이 걸린다고 한다. 2005년 존스홉킨스의과대학병원 내 신생아 300명을 대상으로 검사한 결과, 2명을 제외하고 모두 과불화화합물이 검출되었다. 과불화화합물이 모체를 통해 전이되었을 가능성을 보여 준다.

우리나라, 일본, 미국 등 9개국 12개 지역의 사람들을 대상으로 조사한 결과 우리 국민의 과불화옥탄산의 혈중 수치가 가장 높게 나타났는데 이는 외국의 3~30배에 달하는 수치였다.[30] 여성의 경우 남성에 비해 과불화옥탄산의 수치가 상대적으로 높게 나타났는데 이는 여성의 조리 활동 참여가 더 높기 때문으로 판단된다. 테플론을 포함한 불소수지는 프라이팬, 다리미, 히터, 섬유 등 일상용품에 광범위하게 사용된다. 프라이팬 코팅의 경우 200℃에서 분해되기 시작하여 240℃ 이상에서 불소수지 입자가 방출되기 시작하고, 300℃에서 산화된 입자가 방출되며, 360℃에서는 유독가스가 방출된다. 프라이팬 제조에는 코팅 원료인 불소수지에 과불화옥탄산이 들어가지만, 프라이팬 제조 공정에서 430℃ 열 가공 과정을 거치므로 조리 과정에서 과불화옥탄산이 방출될 가능성을 낮추고 있다. 하지만 이는 어디까지나 제조상 그렇다는 이야기이고, 코팅이 벗겨진 오래된 프라이팬이나 잘못된 조리 방법으로 인해 과불화화합물이 음식이나 공기 중으로 퍼질 가능성을 배제할 수 없다.

만약 모체에 과불화화합물이 침투하게 되면 모유를 통해 자녀에게 영향을 미치게 된다. 테플론 자체의 독성은 낮은 것으로 알려져 있으나, 갑상선 호르몬을 교란하고 뇌세포의 조기 사멸을 유발하거나 영·유아에게서 나타나는 집중력 장애의 원인으로 의심되고 있다. 과불화옥탄산을 포함하여 과불화화합물의 유해성으로는 간 독성 및 내분비계 질환, 면역 저하, 신경 손상, 발달 장애, 고혈압, 신장 및 전립선암 등 다양한 유해 영향을 유발하는 것으로 알려져 있다. 이러한 유해성이 보고되면서 2015년 세계 35개국의 과학자들은 마드리드 성명을 통해 과불화화합물의 생산과 사용 제한 및 규제를 촉구하였다. [31]

미국과 유럽에서는 2015년부터 불소수지 사용을 단계적으로 금지하거나 제한하고 있다. 우리나라는 2016년부터 과불화화합물에 대한 관리 방안을 마련하여 일일 섭취 허용량(Tolerable Daily Intake, TDI)을 과불화옥탄산의 경우 1.0 TDI, 과불화옥탄술폰산은 0.15 TDI로 규정하여 관리하고 있지만 규제 대상은 아니다. [32] 현재 티타늄 코팅이나 다이아몬드 코팅 프라이팬 역시 테플론과 같은 불소수지가 사용되고 있다.

수액백과 수액튜브 등의 편리함 뒤에 숨은 대가

아픈 몸을 치료하기 위해 병원을 찾았다가 도리어 병을 얻게 되었다면, 그리고 그것이 치료 과정에서 필연적으로 발생하게 된다면 우리는 어떻게 해야 할까? 가소제인 프탈레이트 계열의 대표적인 환경호르몬인 디에틸헥실프탈레이트는 어린이 장난감과 식품포장재는 물론 혈액 용기나 수액 용기, 고무 튜브, 주사기 같은 각종 의료용품, 그리고 향수, 헤어스프레이 같은 일상 생활용품에 널리 사용되어 왔다.

병원에서 치료를 받거나 입원한 많은 환자가 링거주사를 맞는다. 오래전에는 유리병 소재의 링거병을 이용했으나 플라스틱 소재의 기술이 발달하여 링거병은 폴리염화비닐 소재의 수액주머니로 대체되었다. 단순히 두꺼운 비닐로만 생각했던 수액주머니와 수액관이 불과 얼마 전까지 이 프탈레이트로 만들어졌다.

국립독성연구소에서 발표한 폴리염화비닐 의료용품에 의한 디에틸헥실프탈레이트의 인체 노출 평가의 연구 결과에 따르면, 환자와 일반인의 혈액을 채취해 디에틸헥실프탈레이트 농도를 측정한 결과 혈액투석 환자의 혈중 디에틸헥실프탈레이트 농도가 건강한 일반인보다 8배, 포도당이나 식염수를 링거주사로 맞은 환자는 일반인보다 4배, 가끔씩 병원을 찾는 내원 환자는 일반인보다 2배나 높았다. 이는 수액튜브에 포함된 디에틸헥실프탈레이트에 의한 노출 때문으로 분석됐다.

국립독성연구소는 디에틸헥실프탈레이트가 가장 높게 검출된 환자라고 해도 미국식품의약국(FDA) 기준치보다 200분의 1 정도로 낮기 때문에 환자들에게 해를 끼친다고 보기 어렵다고 말했다. 그러나 미국식품의약국 기준은 일반 성인을 대상으로 제시한 것이어서 환자나 노약자에게 이 기준을 적용하기 어려운 측면이 있다. 또한 디에틸헥실프탈레이트가 환자 몸속에 있는 다른 종류의 환경호르몬과 결합해 또 다른 부작용을 일으킬 가능성이 있다. 따라서 프탈레이트가 함유된 수액백과 수액튜브 등 의료용기에 빈번하게 노출된 환자들에서 치료를 원했던 질병 외에 내분비계 교란 효과로 인한 2

차적 질환의 발병 위험성이 장기적으로 높아질 수 있다. 병원에 치료 받으러 가서 병을 얻게 되는 것이다. 유럽을 포함한 선진국에서는 2017년부터 인체 접촉이 되거나 삽입 또는 주입되는 의료기기에는 프탈레이트를 전성분의 0.1% 이내로 사용하도록 규제하였다.

다행히 우리나라도 2015년부터 수액관 및 수액백에 프탈레이트 사용을 전면 금지하여 규제가 이루어지고 있다. 하지만 이것이 의료기기 전반에 이루어진 규제 사항은 아니다. 그 당시 수액 세트와 비슷한 형태인 수혈용 세트는 규제 목록에 포함하지 않았다. 수혈용 의료기기의 경우 대체하기에 특수한 상황에 놓였는데 인체에 유해한 영향을 일으키는 것으로 알려진 프탈레이트 계열 소재가 혈구의 보존에 있어서 유리한 장점을 가지고 있기 때문에 쉽게 대체하기 어려운 점이 있었다.[33] 최근 식약처는 수혈기기에 사용되는 프탈레이트의 효용성과 유해성 사이에 대한 고민을 끝내고 2018년 6월부터 실행한 개정안에 따르면 수혈 세트에 있어서도 프탈레이트의 사용을 전면 금지시켰다.[34]

하지만 여기에도 문제가 발생한다. 기존의 프탈레이트를 대체할 수 있는가? 대체 물질은 안전한가? 충분한 숙고 끝에 내려진 결정이겠지만 현재 가장 대표적인 프탈레이트 대체재로 알려진 가소제 트리옥틸트리멜리테이트(Trioctyl Trimellitate, TOTM)의 경우도 프탈레이트보다 상대적으로 그 정도가 덜할 뿐 에스트로겐 활성을 가지는 것으로 알려졌다.[35] 즉, 내분비계 교란을 유발할 가능성이 있는 것이다. 프탈레이트에 대한 규제가 이루어지는 것도 중요하지만 이를 대체하는 대체재에 대한 안전성 검증도 충분히 이루어져야 한다.

이보다 더 심각한 가능성은 디에틸헥실프탈레이트가 노약자와 산모, 태아에 미치는 영향에 대한 연구 결과들이다. 산모와 태아를 대상으로 한 연구에서 임신기에 디에틸헥실프탈레이트에 노출되면 태아의 DNA에 메틸화 가능성을 증가시키는 것으로 나타났다. 흔히 후성유전학의 대표적 기전인 DNA의 메틸화는 적절한 유전자 발현을 어렵게 하므로, 다양한 질병으로 발전할 가능성이 있다.[36]

환경부도 폴리염화비닐 의료용품의 유해성을 인정하고 있다. 현재 연간 4,000만 개 정도 쓰이는 폴리염화비닐 수액 용기와 혈액 보조 용기 등에 대해 전면 사용 금지를 조치하겠다고 밝힌 바 있다. 하지만 전망은 불투명하다. 환경부 관계자는 이해 관계자들의 반발로 계획대로 추진될 수 있을지 현재로서는 장담하기 어렵다고 한다. 혈액 용기와 혈액투석용 고무튜브 같은 제품은 이를 대체할 제품이 아직 개발되지 않아 이번 금지 추진 대상에서 제외되어 있다. 혈액을 투석하기 전에 고무튜브를 여러 번 씻어 내거나 고무튜브의 일부를 유리로 대체하는 등 환경호르몬이 핏속으로 흘러 들어가는 것을 최대한 막을 방안을 적용해야 한다.

5장

립스틱, 향수, 샴푸, 세제 속
피할 수 없는 위험

화장품이 등장한 것은 언제일까? 화장품의 역사는 기원전부터 시작되었다고들 하지만 우리나라에서 상업용 화장품이 처음 판매되기 시작한 것은 박가분이 등장한 1919년이다. 박가분은 이름 그대로 박씨가 만든 분가루를 말한다. 박가분을 칠하면 얼굴이 백옥같이 된다고 하여 당시 선풍적인 인기를 끌었다. 이전에도 얼굴을 하얗게 만드는 백분(보통은 쌀가루나 조개껍질, 활석 등으로 만들었다)이 있었지만 박가분만큼 미백 효과가 없었고 피부에 잘 발라지지 않았다.

뛰어난 효과를 자랑했던 박가분의 비법은 바로 납에 있었다. 납을 산성액(식초)으로 처리하여 밀봉한 뒤 가열하면 하얀 가루가 돋아나는데, 이 하얀 가루(일명 납꽃)는 미백 효과와 흡착력을 가지고 있어 중세 유럽과 일본 등에서 꽤 오래전부터 사용되어 왔다. 로

마제국의 멸망 원인이 납 중독으로 꼽힐 만큼 납은 상당히 유용한 반면 인체에 치명적인 유해성을 가진다. 박가분을 사용했던 여성들 역시 납 중독으로 피부가 괴사하거나 정신이상을 보였다. 박가분으로 인한 피해가 잇따르자 1935년에 이르러 박가분은 폐업하게 된다.

앞서 독성 물질로 소개한 중금속 안티모니와 대표적인 환경호르몬 비스페놀A 역시 화장품에 사용되었다. 최근 식약처에서 발표한 자료에 따르면 국내 판매 중인 화장품에서 기준치 이상의 안티모니가 검출되어 화장품 내 유해 물질에 대한 우려를 가중시켰다.[37] 납이나 안티모니 같은 금속류뿐 아니라 화장품에는 수많은 화학 물질이 사용되고 있고 특정 물질의 경우 유해성이 보고되어 그 사용이 제한되고 있다. 하지만 사용이 제한되었을 뿐 금지된 것이 아니기 때문에 여전히 일부 제품에 사용되고 있다. 해마다 뉴스를 통해 기준치 이상의 무언가가 화장품에서 검출되었다는 소식이 전해진다. 보통 이러한 과정은 특정 성분을 규제 없이 활발히 사용하다 뒤늦게 유해성이 밝혀지면서 시작된다.

화장품 외에도 방향제, 샴푸와 같은 세정제에도 화장품 못지않게 많은 화학 물질이 사용된다. 그리고 우리는 이러한 제품들을 일상에서 사용한다. 이런 제품의 경우 피부에 직접 닿거나 공기 중에 퍼진 것들을 흡입하게 되는데, 만일 제품에 중금속이나 유해 화학 물질이 섞여 있다면 이를 피할 방법이 없다.

화장품과 세정제에 사용되는 방부제, 파라벤

합성 또는 정제된 화학 물질을 사용하지 않더라도 화장품이나 세정제를 만들 수는 있다. 하지만 이렇게 만들어진 제품들은 보존 기간이 매우 짧다는 문제점이 있다. 이러한 문제점을 해결하기 위해 사용하는 방부제 중 하나가 바로 파라벤이다. 방부제로 사용되는 파라벤은 미생물(특히 곰팡이)의 성장을 억제시켜 제품의 보존 기간을 늘려 준다. 파라벤은 과일이나 일부 곤충에서 자연물로도 존재하며, 효과적인 방부 보존제로 로션이나 자외선 차단제, 치약 외에 의약품과 식품첨가물로도 쓰이고 있다. 하지만 파라벤이 피부염이나 내분비계 교란, 암 등을 일으킨다는 유해성이 잇따라 보고되어 안전성 논란이 지속되고 있다.

파라벤은 메틸파라벤, 에틸파라벤, 프로필파라벤, 부틸파라벤 등 네 종류가 있는데 부틸파라벤의 경우 독성이 강해 주로 사용되는 것은 메틸파라벤이다. 일반적으로 미생물 억제 효과와 독성은 비례하는데, 부틸파라벤 〉 프로필파라벤 〉 에틸파라벤 〉 메틸파라벤 순으로 독성이 있다. 2000년대 초반부터 메틸파라벤을 포함한 모든 종류의 파라벤이 여성 호르몬과 유사하여 교란 효과를 낼 수 있다는 것이 실험적으로 증명되었다. 또한 유방암과의 상관성도 보고되었다. 실제로 유방암 환자의 암세포를 모아 분석한 결과 160명의 환자 중 99%에 해당하는 사람들의 암세포에서 파라벤이 검출되었다. 필자는 동물 실험을 통한 연구에서 파라벤에 노출된 수컷 쥐의 정자가 가지는 DNA에 후성적 변화가 발생한다는 것을 확인하였다. 이러한 정자는 수정 능력이 저하되거나 이 정자가 수정한 배아는 정상적인 발생이 이루어지지 않을 가능성이 제기된다. 파라벤은 말 그대로 체내에 축적되어 자신은 물론 자녀에게까지 유해 영향을 일으킬 수 있는 가능성이 있는 것이다.

2014년, 국내 시판 중인 치약에서 검출된 파라벤 성분이 논란이 되어 국정감사에 등장한 뒤 그 불안감으로 인해 파라벤 프리(paraben-free) 제품이 확산되는 계기가 되었다. 사실 파라벤은 인간이 발견해 사용하는 보존제(방부제) 중 가장 안전하다고 손꼽히는 물질이다. 제품에 사용되는 허용량도 전체의 0.2~0.4%로 제한되어 있어 상당히 적은 양으로 규제되고 있다. 파라벤을 사용하지 않는다면 제품이 쉽게 변질되어 또 다른 부작용을 야기할 수도 있다. 문제는 아무리 독성이 약하고 함량이 적다고 하더라도 로션, 스킨, 크림 등과 같은 화장품에서부터 물티슈, 구강청결제, 치약, 식품류에 이르기까지 매우 다양한 제품에 파라벤이 광범위하게 사용되고 있다는 점이다. 따라서 우리는 파라벤에 지속적으로 노출되며 그 노출량은 점점 증가하게 된다. 저농도 노출이라 할지라도 지속적인 노출로 나타날 수 있는 영향에 대한 연구가 미흡하기 때문에 여전히 파라벤에 대한 불안감을 지우기란 힘들다.

파라벤 프리 제품에는 파라벤을 대신해서 에틸헥실글리세린(ethylhexylglycerin)이나 페녹시에탄올(phenoxyethanol)이 보존제로 사용된다. 두 물질 모두 녹차 등 식물 유래 물질로 천연을 강조한 제품에 사용된다. 하지만 화학 공정 없이 추출하기 힘들 뿐더러 결정적으로 파라벤에 비해 보존 기능이 약해 파라벤보다 많은 양을 첨가해야 방부 효과가 나타난다. 이 물질들이 파라벤만큼 독성이 없다면 다행이지만 이들 또한 알레르기, 피부염을 유발할 가능성이 있고 신경 독성이 보고되었다.

파라벤 등 보존제를 사용하지 않기란 정말 힘든 일이다. 어느 정도까지 사용하면 안전하다는 허용 기준치를 가지고 규제하고 있지만 안전성에 의문이 제기되는 것 역시 사실이다. 때문에 화장품에 어떤 성분이 사용되고 있고 어떤 유해 영향을 일으킬 수 있는지를 파악해 개인이 파라벤 노출을 피하는 것이 중요하지만 이는 쉬운 일이 아니다.[38]

결과는 향기롭지 않은 합성 향료

화장품이나 향초, 향수, 방향제, 섬유유연제 등과 같은 제품들 중에 향이 없는 제품들은 정말 드물다. 그리고 이러한 제품들에 향기를 넣어 주는 것이 어떤 성분인지 아는 사람들 역시 상당히 드물다. 무엇으로 향을 내는지 알아보기 위해 성분 표시를 찾아보지만 적혀 있는 것은 대부분 "향료" 두 글자뿐이다. 식약처에서 발표한 화장품 전성분 표시 지침에 따르면 착향제를 향료로 표시할 수 있다. 착향제의 구성 성분이 전체의 0.01% 이상일 경우 해당 성분을 표기하도록 권고 또는 권장하지만 의무는 아니다. 다시 말해 화장품에 들어 있는 향료는 정말로 꽃에서 추출한 것일 수도 있고 그렇지 않은 것일 수도 있다.

보통 꽃이나 천연물에서 추출했다면 그 이름을 쓴다. 당연한 이야기겠지만 꽃을 이용한 향료보다 합성 향료가 훨씬 저렴하다. 식물이나 과일 추출물과 같은 천연물을 사용하는 경우 가격 문제 외에도 향기의 지속력이 약하다는 한계가 있다. 때문에 대부분 인공 착향제를 섞어서 향료를 만들거나 첨가제를 더하거나 화학 물질만으로 인공 향료를 만든다. 현재 3,000여 개 이상의 화학 물질이 착향제로 사용되는데 이들 인공 착향제만으로도 대부분의 향을 만들어 낼 수 있다.

낮은 가격으로도 향기를 부여할 수 있지만 이들 인공 향료가 신체에 미치는 영향은 향기로움과는 거리가 멀다. 피부 염증이나 알레르기를 유발할 수 있고 흡입하게 되는 향료의 특성상 호흡기 질환을 유발할 수도 있다. 흔히 오렌지 향을 내기 위해 쓰는 리모넨의 경우 독성이 약한 물질이지만 피부염을 유발할 수 있고 기도, 폐와 같은 호흡기관에 손상을 줄 수도 있다. 동물 실험에서도 리모넨이 간 독성을 유발할 수 있는 것으로 나타났으며 모체의 자궁에 직접적으로 리모넨을 투여한 결과 성장 지연과 골격 변형을 유발하였다.

향을 내기 위해서는 꽃이나 과일향과 비슷한 석유 화합물뿐 아니라 다양한 첨가제가 들어간다. 오일 성분의 향료가 잘 섞이도록 유화제가 사용되고 오일 성분이 변질되는 것을 막기 위해 산화 방지제가 사용된다. 또한 향을 일정하게 유지하고 지속성을 부여하기 위해 벤조페논(자외선 흡수제로도 사용됨), 디부틸프탈레이트(dibutylphthalate, DBP), 디에틸프탈레이트(diethyl phthalate, DEP)와 같은 프탈레이트가 사용된다. 물론 일정량의 허용 기준치가 정해져 있어 안전하게 사용된다고 하지만 상당한 종류의 화학첨가제가 향료 또는 화장품에 사용되는 것 역시 사실이다.

미국의 환경 단체 EWG의 화장품 성분에 대한 데이터베이스에서는 독성 정도를 1~10단계(높을수록 고위험)로 나타내고 있는데 합성 향료는 여기에서 8등급으로 평가되고 있다.

호르몬 유사 효과 일으키는 천연 라벤더 오일

라벤더는 향료의 대표 격으로 향초나 방향제, 마사지 오일 등에 매우 활발하게 사용되고 있다. 특히 심신의 긴장 완화에 도움이 되는 것으로 알려져 인기가 매우 높은 천연 원료 중 하나다. 이미 왕성하게 활용되는 물질이지만 호르몬 유발 효과가 알려지기도 했다. 2007년 라벤더 오일과 티트리 오일에 노출된 남아에게서 가슴이 여성처럼 발달하는 여성형 유방증이 관찰되었다.[39] 여성형 유방증이 나타났던 아이는 라벤더 오일 노출이 중단되고 시간이 지난 뒤에 정상으로 회복되었지만, 보다 어렸을 때부터 그리고 지속적으로 노출되었다면 어떤 결과가 나타날지는 누구도 그 안전성을 장담할 수 없을 것이다.

라벤더 오일에 지속적이고 반복적으로 노출될 경우 여성 호르몬인 에스트로겐 효과가 나타나고 남성 호르몬인 안드로겐이 억제될 수 있음이 제기되고 있다. 2018년 미국 국립환경보건과학원(NIEHS)에서 발표한 연구에 따르면 라벤더 오일과 티트리 오일에 함유된 화학 물질들 즉, 유칼리프톨, 4-터피네올, 디펜텐/리모넨, 알파 터피네올 등이 여성 호르몬 유사 효과를 통해 내분비계 교란을 유발할 수 있음을 확인하였다.[40]

이들 화학 물질들은 라벤더나 티트리 오일에만 있는 것이 아니라 천연 향료를 포함하여 방향 효과 등의 목적으로 활용되는 방향유 또는 에센셜 오일이나 아로마 오일로 불리는 천연 향료 60여 종에도 발견되고 있어 천연 물질이라도 그 사용에 주의가 필요하다는 것을 알려 준다.

이 책의 서문에서도 언급했듯이 튤립 뿌리처럼 천연의 물질도 사람의 몸에서 호르몬처럼 작용할 수 있는 물질들이 있을 수 있다. 현재 우리가 활발하게 사용하고 있는 천연 물질들 역시 크게 다르지 않다. 물론 활발히 사용되는 만큼 안전성이 어느 정도 입증되었고 큰 우려 없이 사용할 수 있는 물질들이지만, 그것이 발달 과정에 있는 영·유아나 임산부를 대상으로 사용된다면 백 퍼센트 안전하다고 할 수는 없다.

물과 기름을 섞어 주는 계면활성제, 천연이라고 안전할까?

계면활성제는 물에 스며들기 쉬운 친수성과 기름에 스며들기 쉬운 친유성을 동시에 가지고 있다. 또한 분산력, 삼투력, 기포력으로 기름때와 옷 사이를 파고 들어가 옷에서 때를 분리시키는 역할을 한다. 이 뿐만 아니라 서로 다른 성질의 성분들을 잘 섞어 주는 역할도 한다. 따라서 계면활성제는 세탁용 세제로만 사용될 것 같지만 다양한 종류의 계면활성제가 용도와 목적에 따라 화장품을 비롯한 다양한 용품에 들어 있다. 계면활성제는 기본적으로 세정력을 높이기 위한 목적으로 샴푸와 같은 세정제에 사용되며, 내용물들이 오일 성분과 잘 섞이도록 크림 속 유화제로 사용되고, 립스틱의 색소와 확산을 용이하게 하기 위해, 목욕용품에는 향료의 수용성을 높이기 위한 목적으로 사용된다. 그 외에 항균 목적으로도 계면활성제가 사용된다.

계면활성제의 한 종류인 노닐페놀(nonylphenol, NP) 또는 노닐페놀 에톡시레이트(nonylphenol ethoxylates, NPEs)는 화장품이나 세정제에 사용되었는데, 호르몬 유사 작용과 같은 내분비계 교란 작용이 알려지면서 현재는 비스페놀A, 프탈레이트와 함께 대표적인 환경호르몬으로 꼽혀 사용이 금지되거나 제한되었다. 노닐페놀이 규제 대상이기는 하지만 사용이 완전히 금지된 것은 아니다. 공중위생관리법상 사람이 그대로 먹을 수 있는 야채 또는 과실 등에 사용되는 세척제 및 식기류 등 식품의 용기를 씻는 데 사용되는 세척제, 식품 가공 및 조리 기구를 씻는 데 사용되는 세척제 용도 외에는 사용이 가능하다. 2011년 그린피스에서 발표한 보고서 〈더러운 빨래(Dirty Laundry)〉에 따르면 우리에게 익숙한 유명 브랜드인 아디다스, 컨버스, 캘빈클라인, 유니클로 등 14개 유명 브랜드 의류에서 노닐페놀이 검출되었다. 이 보고서에 따르면 중국과 베트남, 말레이시아 등지에서 생산되는 78개 의류 제품 중 약 3분의 2가 노닐페놀 에톡시레이트에 오염된 것으로 나타났다.[41]

노닐페놀을 대신해 다양한 대체 물질들이 사용되고 있다. 세정 목적으로 현재 활발히 사용되는 계면활성제는 소듐라우릴설페이트(sodium lauryl sulfate, SLS)와 소듐라우레스설페이트(sodium laureth sulfate, SLES)가 있다. 소듐라우릴설페이트와 소듐라우레스설페이트는 합성 계면활성제로 내분비계 교란과 같은 독성 영향은 보고되지 않았지만 피부염과 알레르기의 원인이 될 수 있다고 알려졌다. 또한 적은 양이지만 피부를 통해 흡수되어 인체에 영향을 주거나 축적될 가능성이 있다고 알려졌다. 물론 체내에 흡수되더라도 미량인 데다 빠르게 대사되어 체외로 배출되기 때문에 축적된다고 말하기에는 조금 무리가 있으나 생활 속에서 계면활성제의 노출 빈도가 높은 만큼 주의가 필요한 것은 사실이다.

화장품에 널리 사용되는 계면활성제로는 폴리에틸렌글리콜(polyethylene glycol, PEG)이 있다. 폴리에틸렌글리콜이라는 이름으로 표기되지만 그 종류는 매우 다양하다. 주로 'PEG-숫자' 형태로 표기되는데, 숫자는 분자량을 뜻한다. 폴리에틸렌글리콜 자체로는 독성이 매우 약하지만, 생산 과정에서 에틸렌옥사이드(ethylene oxide)와 다이옥산(1,4-dioxane)과 같은 독성 물질이 생성되고 이것이 생성물인 폴리에틸렌글리콜에 포함될 수 있다는 우려가 있다. 또한 폴리에틸렌글리콜 자체로도 알레르기를 일으킬 수 있으며, 다른 화학 물질의 피부 내 침투를 돕는 것으로 보고되었다.

천연 계면활성제 중 하나로 코코넛오일을 이용한 계면활성제가 사용되고 있지만 '천연'이라는 말에 모든 것이 안전하다고 판단하는 것 역시 삼가야 한다. 원료가 천연이어도 화학적 공정을 통해 어떤 형태의 변화가 나타났는지에 따라 예상치 못한 유해성을 띠게 될 수도 있다. 코카마이드 디에타놀라민(Cocamide diethanolamine, Cocamide DEA)은 코코넛오일을 바탕으로 한 계면활성제로 화장품이나 샴푸 등에 활용되는 물질이다. 코카마이드디이에이는 우리가 일반적으로 생각하는 위험한 화학 물질은 아니지만 국제암연구소(IARC)에서는 인체에 암을 유발할 수 있는 2B군 발암 물질로 구분하고 있으며, 미국의 일부 주에서는 발암 물질로 규정하여 코카마이드디이에이를 함유한 제품의 유통시 경고문을 표시하도록 하고 있다.

피부에 직접적으로 접촉하는 화장품이나 세정제에 사용되는 계면활성제는 까다로운 시험을 거쳐 독성이 없거나 거의 없다고 판단된 것을 선별하여 사용한다. 하지만 이는 성인을 기준으로 한 평가 방법에 근거한 것이며, 기능성을 높이기 위해 매우 다양한 화학 물질이 첨가되어 섞이게 되므로 이들 계면활성제와 다른 종류의 화학 물질이 섞여 부정적 효과가 상승될 수 있다는 점에 유의해야 한다. 또한 아무리 낮은 독성을 갖는 계면활성제라 하더라도 우리가 이들을 포함한 제품을 사용하는 빈도가 높은 만큼 사용에는 조심할 필요가 있다.

막연히 유해할 것이라고 생각했던 합성 계면활성제뿐만 아니라 당연히 안전할 것이라고 믿었던 '천연' 계면활성제마저 유해할 수 있다니 그럼 우리는 어떤 제품을 어떻게 선택해야 하는 것일까? '화학 포비아'로 모든 화학 제품을 피하는 것이 답일까? 현실적으로 세정제를 사용하지 않고 청결을 유지하기란 결코 쉽지 않다. 최소한으로 사용하고 잘 헹구는 것이 중요하다. 한때 샴푸를 사용하지 않는 '노푸'가 화제가 되기도 했지만, 두피의 피지와 오염이 제거되지 않는 단점이 지적되었다.

　당부하고 싶은 말은, 현대 사회를 살아가면서 우리가 합성 화학 제품으로부터 자유로울 수 없다는 것을 받아들이라는 것이다. 시중에서 판매하는 세정 제품 거의 대부분은 합성 계면활성제를 포함한 화학 물질을 함유하고 있다. 이는 백화점에서 판매하는 고급의 천연 세정제 브랜드 역시 마찬가지다. 계면활성제 등의 화학 물질은 적은 양으로도 높은 효과를 낼 수 있기에, 정도의 차이가 있을 뿐 어느 정도 소듐라우릴설페이트(SLS)와 같은 합성 계면활성제를 사용한다. 다시 말하자면, 완전무결한 천연의 무해한 제품을 시중에서 구매하기란 쉽지 않고 경제적으로도 부담이 늘게 된다. 판매되는 세정제들은 원칙적으로 성분에 대한 안전성 검사를 거쳐 상품화하였으므로 사용해도 괜찮다는 것을 전제로 유통, 소비된다. 이들 성분에 민감한 경우가 아니라면 그냥 사용해도 무방하다. 단, 이들 합성 계면활성제가 어느 정도의 범위 내에서 사용했을 때까지는 안전하다는 것이 입증되었거나 제품에 사용된 양이 유해성을 드러내기에는 적은 양일지라도, 유해 영향을 불러일으킬 가능성이 있음은 부정할 수 없는 사실이다. 때문에 이를 최소화하기 위해서는 세정제를 사용하되 꼼꼼히 헹궈 내는 습관이 중요하다.

새 옷은 바로 입지 않는 것이 좋다. 매장에서 막 구입한 옷은 두말할 필요 없이 깨끗해 보인다. 왠지 빨게 되면 헌옷이 될 것 같은 기분이 들 수 있겠지만 가급적 세탁 후 입는 것이 좋다. 그린피스 보고서 〈더러운 빨래〉에 언급된 것처럼 의류를 상품으로 내놓기 직전의 세탁 단계에서 노닐페놀을 포함한 환경호르몬성 계면활성제를 사용하는 경우가 있으며, 이것이 옷에 잔류한다는 것이 알려졌다.

노닐페놀 등의 환경호르몬이 세정제 또는 세제로 사용되는 것이 제한(금지)되었지만 이는 가정용 제품과 국내에 한정된 것이지 전 세계가 동일한 기준으로 제품을 생산하지는 않는다. 많은 양의 의류나 섬유들이 외국에서 수입된다. 또한 의류나 섬유 제조 과정에는 염색 등 가공을 위해 여러 화학 물질을 사용하게 되는데, 여기에는 휘발성 유기화합물과 같은 유해 물질이 포함된다. 즉, 겉으로는 깨끗한 새 옷이지만 실제로는 유해 물질 범벅일 가능성이 얼마든지 있다. 실제로 유명 브랜드의 옷에서 프탈레이트 등을 포함한 유해 물질이 검출되기도 하였다. [42] 그렇다고 개인이 해당 의류 제품에 유해 물질이 잔류하는지 일일이 확인하고 안전한 것만 골라 구매하는 것은 불가능하다. 다만 구매 후 착용하기에 앞서 잔류하고 있을 유해 물질을 제거하는 것은 가능하다. 따라서 새 옷을 구매하면 세탁을 통해 씻어 내는 것이 한 방법이다.

제품에 대한 공부도 필요하다. 시중의 제품에서 보다 안전한 제품을 선택하고 싶다면 부지런해야 한다. 세제나 세정제의 정상적인 유통과정을 거친 제품이라면 제품의 뒷면이나 바닥 등에 표시된 성분표를 통해 어떤 성분이 사용되었는지 확인할 수 있다. 만약 유해하다고 판단되는 성분이 사용되었다면 이를 피할 수 있다.

현재까지 안전하다고 알려진 계면활성제로는 데실글루코사이드(decyl glucoside, 사탕무, 옥수수, 코코넛 유래), 라우라미도프로필베타인(Laura-midopropyl Betaine, 코코넛 유래), 레시틴(Lecitin, 콩 또는 달걀 유래), 포타슘코코일글리시네이트(Potassium Cocoyl Glycinate, 코코넛 유래) 등이 있다.

문제는 제품 뒷면에 전성분을 확인할 수 있더라도 이들 성분이 어떤 유해성을 가지는지 일반적인 경우 알아보기 힘들다는 데에 있다. 조금이나마 위안이 되는 것은 미국의 환경 단체 EWG에서 세정제나 화장품 등에 사용되는 화학 물질에 대한 독성 정보를 정리해 놓고 있다는 점이다.[43] 따라서 궁금한 성분을 검색하면 유해성에 대한 정보를 쉽게 확인할 수 있다. 영문으로 된 자료를 일일이 확인하는 것이 부담스럽다면 이를 반영한 국내 업체들의 스마트폰 애플리케이션을 활용하는 것 역시 한 방법이다. 단, EWG의 자료를 확인할 때 주의가 필요하다. EWG의 등급 선정 기준에 따르면 연구가 되지 않은 성분 즉, 나중에 연구를 통해 유해성이 입증이 되더라도 현재 독성 정보가 없다면 해당 물질의 유해 영향 정도는 낮은 등급으로 지정된다는 점이다. 따라서 정보 확인에 있어 참고로 활용해야 하며, 데이터베이스에 유해 영향에 대한 연구 자료가 충분히 명시되어 있는지 고려한다.

화학 물질로부터 완전히 격리되는 것이 최선은 아니다

여러 가지 문제가 있음에도 화학 물질로부터 완전히 격리되는 것을 추천하고 싶지는 않다. 일부에서는 합성 계면활성제 등이 불필요하다고 하지만 이들의 존재로 쉽고 간편하게 청결함과 위생 상태를 유지하여 거시적 관점에서 질병을 예방할 수 있다.

이러한 이득이 일반적으로 인식하고 있는 부작용보다 작다고 생각하기는 어렵다. 드물기는 하지만 '특발성환경과민증(Idiopathic Environmental Intolerance)'의 경우처럼 화학 물질에 민감하게 반응하여 알레르기 등과 같은 증상이 나타나는 경우가 있다. 화학 물질의 영향으로 인해 특별한 증상이 나타나 고통받는 경우라면 모든 화학 물질로부터 멀어지는 것이 하나의 해결책이 될 수도 있다. 적어도 세정제만큼은 화학 물질로부터 자유롭고 싶다면 흔히 말하는 천연 유래물을 이용해 직접 만들어 쓰거나, 솝베리(soapberry)와 같은 계면활성제 성분이 풍부한 과실이나 식물을 세정제로 사용하는 방법이 있다(사포닌 성분이 풍부해, 잘게 부수어 물에 우려내면 세정제로 쓸 수 있다). 과탄산소다, 베이킹소다, 식초, 구연산을 사용하는 사례가 많으나, 과탄산소다는 표백제, 베이킹소다는 오염 물질의 흡착과 연마 기능,

식초나 구연산은 살균 효과 등이 있지만 이들의 세정 효과가 시중에 판매 중인 제품만큼 높지 않아 이들만으로 완벽하게 세정하기란 어렵다.

다시 말하지만 천연이라고 해서 안전한 것은 아니다. 세정력은 차치하더라도 직접 만든 세정제에 첨가물이 없다면 쉽게 변질될 우려가 있기 때문에 가급적 빨리 소모해야 한다. 복숭아 알레르기처럼 대부분의 경우 안전하지만 드물게 이상 반응을 일으키는 경우도 나타날 수 있다. 즉, 합성 제품이 아닌 '천연'으로 된 제품도 사람에 따라 유해할 수 있음을 인지하고 본인에게 맞는 제품을 사용해야 한다.

6장

숨 쉬는 것을 위협하는 생활 속 유해 물질들

일상에서 호흡기를 통해 독성 물질 혹은 유해 화학 물질에 노출되기도 하는데 가장 대표적인 사례가 바로 가습기 살균제 사건이다. 2011년 우리나라에 원인 불명의 폐질환이 발생하게 된다. 딱딱하게 굳는 폐의 섬유화는 처음에는 바이러스성 질환으로 보였지만 이상하게도 어떠한 치료 방법도 효과를 보이지 않았다. 의사들이 원인을 직접 찾아 나선 결과 일반적인 전염성 질환과 다르게 전국에서 동시다발적으로 일어난 현상임을 발견하게 된다.

시간이 지나 소아와 산모를 포함한 수천 명의 피해자가 발생한 후에야 이 폐질환의 원인이 가습기 살균제로 밝혀졌다. 국제적으로도 전례가 없던 일이었기 때문에 가습기 살균제와 폐질환의 상관성을 밝힌 논문이 공식적으로 인정받아 국제학술지에 게재되기까지 2

년이 넘게 걸렸다고 한다.[44]

폐질환의 원인이 된 물질들은 클로로메틸이소티아졸리(Chloro-methyl isothiazolinone, CMIT), 메틸이소티아졸리논(methyl isothiazolinone, MIT), 폴리헥사메틸렌구아니딘(polyhexamethylene guanidine, PHMG), 염화에톡시에틸구아니딘(Oligo(2-(2-ethoxy)ethoxyethyl guanidine chloride, PGH)들이다. 이 네 종류의 물질들은 가습기 살균제로 쓰이기 이전부터 살균제, 세정제 등의 목적으로 오랫동안 사용되어 왔다. 가습기 살균제 사태가 일어나기 전까지 클로로메틸이소티아졸리논이나 메틸이소티아졸리논은 알레르기를 유발할 가능성이 있으나 피부에 큰 독성이 없어 화장품 첨가제나 물티슈 등에 사용되었고, 폴리헥사메틸렌구아니딘이나 염화에톡시에틸구아니딘 역시 단기적인 피부 노출에는 무해한 것으로 알려져 있었다. 문제는 이들 물질이 폐에 들어갔을 때 어떤 영향을 미칠지 고려하지 않은 채로 가습기 살균제 제품을 만들었고, 안전한 물질이라고 하니까 정부에서 판매 허가가 떨어졌다.

제품 출시 초기 아이와 산모의 건강을 위해 사람들은 가습기 살균제를 찾게 되었고 한 상품이 히트하자 여러 기업이 뛰어들어 미투(me too) 제품을 만들면서 피해를 확산시켰다. '피부에 괜찮으니까 폐에도 괜찮겠지'라는 발상은 근거가 없을 뿐 아니라 폐에 직접 노출될 것을 알면서도 제품설명서에는 폐독성(또는 흡입 독성)에 대한 설명 없이 무독성 또는 안전성만을 강조하면서 가습기를 사용할 때는 살균제를 넣어 쓰라고 쓰여 있었다. 폴리헥사메틸렌구아니딘을 생산한 기업은 호주 등에 생산품을 수출할 때에는 흡입 독성을 경고할 정도로 주요 물질의 흡입 독성에 대한 정보가 있음에도 정작 국내에 시판하는 제품에서는 이를 표시하지 않은 점, 사태 후 이루어진 연구 결과에서 기업에 불리한 내용이 누락된 점 등 가습기 살균제 사태에 대한 전반적인 상황을 분석해 보면 다양한 생활 속 화학 제품에 대한 불안과 불신의 감정을 느끼지 않을 수 없다.

가습기 살균제 사건은 신규 화학 물질에 대한 부실한 검증이 빚어낸 비극적 사례로, 화학 물질의 안전성 평가의 중요성을 일깨우는 계기가 되었다. 또한 호흡하는 공기를 통해 신체 기관이 유해 화학 물질에 노출되었을 때 얼마나 치명적인 영향을 받을 수 있는지를 보여 주어 사람들에게 흡입 독성에 대한 경각심을 불러일으키게 되었다. 클로로메틸이소티아졸리논, 메틸이소티아졸리논, 폴리헥사메틸렌구아니딘, 염화에톡시에틸구아니딘 같은 살균제 물질들은 현재 사용이 금지되었지만 우리가 숨 쉬는 공기 중에 떠도는 미지의 유해 화학 물질에 대한 불안감은 여전하다.

흡연보다 위험한 간접흡연, DNA를 변형시키는 담배

담배는 합법적인 기호식품으로 인식되지만, 중독성이 강한 마약류로 분류되기도 한다. 고전 문학에도 담배 이야기가 등장하고 조선 시대 정조 대왕도 담배를 즐겨 피웠다고 할 정도로 오래되기도 했다. 20세기 초까지는 담배의 유해성을 인지하지 못해 담배 회사들이 담배가 몸에 좋다며 오히려 의사들의 말을 인용해 광고하기도 했고, 여성도 당당하게 담배를 피우라며 여권 신장의 상징으로 이용되기도 했다. 하지만 담배에 대한 유해성이 연구되면서 담배는 중독성이 강한 유해 물질이라는 것이 알려졌고, 선진국을 중심으로 흡연율을 낮추기 위한 노력이 계속되고 있다.

이미 많이 알려진 대로 담배를 피우게 되면 일산화탄소, 시안화수소(청산가리), 벤조피렌, 나프틸아민, 아세톤, 비소, 니코틴, 포름알데히드, 카드뮴 등 여러 유독성 물질을 들이마시게 된다. 때문에 흡연자는 뇌졸중, 심근경색과 같은 심혈관 질환에 걸릴 위험성이 매우 높으며, 폐암을 포함하여 각종 암이 발병할 가능성 역시 매우 높다. 흡연자에게만 해당하는 사실이면 그 심각성이 덜하겠으나, 담배의 유해성은 간접흡연의 형태로 비흡연자에게도 영향을 미친다.

간접흡연이라는 용어가 알려지면서 비흡연자가 폐암에 걸렸다고 하면 주변 인물, 특히 배우자의 흡연 여부를 떠올리게 되는 것은 이상한 일이 아니다. 담배에는 자체에 필터가 있기 때문에 흡연시 담배 연기를 한 번 걸러 주게 된다. 그런데 간접흡연은 필터 없이 담배 연기에 직접적으로 노출되기 때문에 직접흡연보다 더 유해하다. 그래서 이러한 간접흡연을 2차 흡연이라고도 한다.

간접흡연은 2차에 이어 3차의 경우도 존재한다. 당연한 말이겠지만 담배를 피운 사람에게서는 담배 냄새가 난다. 담배를 피우지 않는데도 흡연자가 있는 술집이나, PC방, 당구장 같은 곳을 다녀왔을 때 옷에 담배 냄새가 밴 경험이 있을 것이다. 담배 연기 속 유해 물질은 공기 중에 사라지지 않고 다른 곳에 스며든다. 흡연자인 부모가 아무리 밖에서 담배를 피우고 들어오더라도 옷이나 머리카락에 남아 있는 유해 물질이 아이에게 전달되는 것이다. 한 실험에서 비흡연자 부모를 둔 아이의 경우 머리카락에서 0.5ng 이하의 니코틴이 검출되었지만 흡연자 부모를 둔 아이에게서는 1~6.4ng의 니코틴이 검출되었다. [45] 매일 담배를 피우는 사람과 같은 수치의 니코틴이 아이에게서 검출된 것이다. 심지어 3차 흡연만으로도 아이의 두뇌 발달이나 영아의 돌연사 위험을 높인다는 연구 결과도 있다. [46]

담배에 대한 후성유전학적 연구가 이루어지면서 담배가 인체 내 유전자 발현을 조절하는 DNA 상의 메틸화 패턴 즉, DNA의 염기서열이 변하지는 않지만 메틸기에 의한 화학 공유 결합에 변형이 이루어진다는 연구 결과들이 발표되었다. [47] 이러한 후성유전학적 변형은 다음 세대에도 그 영향이 이어질 가능성이 있다는 의미다. 지금 피우고 있는 담배가 미래의 내 자녀, 후손에게도 영향을 미칠 수 있다.

새집증후군과 새차증후군의 주범, 휘발성 유기화합물(VOCs)

휘발성 유기화합물(Volatile Organic Compounds, VOCs)이란 끓는점이 낮아 쉽게 증발하는 유기화합물을 말한다. 일상 제품들에서 흔히 나오는 것들로 알려진 포름알데히드나 벤젠 등이 이에 해당한다.

눈에는 잘 보이지 않지만 접착제나 도료 등에 섞여 있고 이것들에 지속적으로 노출되었을 때 우리 몸에서는 이상 반응이 나타난다. 가볍게는 어지러움과 메스꺼움이지만 피부염, 알레르기 반응이 나타날 수도 있으며 후에는 호흡기 질환을 유발한다. 새로 지은 건물에 들어서거나 막 출고된 새 차를 탔을 때 이와 비슷한 경험을 한 적이 있을 것이다.

새로 구입한 가구, 건물의 내장재, 접착제, 페인트에 방부제 등의 목적으로 포름알데히드, 톨루엔, 에틸벤젠, 벤젠, 자일렌, 크실렌 등이 사용되고 있으며, 자동차 내부 역시 이러한 휘발성 유기화합물이 쉽게 나타난다. 시트, 바닥매트, 대시보드, 바닥재, 천장재 등 자동차 내부 곳곳은 여러 가지 화합물이 사용되어 만들어지고 그런 만큼 벤젠이나 톨루엔, 자일렌과 같은 휘발성 유기화합물을 필연적으로 내뿜게 된다. 집과 자동차 모두 휘발성 유기화합물 권고 기준치를 두고 있지만 아직까지 이렇다 할 규제 기준은 미흡한 상황이다. 새집증후군이 대중들에게 알려지면서 친환경 도료 등 이를 예방하기 위한 시도들이 이어지고 있지만 휘발성 유기화합물을 피하기란 쉽지 않다.

1 배기가스, 담배, 접착제 등에 포함된 발암 물질, 벤젠
———

우리나라 산업 단지 주변 사람들의 암 발생률을 비교한 조사에서 울산 산업 단지의 암 발생률이 시화, 반월, 포항, 여수 등 다른 산업 단지보다 1.4배 이상 높게 나타났다.[48] 일반적으로 산업 단지 주변에서 질환 발병률이 높을 것이라고 생각은 하지만, 산업 단지들 사이에도 큰 차이가 있었던 것이다. 울산 산업 단지에는 우리나라

를 대표하는 석유 화학 기업들이 밀집되어 있다. 이곳에서 배출되는 벤젠 배출량은 전국의 약 33%를 차지한다.

벤젠은 휘발성 유기화합물의 일종으로 고농도 노출시 졸음을 유발하며 두통, 떨림, 의식불명, 심지어 사망에까지 이르게 하는 유독성 물질이다. 골수에 영향을 미쳐 적혈구 감소를 유발하기도 하며 암을 유발하는 발암 물질이기도 하다. 그 외에도 여성의 경우 벤젠 노출로 인해 생리 불순과 난소의 크기 감소가 발생하며, 남성의 경우 정자 수 감소와 정자 내 DNA 손상이 관찰된다.

벤젠은 석유 화합물 제조 과정에서 중간체 역할을 하지만 공단뿐만 아니라 일상에서도 쉽게 접하게 되는 물질 중 하나다. 석유 연료의 연소 과정에서도 벤젠이 생성되어 배기가스를 통해서 배출된다. 담배에서도 벤젠이 검출되며, 벤젠이 함유된 접착제나 도료, 가구용 왁스 등 벤젠이 섞여 있는 물질에 노출되면 새집증후군을 일으킬 수 있다.

2 새집증후군의 주요 원인, 에틸벤젠

수지나 합성고무의 원료로 사용되며 용매 또는 희석제로도 쓰이고, 자동차 연료에도 함유되어 있다. 주로 산업 공정에서 배출되지만 휘발유, 카펫 접착제, 니스, 도료 등 에틸벤젠을 함유하는 제품을 사용할 때 우리가 숨 쉬는 공기 중으로 에틸벤젠이 휘발한다. 휘발성이 매우 강하고 일상에서 노출될 가능성이 있어 새집증후군이나 새차증후군의 주요 원인 물질 중 하나이기도 하다.

코나 호흡기에 자극을 주고, 결막염, 가슴 조임, 두통, 신경계 교란 등 독성을 가지고 있으며, 국제암연구소에서 2B군 발암 물질로 지정하였다. 노출시 체외로 빠르게 배출되는 것으로 알려져 있지만 공기 중에서 분해되기까지 약 3일의 시간이 소요되므로 환기가 되지 않는 공간에서 에틸벤젠이 발생하면 지속적으로 노출될 수 있다.

3 피부로도, 입으로도 들어가 내분비계 교란 일으키는 스티렌

달콤한 냄새가 나는 무색의 액체로 플라스틱과 고무를 제조하거나 절연재, 유리섬유, 플라스틱 파이프, 자동차 부품, 신발, 음료수 컵, 카펫 등 일상 속에 널리 사용되는 물질이다. 휘발성이 강해 호흡기를 통해 주로 노출된다. 건축자재에서 방출되기도 하며 흡연, 자동차 배기가스를 통해서도 노출될 수 있다. 복사기를 사용할 때에도 스티렌이 방출되는 것으로 알려져 있다. 피부에 직접적으로 노출될 수 있고, 스티로폼 재질의 컵라면이나 스티로폼 용기에 포장된 음식을 통해서도 노출이 가능하다. 물론 우리나라 식약처는 일반적인 조건에서는 컵라면 용기에서 유해한 수준의 스티렌이 검출되지 않는다고 확인한 바가 있다.

물에 녹지 않는 것으로 알려져 있으나 기름 등 유기용매에는 섞인다. 반복적으로 노출될 경우 지방에 축적되어 체외로 배출하는 데 걸리는 시간이 길어진다. 스티렌 성분은 다양한 내분비계 교란을 유발한다. 그 사례가 쥐를 이용한 동물 실험에서 보고되었는데, 스티렌에 노출된 암컷은 혈중 프로락틴(prolactin, 유즙분비자극 호르몬) 수치가 상승하였고 이러한 경향은 수컷보다는 암컷에게서 더 뚜렷하게 드러났다. 프로락틴의 과다한 상승은 다양한 생식 기능의 변화를 초래한다.

이러한 과학적 사실에 근거하여 독일의 한 공장에서 직업적으로 스티렌에 과도하게 노출된 근로 여성들이 다양한 부작용을 호소하면서 회사를 대상으로 소송을 제기한 사건이 있다. 그러나 독일 법원은 명확한 인과관계 규명이 힘들다는 이유로 원고 패소 판결을 내린 바 있다. 비록 동물 실험을 통해 스티렌에 의해 프로락틴이 상승하고 이로 인해 생식 기능을 포함한 다양한 내분비계 교란을 초래할 수 있다고 알려졌지만 이것은 어디까지나 동물 실험의 결과이고, 여성 근로자들이 근무하면서 프로락틴의 혈중 농도가 상승되었다는 자료가 없고, 정신적인 스트레스 등 다양한 원인들이 프로락틴 상승에 영향을 미친다는 또 다른 과학적 사실도 존재하기 때문이었다. 소송을 제기한 근로자의 정신적 스트레스 정도와 프로락틴 수치 정도는 반드시 대조군 여성과 비교해야 하는데 이런 모든 일련의 과정을 통해 인과관계를 입증하기란 실제로 불가능했을 것이다.

4   페인트, 배기가스, 고무바닥 등에서 나오는 신경 독성 물질, 톨루엔
———
메틸벤젠으로도 불리는 톨루엔은 석유 정제나 석유 화학 산업에서 중요한 기본 물질이다. 우리가 흔히 페인트를 희석하는 데 쓰는 시너는 이 톨루엔이 65%를 구성하고 있다. 높은 휘발성을 가지고 있어 주로 기체 형태로 인체에 흡수된다. 톨루엔은 자동차 배기

가스나 손톱 광택제를 통해서도 방출되며, 특히 어린이용 놀이터 등에 사용되는 고무바닥에서도 방출될 수 있는 것으로 밝혀졌다.[49]

이러한 톨루엔 노출은 상당한 독성을 유발한다. 주로 알려진 것은 신경 독성이다. 저용량 노출의 경우 어지럼증, 혼돈 정도지만 고용량에 노출되면 운동 장애 및 사망에까지 이르게 한다. 임신기 노출은 태아의 발달에 영향을 미치게 되는데 소뇌증, 중추신경계 장애, 주의력결핍 과잉행동장애(ADHD), 발달 지연을 유발한다. 이 외에도 신장 독성, 간 독성, 폐 독성 등이 보고되었으며 국제암연구소에서 지정한 1군 발암 물질이기도 하다.

5 광택제, 유화제 등에 쓰이는 자일렌

자일렌은 벤젠, 톨루엔과 함께 대표적인 휘발성 유기화합물로 석유 화학 산업에서 광범위하게 생산되는 물질인 만큼 그 산물이 활발하게 사용되어 일상에서 어렵지 않게 확인할 수 있다. 광택제, 유화제, 부식 방지제 등 자일렌을 포함하는 제품을 사용하는 경우 공기 중으로 방출된 자일렌을 흡입하게 되고 이것이 유해한 영향을 미친다. 자일렌은 앞서 언급한 새집증후군과 새차증후군 외에도 수면장애, 소화불량, 두통 등을 유발하는 것으로 알려져 있다.

자일렌은 지방 용해성이 뛰어나 태반을 통과할 수 있는 것으로도 알려져 있어 모체에 노출되면 태아에게도 직접적으로 영향을 미칠 가능성이 있다. 설치류 실험에서 임신한 어미 쥐가 자일렌에 노출되었을 때 태어난 새끼에게서 근골격계 이상과 발달 장애가 나타났다. 여성에게 노출될 경우 생리 불순 및 불임 현상이 나타났다는 보고도 있다.

생리대 안전성에 대한 논란은 현재진행 중이다

일회용 생리대, 팬티라이너 등 여성 생리용품에 대한 불안감이 커지고 있다. 2017년 여름, 여성들이 필수적으로 사용하는 특정 생리대에서 휘발성 유기화합물(VOCs)이 높게 검출되었다는 언론 보도가 나왔다. 일회용 생리대와 팬티라이너에서 문제된 휘발성 유기화합물이란 벤젠, 포름알데히드, 스티렌처럼 대기 중에 쉽게 증발되는 액체 또는 기체상 유기화합물을 총칭한다.

　이 중 벤젠은 발암 물질이다. 담배 연기와 자동차 배기가스에서 검출된다. 음식과 물을 오염시키는 것으로 알려져 있으며, 다량 노출되면 구토·현기증·졸림·빠른 심장 박동 같은 증상이 나타난다. 고농도의 벤젠에 노출되면 사망에 이를 수도 있다. 포름알데히드는 페인트·접착제·벽면 보드·천장 타일 등 건축자재에서 방출되는 '새집증후군'의 주범이기도 하다. 벤젠에 노출되면 점막이 자극을 받아 불편해진다. 스티렌은 내분비계 교란물질인 환경호르몬으로 의심되는 물질로, 과거 일회용 컵라면 용기에서 검출돼 화제가 된 물질이다.

　연구 결과와 이를 발표하는 과정에 논란이 있었지만, 명확한 사실은 여성들이 필수적으로 사용하게 되는 위생용품에서 톨루엔, 자일렌 등의 휘발성 유기화합물이 검출되었고 많은 여성 소비자에게 불안감과 혼란이 가중되었다는 것이다. 식약처에서는 유해 물질 74종 및 농약 18종(면 소재의 경우 목화 재배에 사용된 농약이 잔류할 가능성을 고려함)을 대상으로 검출 시험을 진행하였다. 그 결과 피부를 통해 검출량의 100%가 인체에 흡수된다 해도 인체에 유해한 수준이 아니며, 하루 7.5개씩 일주일간 매달 사용해도 안전하다고 발표하였다.[50]

엄밀히 따지면 휘발성 유기화합물의 주요 노출 경로가 흡입을 통한 노출이고, 피부를 통한 흡수는 상대적으로 적기 때문에 생리대가 안전하다는 식약처의 주장에 일리는 있다. 하지만 장기간 저농도 노출에 따른 유해 영향에 대한 연구가 절대적으로 부족하다. 또한 개별적인 물질의 양으로는 미비할 수 있으나 연구에 있어서 두 가지 이상의 독성 물질이 사용되어 각각의 독성 반응을 합했을 때 나타나는 누적 효과에 대한 고려 없이 개별 휘발성 유기화합물에 대한 잔류량만 조사한 결과이므로 실질적인 독성 영향에 대한 연구가 이루어졌다고 보기 어렵다.

바꿔 말하자면 생리대의 안전성에 대한 논란은 종식되지 않았고 소비자에게 고민거리로 남아 있다. 여성에게 생리대는 생필품이다. 불안함을 안고 편리함을 택할 것인지, 불안함을 피해 번거롭더라도 다른 대체품을 찾아 사용할 것인지의 갈림길에 있는 것이다.

다양한 제품이 출시되고 있으며 순면·유기농 등 소재, 흡수력, 길이, 색깔을 통해 차별화된다. 생리대 안전 문제가 사회적으로 이슈화된 것은 여성이 자주 찾는 커뮤니티에 특정 생리대 사용 뒤 생리 불순, 생리량 감소, 통증 유발 등 부작용을 겪었다는 글이 올라

왔기 때문이다. 이는 개인적 경험이라 과학적으로 인과관계를 증명하기 힘든 일이었다. 비슷한 경험을 한 여성이 다수가 되면서 생리대 사용 후 부작용에 특별한 원인이 존재할 수 있다는 합리적인 의심이 싹텄고 이를 미디어가 주목하면서 사회적 이슈로 부상한 것이다.

현재까지 알려진 안전한 생리대 사용법은 다음과 같다. 첫째, 생리대도 3년의 유통기한이 있으므로 구입시 유통기한을 확인한다. 둘째, 향이 첨가된 생리용품에는 무향보다 더 많은 화학 물질이 들어 있으므로 가급적 무향의 제품을 선택한다. 셋째, 날개형의 경우 날개 접착 부위에서 화학 물질이 검출되었다는 사실을 고려해 선택한다. 넷째, 면 생리대도 새로 구입한 뒤에는 반드시 빨아서 쓴다. 세탁 후에는 화학 물질이 99%나 감소한다. 다섯째, 가급적 휘발성 유기화합물 등 유해 물질이 적은 제품을 선택한다.

생산자로 하여금 이러한 내용을 눈에 잘 보이게 표시하도록 강제할 필요도 있다.

화재 방지용 난연제가 정자와 태아에 끼치는 악영향

난연제는 플라스틱의 가공품에 첨가하여 최종 제품이 화재나 열에 의해 연소되는 것을 방지하는 첨가제를 말한다. 난연제는 사람이 실내에서 사용하는 가구나 기기들, 커튼, 블라인드, 카펫, 소파, 실내 마감재 그리고 바닥재에서부터 벽지까지 대부분 화재를 방지하기 위해 기본적으로 사용된다. 또한 쉽게 더러워지는 것을 막기 위해 방염제를 추가로 넣는다.

　가장 대표적인 난연제는 할로겐계 난연제다. 할로겐계 난연제는 브롬계와 염소계로 나눌 수 있지만 브롬계 난연제가 압도적으로 많다. 브롬계 난연제는 난연 효과가 뛰어나며, 비용에 비해 성능이 뛰어나 전기기기나 사무기기 본체의 재료, ABS수지나 폴리스티렌(PS), 폴리부틸렌 테레프탈레이트(PBT), 폴리에틸렌 테레프탈레이트(PET), 에폭시수지 등에 첨가하여 사용되고 있다. 대표적인 잔류성 유기오염물질로 다양한 독성을 나타내는 것으로 알려져 있으나 아직까지는 브롬계 난연제를 대체할 만한 성능의 난연제가 개발되지 않아 다량으로 사용된다. 미국 캘리포니아, 뉴욕 등 여러 주에서는 특정 브롬계 난연제를 0.1% 이상 함유하는 제품의 제조, 처리 및 시장 판매를 제한하는 법률을 제정하였으며, 유럽연합에서는 2007년 6월부터 전기·전자 제품에 브롬계 난연제 사용을 금지하였을 만큼 인체에 유해하다.

　할로겐계 난연제 다음으로 무기계 난연제가 많이 쓰이는데, 대표적으로는 수산화알루미늄이 있다. 수산화알루미늄은 가전제품, 자동차, 건재, 전선, 케이블 등에 충진재로 사용된다. 수산화알루미늄 외에 사용되는 무기계 난연제에는 암모늄포스페이트, 암모늄폴리포스페이트가 있다. 암모늄포스페이트는 셀룰로스, 직물, 종이, 나무 등에 사용되며, 암모늄폴리포스페이트는 폴리엔, 에틸렌비닐아세테이트, 우레탄중합체에 첨가된다. 현재 할로겐계 난연제는 유해성 문제로 인해 사용이 제한되는 추세며, 이를 대체하는 무독성

무기계 난연제의 사용 비중이 점차 높아지고 있다.

국내외에서 계속되고 있는 대체재에 대한 연구는 난연성 규제가 정립된 미국, 일본, 유럽 지역으로의 수출 시장을 확보하기 위해 TV, VTR, 컴퓨터 등 전자기기 외장재를 비롯해 가구, 섬유 등으로 적용 범위가 점차 넓고 다양해지고 있다. 이들 난연제가 집 안의 먼지 등을 통해서 실내 공기를 오염시키면 결국 호흡을 통해 체내에 쌓인다. 또한 건물을 철거한다고 하더라도 브롬계 난연제가 포함된 먼지가 굉장히 많이 발생하기 때문에 대기 중으로 더욱 확산될 가능성이 있다.

미국 캘리포니아대학교 연구진에 의하면 브롬계 난연제들은 갑상선 호르몬의 작용을 방해하며, 남성의 정자를 감소시킨다.[51] 임신 중에 브롬계 난연제에 노출된 태아와 어린이의 두뇌 발달에 있어 악영향을 끼치며, 주의력결핍 과잉행동장애, 사회성 형성장애 등의 문제를 일으킬 수 있는 것으로 알려졌다. 거의 모든 사람이 브롬계 난연제에 노출되어 있을 뿐 아니라 납, 수은, 농약 등 독성 물질에도 동시에 노출되므로 지적 능력에 미치는 영향은 훨씬 더 커질 수 있다.[52]

이처럼 브롬계 난연제의 위해성이 알려지고 있는데 편리함만 생각하여 계속 사용한다면 바디버든으로 인한 건강의 문제가 매우 우려스럽다. 대체재에 대한 연구가 다양해지는 만큼, 가정이나 가구, 자동차 등에 쓰이는 난연제의 유독성이 빨리 개선되어야 한다.

TV를 보던 중 한 방송에서 출연자가 눈길을 끄는 이야기를 했다. "잉크에는 독성이 있어요." 문득 크게 신경 쓰지 않고 있었다는 생각이 들었다. 그리고 외국계 회사들의 제품에서 꼭 책이 아니더라도 "PRINTED WITH SOY INK"라는 표시를 어렵지 않게 본 기억이 떠올랐다. 물론 식물성 기름을 사용했다고 독성이 전혀 없는 것은 아니지만 적어도 경각심은 가지고 있었던 것으로 보인다.

2017년 중국에서 잉크의 독성으로 인한 피해 사례가 보도되었다. 책을 좋아해 한 달에 서너 번씩 책을 구입하는 독서광으로, 수만 권의 책을 집에 보관하던 중국인 부부에게서 원인 미상의 호흡기 질환이 나타났고 아이는 늘 비염에 시달렸다. 의사들이 정확한 원인을 밝히지 못하자 시당국이 실내 공기를 측정했고, 기준치인 $0.08mg/m^3$의 10배 이상의 포름알데히드가 검출되었다. 전문가들은 책에 사용된 잉크에 포름알데히드가 함유되었음을 지적하며, 장서를 줄이거나 책을 한곳에 모아 관리할 것을 권고한다. 마음의 양식을 쌓는 것이 동시에 독성 물질을 몸에 쌓는 행동임을 누가 상상할 수 있었을까?

잉크는 색을 내는 안료와 염료, 이들의 매질이 되는 수지와 용제 등을 주재료로 하고, 방부제, 피막보강제, 광택제, 정전기방지제, 소포제 등을 보조제로 사용하여 필연적으로 다양한 화학 물질을 포함한다. 이들 화학 물질 중에는 톨루엔, 크실렌, 포름알데히드 등 앞서 언급한 휘발성 유기화합물을 여러 종류 포함하고 있다. 또한 잉크의 베이스가 되는 수지에는 합성수지도 사용되는데, 이 합성수지 중에는 비스페놀과 같은 환경호르몬을 사용해서 만든 것들도 포함된다.

이를 대체하기 위해 콩이나 옥수수, 쌀에서 추출한 기름을 사용하여 잉크를 만들지만 식물성 기름을 사용하였더라도 용제나 첨가제에 따라서 독성 물질을 포함할 수도 있다. 그래도 식물성 기름을 사용한 잉크에 독성 물질이 현저히 적다는 것은 분명 사실이다. 최근에는 무독성 잉크도 생산된다는 보고가 있었으나 이를 인지하는 사람들은 거의 없는 듯하며, 관심을 갖더라도 어떤 종류의 잉크가 사용되고 있는지 확인하는 것 역시 쉽지 않다.

다만 현재 어린이 책의 경우 종이, 잉크, 제본, 코팅에 대한 시험 성적서를 가지고 안전인증마크(KC마크)를 부여하는 만큼 도서에서도 위해 요소를 거르기 위한 장치가 막 생기는 단계라 할 수 있다.

유해 물질로 지정된 휘발성 유기화합물 종류와 알려진 위해성
출처 : 환경부 및 식약처 독성 자료 참고

제품 및 물질명	주요 용도	주요 위해성
아세트알데히드 (Acetaldehyde)	소독제, 의약품, 염료, 폭발물, 향료(오렌지, 사과, 버터 등의 합성 착향료), 거울, 향수, 페놀 및 요소 수지(플라스틱), 산화방지제, 광택제	졸음, 의식불명, 통증, 설사, 현기증, 구토, 발암성(B2)
아세틸렌 (Acetylene)	염화비닐, 플라스틱 등 유기화합물의 기초 원료, 과일 등의 후숙제, 금속 용접 및 절단	현기증, 무기력증 및 액체 상태로 접촉시 동상
아세틸렌 디클로라이드 (Acetylene Dichloride)	염료 추출, 수지, 락카, 오일류, 향수, 페놀류, 열가소성 플라스틱, 왁스류의 용매, 카페인, 지방류, 자연고무의 저온 용매, 염소화 화합물들의 화학적 중간물질, 저온발효용 제제, 드라이클리닝액, 회로판, 식품포장 접착제, 살균 훈증소독제	현기증, 무기력증 및 액체 상태로 접촉시 동상

제품 및 물질명	주요 용도	주요 위해성
아크롤레인 (Acrolein)	의약품, 향수, 식품첨가물, 플라스틱 제조, 제초제, 살균제	화상, 숨참, 통증, 수포, 복부 경련
아크릴로니트릴 (Acrylonitrile)	산업용 접착제, 표면코팅제, 플라스틱, 접착제, 살충용 훈증제, 의약품, 염색제, 항산화제에 사용	두통, 구토, 설사, 질식, 발암성
벤젠 (Benzene)	유기용매, 가솔린 첨가제, 인쇄, 드라이클리닝, 접착제, 플라스틱, 인조 고무, 염료 각종 유기화학 물질 및 의약품 제조 등의 중간원료, 화학 공정에서 주요 용매 중 하나	졸음, 의식불명, 통증, 설사, 현기증, 경련, 구토, 발암성 특히 백혈병 유발
1,3-부타디엔 (1,3-Butadiene)	스티렌 고무와 발포제, 화학 물질, 수지 제조에 사용되는 알켄 화합물. 합성고무나 합성수지를 만드는 공정의 원료로 이용되며, 로켓연료, 플라스틱, 수지 등의 구성 성분으로 사용	졸음, 구토, 의식불명, 액체 상태로 접촉시 동상, 발암성(B2)
부탄(Butane)	연료, 냉매, 에어로졸용 추진제	졸음, 액체 상태로 접촉시 동상
1-부텐(1-Butene) 2-부텐(2-Butene)	연료첨가제 및 플라스틱 제조	현기증, 의식불명, 액체 상태로 접촉시 동상
사염화탄소 (Carbon Tetrachloride)	훈증제, 윤활유 제거 용매 등 다양하게 사용되었으나 독성으로 사용 금지됨. 현재는 냉매 제조 과정에 사용	현기증, 졸음, 두통, 구토, 복통, 설사, 발암성(B2)
클로로포름 (Chloroform)	마취제, 유기용매, 접착제, 테프론의 합성 재료, 냉매 제조시 사용	졸음, 두통, 통증, 설사, 현기증, 복통, 구토, 의식불명, 발암성(B2)
사이클로헥산 (Cyclohexane)	석유 및 휘발유의 구성 성분, 유기 용매, 향수 제조	현기증, 두통, 메스꺼움, 구토
1,2-디클로로에탄 (1,2-Dichloro- ethane)	곡물 훈증제, 페인트 또는 광택 제거제, 금속 세정제, 광석 부유제, 플라스틱 랩 제조, 합성섬유	졸음, 의식불명, 통증, 설사, 현기증, 구토, 시야가 흐려짐, 복부 경련
디에틸아민 (Diethylamine)	에폭시 수지의 경화제, 산화방지제, 중합금지제, 부식방지제	호흡곤란, 수포, 통증, 화상, 설사, 구토, 시력상실
디메틸아민 (Dimethylamine)	산성 가스 흡수제, 용매, 항산화제, 디메틸포름아미드와 디메틸아세트아미드 염료의 제조, 부유제, 가솔린 안정화제, 제약산업, 고무 촉진제, 전기 도금, 털 제거제, 미사일 연료, 살충제의 분사제, 로켓 추진제, 계면활성제, 마그네슘 시약	복부 통증, 설사, 호흡곤란, 통증, 화상, 시야가 흐려짐

제품 및 물질명	주요 용도	주요 위해성
에틸렌 (Ethylene)	과일 등의 후숙제, 용접과 금속 절단용 가스, 냉각제, 유기화학 산업에 일반적으로 사용되는 원료 중 하나	졸음, 의식불명
포름알데히드 (Formaldehyde)	비료, 살충제, 살균제, 곰팡이 제거제, 제초제, 오수 처리, 방부제, 건축자재, 단열재와 아교, 보존제 등	호흡곤란, 심각한 화상, 통증, 수포, 복부경련, 발암성(B1)
n-헥산 (n-Hexane)	식물성 기름, 저온 온도계, 보정계, 중합반응 매개체, 페인트 희석제, 알코올 변성제용 용제, 탄성 중합체, 약제, 섬유, 가구 및 가죽 산업용 세정제, 실험 시약, 석유 및 휘발유 산업과 연관된 많은 제품의 성분	현기증, 졸음, 무기력증, 두통, 호흡곤란, 구토, 의식불명, 복통
이소프로필 알콜 (Isopropyl Alcohol)	세척제, 용제, 휘발유 첨가제, 살균제	현기증, 졸음, 두통, 구토, 시야가 흐려짐
메탄올 (Methanol)	유기화합물의 제조원료, 용매, 워셔액 및 석유 연료의 부동액, 접착제 등	현기증, 구토, 복통, 호흡곤란, 의식불명
메틸에틸케톤 (Methyl Ethyl Ketone)	표면 코팅제, 접착제, 자기 녹음 테이프, 인쇄 잉크, 살충제, 폴리스티렌의 중합 공정, 스티렌-부타디엔 고무, 아크릴로니트릴-부타디엔, 식물성기름의 추출 용매	현기증, 졸음, 무기력증, 두통, 구토, 호흡곤란, 의식불명, 복부경련
메틸렌클로라이드 (Methylene Chloride)	가공 제품의 세척제 및 코팅용제	현기증, 졸음, 두통, 구토, 의식불명, 화상, 복통, 발암성
엠티비이 (Methyl Tertiary Butyl Ether, MTBE)	콜레스테롤 용해제, 가솔린의 혼합용 화합물	현기증, 졸음, 두통
프로필렌 (Propylene)	유기화학 물질의 중간제, 플라스틱과 합성섬유의 재료	졸음, 질식, 액체 상태로 접촉시 동상
프로필렌옥사이드 (Propylene Oxide)	폴리에스테롤 수지, 발포합성고무, 합성수지 등의 원료	졸음, 질식, 두통, 메스꺼움, 구토, 화상, 발암성(B2)
1,1,1-트리클로로에탄 (1,1,1-Trichloroethane)	접착제, 얼룩 제거제 및 에어로졸 캔 등과 같은 제품의 용매, 부식 방지제	졸음, 두통, 구토, 숨참, 의식불명, 설사

제품 및 물질명	주요 용도	주요 위해성
트리클로로에탄 (Trichloroethylene)	접착제, 얼룩 제거제 및 에어로졸 캔 등과 같은 제품의 용매, 부식 방지제	현기증, 졸음, 두통, 의식불명, 통증, 복통
휘발유 (Gasoline)	대표적인 화석 연료	졸음, 두통, 구토, 의식불명
납사 (Naphtha)	석유화학 공업의 1차 원료로 에틸렌, 프로필렌, 벤젠 등의 원료를 만들고 이를 바탕으로 합성수지, 합성고무, 합성섬유, 염료 등을 생산	졸음, 두통, 구토, 경련
원유(Crude Oil)	–	두통, 구토
아세트산(초산) (Acetic Acid)	식품의 산미제 및 방부제로서 사용되기도 하며 고무, 수지, 휘발성 기름, 사진필름, 목공용 접착제의 폴리비닐아세테이트, 다양한 합성섬유 및 옷감 생산시 용매로도 사용	두통, 현기증, 호흡곤란, 수포, 화상, 시력상실, 복통, 설사
에틸벤젠 (Ethylbenzene)	합성고무의 제조, 용매 또는 희석제로, 자동차와 항공 연료의 구성 성분, 초산 섬유소 제조 원료.	현기증, 두통, 졸음, 통증, 시야가 흐려짐
니트로벤젠 (Nitrobenzene)	아닐린, 비누, 광택제 제조, 스프레이 페인트 보존제, 향수 첨가제	두통, 청색증(푸른 입술 및 손톱), 현기증, 구토, 의식불명
톨루엔(Toluene)	페놀, 폴리우레탄 등의 합성화학 물질의 재료, 염료 및 잉크 접착제의 용매 및 시너, 니스, 매니큐어 등의 첨가물로 사용	현기증, 졸음, 두통, 구토, 의식불명, 복통
테트라클로로에틸렌 (Tetrachloroethylene)	유성 물질의 용매 및 세정제, 페인트 세정제	현기증, 졸음, 두통, 구토, 의식불명, 수포, 화상, 복통
자일렌(Xylene)	페인트 및 니스의 용매 또는 희석제, 점착제 및 잉크의 용매, 살충제	현기증, 졸음, 두통, 의식불명, 복통
스티렌(Styrene)	합성고무, 합성수지, 도료의 원료. 플라스틱 제품의 원료 중 하나	현기증, 졸음, 두통, 구토, 복통

숨 쉬는 것을 위협하는 것에는 화학 물질만 있는 것이 아니다. 미세 먼지를 포함한 다양한 유해 물질들이 있다. 비화학 물질 중 우리 주변에 맴돌며 호흡 기능을 위협하는 물질로는 석면을 꼽을 수 있다. 석면은 국제암연구소(IARC)에서 밝힌 1군 발암 물질이며 그 유해성이 심각해 2009년부터 전면적으로 사용이 금지되었다.

석면은 섬유처럼 쓸 수 있는 돌이라고 생각하면 이해하기 쉽다. 실제로 사진을 찾아보면 광석보다는 섬유에 가까운 형태로 존재한다. 이 돌로 된 섬유가 잘게 부서져 공기 중으로 흩어지고 이를 흡입하게 되면 폐에 박히게 된다. 수용성도 지용성도 아니기에 체액에 녹거나 흡수되지 않은 채 폐에 박혀 염증을 유발하고 결국에는 폐암으로 이어지게 된다.

사용이 전면적으로 금지된 지 10년이 넘은 지금도 석면에 대한 불안감을 지울 수 없는 이유는 석면이 저렴한 가격 외에도 방염, 방음, 방풍 기능이 뛰어나 건축 자재로 여전히 대부분의 현장에서 쓰이며 지금도 어렵지 않게 찾아볼 수 있기 때문이다.

아이들이 생활하는 학교의 경우 더욱 주의가 필요하다. 성장기의 아이들일수록 유해 물질 노출에 더욱 민감하고 이로 인한 유해 영향은 더욱 크게 나타난다. 아이들이 활동하는 학교에 석면이 사용되지 않았더라면 좋았겠지만 안타깝게도 대부분의 학교에 석면이 섞여 있는 텍스타일을 천장 마감재로 사용해 왔고 아직까지도 철거 작업이 진행 중에 있다. 석면을 제거하는 것은 단순 철거 작업처럼 간단하지 않다. 철저하게 전문 교육을 받은 사람이 방진복, 방진 마스크 등 안전 장비를 착용해야 하고, 철거 과정에서 석면이 공기 중에 흩어지지 않도록 사전에 철거 지역 주변에는 방진 처리를 한 후 진행해야 한다. 석면은 공기 중으로 흩어지기 쉽고 한번 오염되면 제거하기가 어렵다. 다시 말해, 방사능 폐기물 처리하듯이 또는 감염성 바이러스를 다루듯이 철저하게 준비하고 철거를 진행해야 석면으로부터 오염을 막고 철거 후 피해를 막을 수 있다.

매년 방학 기간이면 1,000여 곳의 학교에서 석면 제거 작업을 진행한다고 한다. 하지만 최근 보도에 따르면 인력 부족과 일부 업체의 허술한 관리로 인해 제거 작업이 이루어진 뒤에도 석면이 남아 있는 것으로 드러났다.[53] 비단 학교뿐 아니라 철거된 석면의 방치 문제 역시 보도되고 있다.

석면은 공산품 속에 포함된 유해 화학 물질처럼 개인이 조심하고 피하는 방법으로는 해결하기 어려운 문제며, 경각심을 가지고 규제와 관리가 필요한 대상이다.

7장

맛있는 음식 속에 숨겨진 위험,
우리가 먹는 것은 안전한가?

2000년대 초, 한 식품업체 연구원에게 육류 가공 업체로부터 한 가지 의뢰가 들어왔다. 질이 떨어져 사용하지 못하고 남는 고기가 있는데 이를 상품으로 만들 방법이 없겠냐는 것이다. 식품첨가물 전문가였던 연구원은 자신 있게 그 의뢰를 받아들였고 질 나쁜 고기를 미트볼로 만드는 것을 제안하였다. 상품 가치가 전혀 없어 버려질 뻔한 고기였지만 연구원이 제안한 방법대로 몇 가지 식품첨가물을 더하고 가공 과정을 거친 후 미트볼로 만들어져 시중에 판매되었다.

이렇게 천덕꾸러기였던 저질 고기는 첨가제를 더한 가공 과정을 통해 값싸고 맛있는 미트볼이 되어 사람들에게 팔려 나갔고, 마침내 이를 개발했던 연구원의 식탁에도 오르게 되었다. 자신의 아이가 포크로 미트볼을 찍어 들자 연구원은 아이의 손을 쳤고, 맛있게 요리된 미트볼을 모두 버렸다. 그러고는 곧바로 회사를 퇴사한다.

이는 일본의 식품첨가물 전문가 아베 쓰카사의 실제 경험담인데 한국에서도 그의 이야기가 방송을 통해 소개되기도 했다. 퇴사 후 그는 식품첨가물에 대한 강연을 통해 사람들에게 식품첨가물이 얼마나 광범위하게 사용되고 있는지 그리고 이것이 어떻게 맛을 내는지 알리기 시작하였다. 강연의 핵심을 한마디로 정리하면 '알고서는 못 먹는다'이다. 아베 쓰카사는 직접적으로 첨가물이 해롭다고 주장하지는 않는다. 다만 첨가물을 이용해 맛을 내는 과정을 보여 주며 이래도 먹을 수 있겠냐고 묻는다.

여기서도 식품첨가물이 나쁘다고 주장하려는 것은 아니다. 거의 모든 식품첨가물은 검사를 통해 안전성이 입증된 것들인 데다, 식품첨가물을 이용하면 음식의 맛을 돋우어 주어 한정된 재료로도 훌륭한 맛을 낼 수 있다. 합성 조미료로 오랫동안 수많은 논란을 거친 MSG도 최근에는 유해하다는 오명을 벗고 있다. 그럼에도 식품첨가물이라고 하면 불안한 감정을 숨기기는 쉽지 않다. 실제로 아토피를 앓던 아이가 유기농 식품 위주로 식생활을 개선하면서 증세가 호전되었다는 이야기는 자주 들려온다. 최근 국제암연구소(IARC)에서는 가공육을 1군 발암 물질로 지정하기까지 하였다.

영국 BBC에서는 흥미로운 실험 결과를 보도하였다. 지방과 당 중에서 어떤 것이 해로운지 알아보기 위해 일란성 쌍둥이 의사 중 한 사람에게는 고 당분의 식단을, 다른 한 사람에게는 고 지방의

식단을 한 달 동안 유지하도록 했다. 체중만 놓고 본다면 두 사람 모두 감소했다. 이는 동물 실험에서도 마찬가지다. 하지만 이 둘을 섞을 경우 이야기가 달라진다. 고 당분이나 고 지방 한쪽으로 치우친 식단은 쉽게 말해 음식에 질리게 만들어 자연스레 먹는 양을 조절하게 된다. 반면 이 둘을 반반씩 섞으면 중독에 가까울 정도로 과도한 섭취가 이루어지게 된다. 그 대표적인 예가 바로 아이스크림이다. 지방과 당이 적절히 배합된 아이스크림은 그 자체로도 충분한 맛을 내지만 여기에 다양한 첨가제들이 들어가게 된다.

세계적으로 유명한 아이스크림 생산 기업인 써티원(31)의 상속자가 상속을 포기하고 아이스크림 유해성을 알리는 일에 매진하고 있다는 것은 매우 유명한 일화다. 공동 창업자인 삼촌은 급작스레 심장마비로 사망하였고 아버지 역시 건강 악화를 겪다 아들의 권유로 아이스크림을 끊은 뒤에야 건강이 회복되었다고 한다. 우리가 시중에서 접하는 아이스크림은 단순히 유지방과 설탕만 이용해 만들어지는 것이 아니라 증점제, 유화제, 합성 착향료, 인공색소를 포함한 다양한 첨가제를 섞어서 완성된다. 심지어 첨가제만으로 우유 없이 아이스크림을 만드는 것도 가능하다. 기본적으로는 아이스크림이지만 첨가제가 가미되면서 더욱 맛있는 아이스크림이 되는 것이다.

증점제는 이름 그대로 아이스크림에 점도를 높여 특유의 질감을 살려 준다. 아이스크림에 사용되는 증점제 중 하나인 카라기난의 경우 해조류에서 추출한 물질로 식품첨가물로 허용되었지만 안전성에 논란이 있다. 위와 장의 궤양을 유발할 수 있는 것으로 알려져 있으며 부종을 일으키는 부작용과 함께 발암 가능성이 제기되어 일부 국가에서는 사용이 금지되었다. 하지만 우리나라에서는 식품첨가물 공전에 등록되어 허용되는 첨가물이다.

유화제 역시 유해성이 있다. 물성이 다른 여러 가지 다양한 물질을 섞기 위해서는 유화제가 필요하지만 아이스크림에 유화제로 사용되는 글리세린지방산에스테르는 신장 독성이나 간 독성이 있는 것으로 알려져 있다.

합성 향료를 이용하면 장미 없이도 장미향을 만들어 낼 수 있다. 마찬가지로 합성 착향료를 이용하면 바나나 딸기 없이도 바나나 맛, 딸기 맛 아이스크림을 만들어 낼 수 있다. 합성 착향료를 통해 맛이 배가되지만 맛을 내기 위해 첨가물은 늘어나게 되는 셈이다. 이 합성 착향료가 미량으로 사용되므로 안전하다고 할 수 있지만 반복적으로 접하거나 과량으로 접하게 될 경우 알레르기를 유발하거나 장기에 독성을 유발할 수 있다. 특히 향이기 때문에 폐에도 영향을 미칠 수 있다. 실제 미국에서 인공 버터향이 첨가된 팝콘을 만드는 근로자의 폐가 손상되는 사례도 있었다.

알록달록한 색을 내기 위해서 어떤 방법을 선택할까? '바나나는 원래 하얗다'라는 광고 문구에서 알 수 있듯이 재료 본연의 색으로 착각하기 쉽지만 제품의 이미지를 위해서나 맛있어 보이려고 색소를 첨가한다. 여기에는 타르 색소가 포함된다. 타르 색소는 식품 첨가물로 허용된 물질이지만 합성보존료와 함께 섭취하게 되면 유아의 주의력결핍 과잉행동장애(ADHD) 발생을 높일 수 있다는 우려가 제기되었다. 알레르기, 식이장애, 발암 등 다양한 유해성이 제기되는 물질이다.

독성이 거의 없다고 알려진 것들이 식품첨가물나 의약품 등에 사용되고 있지만 안전성이 확실히 밝혀졌다고 대답하기는 힘들다. 아이스크림에만 해당되는 이야기가 아니다. 우리가 먹고 마시는 과자와 음료수, 빵 그리고 여러 가공식품에 첨가물이 사용되고 있다. 모두가 공인된 것들이고 사용해도 안전하다고 알려진 것들이지만 우리 주변에 이 첨가제가 사용된 음식들이 너무나 많다. 딸기 맛이 나고 딸기 색을 띠는 과자나 음료에 딸기가 들어 있지 않다. 먹어도 괜찮은 것일까? 당장은 아무런 변화가 없겠지만 고민해 볼 필요성은 충분하다.

안전한 조미료로 인정받은 MSG

합성조미료의 대명사이자 우리에게는 '미원'이라는 상표명으로 익숙한 글루탐산모노나트륨(Monosodium L-Glutamate, MSG)은 오랜 기간 유해성 논란에 시달려 왔다. 대표적인 예가 중국음식증후군이다. 미국에서 MSG가 많이 쓰인 음식을 먹자 사람들이 두통과 어지러움, 근육 경련 등을 호소한 것에서 비롯되었다. 글루탐산모노나트륨이라는 이름에서 오는 생경함이 MSG에 대한 공포를 확산시켰을지도 모르겠다.

이름을 보면 화학적 합성으로 만들어진 것 같지만 MSG는 사탕수수 등을 발효하여 만든다. 수많은 논쟁과 수십 년에 걸친 검증 과정에서 MSG는 일일 섭취 허용량이 필요 없을 정도로 안전하다는 결론에 이르게 되었다. 감칠맛을 돋워 주는 MSG를 이용하면 소금을 덜 사용해도 맛을 낼 수 있어 나트륨 섭취를 줄일 수 있다는 연구가 발표되기도 하였고,[54] 평생 먹어도 안전하다는 식약처의 발표도 있었다.

MSG의 유해성 논란은 안전하다는 쪽으로 확실시 되었지만 뭐든 과한 것은 좋지 않다. 성인의 경우 영향이 없다고 하지만 성장이 진행되는 영·유아의 경우는 다르다. 영·유아는 성인에 비해 외부 자극에 대한 감수성이 굉장히 예민하여 소량으로도 큰 자극이 될 수 있다. 최근까지도 동물 실험을 통해 MSG가 생식 능력 저하를 유발한다거나 새끼의 뇌 및 신경 발달을 저하시킨다는 연구 결과가 보고되었다. 많은 논쟁과 연구를 통해 MSG가 안전한 조미료로 인정받게 되었지만 그래도 주의는 필요하다.

1군 발암 물질로 지목된 햄과 소시지

2015년 세계보건기구(WHO) 산하 국제암연구소(IARC)는 햄과 소시지 등과 같은 가공육을 1군 발암 물질로 지정하였다. 소금에 절이거나 건조, 훈제, 발효 등 별도의 공정을 거친 고기가 가공육에 해당한다. 1군 발암 물질에는 술, 담배, 비소 등이 포함되어 있다는 점을 고려하면 국제암연구소의 발표는 많은 사람을 놀라게 했다. 1군 발암 물질에 대한 분류는 암 발생과의 상관성이 객관적인 증거로써 명확히 규명된 물질을 말한다. 그렇다고 해서 가공육이 담배만큼 위험하다는 의미는 아니다. 소고기와 같은 붉은색 육류도 암을 유발할 가능성이 인정되어 2A군 발암 물질로 분류되었다. 국제암연구소의 발표는 소시지와 햄과 같은 가공육 제품이 담배만큼 유해한 것은 아니더라도 암을 유발할 수 있다는 상관성을 인정한 것이다.

국제암연구소에 따르면 가공육을 매일 50g씩 먹게 되면 대장암의 발병률이 18% 증가한다고 한다. 국제암연구소의 발표는 대장암과의 상관성만 언급하였으나 많은 연구에서 대장암뿐 아니라 위암, 고혈압 등 다른 여러 질환과의 상관성이 입증되었다. 50g은 소시지 1개 정도에 해당하는 양으로 미국의 1인당 하루 평균 소비량 21.7g보다 많은 양이다. 우리나라의 경우 서구 국가들보다 육류 소비가 덜하기 때문에 가공육에 대한 우려가 크지 않지만 아이들의 식습관이 서구화되면서 육류 소비 특히 가공육에 대한 소비가 늘고 있어 주의가 필요하다.

가공육 즉, 햄과 소시지는 보존 기간을 늘리기 위한 목적으로 만들어진 것이다. 따라서 여러 가지 첨가물이 들어간다. 소금으로 염장하기도 하고 훈연을 통해 건조시키기도 한다. 모두가 알다시피 짠 음식은 고혈압과 위암을 일으키는 주요 원인 중 하나다. 그리고 무언가 태우는 훈연의 경우 다환방향족탄화수소와 같은 독성 물질을 발생시키기도 한다.

가장 문제가 되는 것은 아질산염(아질산나트륨)인데 가공육에 거의 필연적으로 들어가는 식품첨가물로 균을 억제하는 방부 효과와 함께 지방의 산화를 막아 보존성을 높이고 육류의 색을 좋게 한다. 아질산염은 독성이 있어 가공식품에 첨가량을 70ppm으로 제한한다. 가공육에 아질산염이 사용되면 육류의 단백질(아민)과 반응하여 발암 물질인 니트로사민(nitrosamine)이 만들어질 가능성이 있다. 이 니트로사민은 위암을 비롯하여 많은 암을 유발하는 강력한 발암 물질 중 하나로 알려져 있다.

가공육은 고기를 오랫동안 보관하게 해 주고 필수 영양분인 단백질 섭취를 용이하게 돕는다. 어떤 문화권에서는 가공육을 만드는 전통도 있다. 그리고 무엇보다 맛있다. 햄과 소시지를 포기하기 힘든 여러 가지 이유가 있지만 주의해야 할 대상임에는 분명하다.

소고기와 돼지고기에 이어 닭고기도 안전성 논란

육류는 영양소 중 지질, 단백질과 함께 비타민D, 비타민B, 칼슘, 엽산, 철분 등 다양한 영양소를 가지고 있고 이는 채식으로는 채우기 힘들기 때문에 육류의 소비는 꼭 필요하다. 하지만 앞서 언급하였듯이 소고기와 돼지고기 같은 붉은색 육류도 암을 유발할 수 있는 것으로 분류되고 있다.

이를 입증하듯 우리나라의 육류 소비 증가와 함께 암 발생률도 증가하는 것으로 나타나고 있다. 붉은색 고기가 암을 유발하는 이유 중 하나는 바로 붉은색을 띠게 하는 헤모글로빈의 색소 때문이다. 네덜란드 위트레흐트대학교 연구팀에 따르면 붉은색 고기에 많은 환원 헤마틴(헤모글로빈의 색소 성분)이 장 속의 박테리아에 의해 독성이 강한 황화수소로 바뀌고, 이로 인해 장내 손상과 회복이 반복되면서 종양이 발생할 수 있다고 한다. 또 다른 이유는 동물성 지방인데 이는 여성 호르몬 분비를 자극하며 간에서 담즙산의 분비를 촉진시킨다. 담즙산은 대장 세포의 증식을 유도하고 에스트로겐 역시 세포 분열을 촉진하므로 필요 이상으로 축적할 경우 암, 특히 유방암을 유발한다.

앞서 언급한 위험성과는 거리가 있지만 닭고기 역시 자유로운 것은 아니다. 닭고기 역시 동물성 지방을 상당량 가지고 있다. 식육용 가축들은 대량 생산 방식으로 사육되는 공통점이 있다. 대량 생산은 곧 효율성을 의미한다. 쉽게 말해 한정된 공간에서 빨리 키우는 것이 효율적이다. 좁은 공간에 밀집되어 사육되면 스트레스는 증가하고 면역력이 떨어져 질병이 발생한다. 이를 예방하고 생존율을 높이기 위해 항생제가 사용되며 빠른 성장을 위해서 성장촉진제를 사용하기도 한다. 이렇게 사용된 약물들은 동물의 고기에 쌓여 우리 몸 안으로 들어온다.

양계장에 뿌린 살충제가 달걀에서 검출되어 우리나라뿐만 아니라 전 세계적으로 문제가 된 적이 있었다. 항생제나 성장촉진제 역시 닭에 축적되어 잔류하게 된다. 항생제가 잔류하는 육류를 지속적으로 섭취하게 될 경우 우리도 항생제 내성이 생길 수도 있다. 정확하게는 항생제가 듣지 않는 슈퍼박테리아가 등장하는 것이다.

성장촉진제 역시 마찬가지인데 본래 동물용 성장촉진제는 성장호르몬제를 사용하였으나 인간에게도 내분비계 교란을 유발할 가능성이 있어 현재는 대부분의 국가에서 사용을 금지한다.

그렇다고 해서 현재 사용되는 성장촉진제가 안전한 것은 아니다. 락토파민의 경우 근량을 높이는 성장촉진제로 사용되는데 과다 섭취할 경우 심장박동의 증가와 호흡 곤란을 유발하고 지속적인 섭취는 고혈압, 당뇨, 암을 유발한다. 때문에 유럽과 일본 등 여러 나라에서 사용을 금지하고 있지만 우리나라와 미국은 금지가 아닌 관리 대상 물질이다. 2017년에는 국내로 수입된 소고기에서 락토파민 잔류 허용치인 0.01mg/kg의 두 배가 검출되어 논란이 되었다. [55]

굽거나 튀기는 조리시 발생하는 독성 물질

흔히들 신발도 튀기면 맛있다고 할 정도로 어떤 재료든 기름에 튀겨 내면 맛이 좋아진다. 굽는 조리 역시 마찬가지다. 한껏 달아오른 불판 위에 삼겹살을 올리는 모습은 상상만으로도 입에 침이 고인다. 튀김이나 구워 낸 고기가 맛은 있지만 건강에 좋지 않다는 것은 알고 있을 것이다. 기름이 산화되어 트랜스지방이 생긴다거나 지방 함량이 높아 성인병을 유발한다는 것은 누구나 알고 있는 사실이다.

하지만 문제는 고열량뿐 아니라 조리 방법에서도 나타난다. 고등어와 삼겹살을 굽는 과정에서 미세먼지가 발생한다는 이야기를 들었을 것이다. 그 당시에는 많은 논란이 있었지만 흘려들을 이야기는 아니다. 실제 미세먼지 발생도 문제지만 아크릴아미드(acrylamide)라는 독성 물질이 만들어진다는 점에 유의해야 한다. 아크릴아미드는 무색, 무취의 화학 물질로 화장품의 피부연화제, 종이강화제, 윤활제, 접착제 등 여러 가지 용도로 사용되고 있다. 다양하게 사용되고 편익을 주는 물질이지만 신경 결손을 유발하는 신경 독성 물질로 알려져 있으며, 고용량 노출시 중추신경계 및 심혈 관계에 영향을 미치게 된다. 또 신장암 발생과의 연관성이 제기되면서 암 유발 물질로 추정된다. 또한 태반을 통과해 태아에 흡수되어 두뇌 형성에 영향을 미치기 쉬운 특징이 있다.

우리는 생각보다 굉장히 쉽게 아크릴아미드에 노출된다. 탄수화물이 포함된 식재료를 고온에 가열하는 조리를 하면 아크릴아미드가 생성되므로 조리시 기화된 아크릴아미드를 흡입하게 될 수도 있고 조리 과정에서 생긴 아크릴아미드를 음식물을 통해 섭취할 수도 있다. 실제로 감자튀김의 경우 아크릴아미드가 많이 검출되는 음식 중 하나다. 굽고 튀기고 볶는 조리 방법 때문에 빵이나 쿠키, 커피 역시 아크릴아미드에 오염되기 쉽다.

음식을 통한 아크릴아미드 노출을 줄이기 위해서는 조리 온도를 120℃ 이하로 낮추거나 조리 방법을 바꾸는 것이 좋다. 고기를 불판에 굽는 조리 과정에서 헤테로사이클릭아민, 벤조피렌 등의 발암 물질이 생성된다. 헤테로사이클릭아민은 주로 어류나 육류를 가열 조리할 때 발생한다. 사람에게 암을 유발할 가능성이 있는 물질로 분류되어 있으며 동물 실험을 통해 간, 위, 대장, 유방암을 유발할 수 있는 것으로 밝혀졌다.

벤조피렌은 담배나 매연 또는 나무를 태울 때 발생하는 물질 중 하나인데 고기를 굽는 과정에도 발생한다. 고기가 타면서 발생하는 연기뿐 아니라 탄 고기 자체에도 벤조피렌이 있기 때문에 가급적 피하는 것이 좋다. 벤조피렌은 직접적으로 암을 유발하는 것이 아니고 벤조피렌의 대사체인 벤조피렌디올에폭시드가 DNA와 결합해 변형을 유발하여 암이 발생하게 된다. 첨가물이 전혀 없는 재료일지라도 잘못된 조리 방법은 건강한 식재료를 발암 물질로 만들 수 있다.

우리의 몸에 차곡차곡 쌓이는 중금속

1 로마 멸망의 원인으로 꼽히는 납

납으로 된 상수도관이 로마 문명 멸망의 원인으로 꼽힐 정도로 납은 인체에 유해한 중금속이다. 인류는 납을 상당히 오래 전부터 사용해 왔지만 그 유해성이 공식적으로 인정되어 규제되기까지는 오랜 시간이 걸렸으며, 여기에는 드라마틱한 배경이 있다. 미국의 클리어 패터슨이라는 지구과학자는 납을 이용해 지구의 나이를 계산하려고 하였다. 원리는 간단했다. 풍화가 잘 일어나지 않는 지르콘이란 광석에는 우라늄은 쉽게 쌓이는 반면 납은 쉽게 쌓이지 않는다. 이 둘의 원소 농도 비율을 비교하면 지구의 나이가 추정이 가능한데 번번이 납의 원소 측정에 실패했다. 초청정실을 만든 후에야 납을 측정한 후 지구 나이를 밝히는 데 성공했는데, 이로 인해 그동안의 납 측정이 실패한 원인이 광범위하게 퍼져 있는 납 오염 때문이라고 판단하게 되었다.

그는 실제 해양의 표층과 심층 사이 납 농도를 비교해 납 오염이 심각한 상황임을 알게 된다. 납은 안전하다는 산업계와 과학자들의 반박이 있었지만 결론적으로 납 오염의 심각성이 받아들여져 납이 들어간 유연휘발유 등 납 함유 물질에 대한 규제가 시행되었다. 현재 인체에 안전한 납의 농도는 없는 것으로 인정되고 있다. 즉 소량으로도 해롭다고 보는 것이다. 납으로 인한 두드러진 유해 영향은 신경계 질환이다. 납은 신경 세포에서 신경 전달 물질의 작용을 방해한다. 또한 철과 아연 같은 금속이온의 작용을 방해하여 생체 내 대사 작용을 방해한다.

납의 반감기는 10년인데 한국은 1990년대까지 유연휘발유가 사용되었으므로 신생아를 제외한 대부분의 사람이 어느 정도는 납에 노출되었을 것이란 추정이 가능하다.

2 쿠킹 포일, 양은 냄비 등 음식을 통해 들어오는 알루미늄

한때는 은보다 더 귀했던 금속인 알루미늄은 일상 속에서 매우 다양한 형태로 활용되고 있다. 가장 흔한 형태가 바로 쿠킹 포일이다. 음식을 포장하는 용도 외에 고기를 굽는 불판 대용으로도 쓰인다. 알루미늄은 열전도 효율이 높아 냄비나 프라이팬의 주재료로 사용되며, 산소와 쉽게 반응하여 산화피막이 형성되면 더 이상의 산화가 진행되지 않아 안정된 상태가 된다. 이러한 특성을 이용하여 건축자재로도 활용된다. 이 외에도 화장품과 식품의 첨가제, 위장약에도 알루미늄이 사용된다.

광범위하게 활용되는 알루미늄은 일반적으로 호흡을 통해 노출되거나 음식을 통해 노출되는 경우가 대부분이다. 인체에 쌓인 알루미늄은 독성을 내는데 납과 마찬가지로 신경계의 정상적인 작동을 방해하며, 뼈의 재형성을 억제하여 뼈가 약해지는 골연화증을 유발한다. 그 외에도 생식 기능 저하, 갑상선 기능 장애, 치매, 암 등 다양한 질병을 유발한다.

염분과 산은 알루미늄이 녹아 나오기 쉬운 조건을 형성한다. 한국 사람이 즐겨먹는 김치와 라면은 대표적으로 산도와 염분이 높은 음식인데, 라면과 찌개의 조리에 사용하는 양은 냄비는 알루미늄으로 만들어지므로 알루미늄이 녹기 좋은 상태가 된다. 따라서 쿠킹 포일로 염도와 산도가 강한 음식을 감싸거나 알루미늄 냄비에 조리하면 음식을 통해 알루미늄을 함께 먹게 되는 것이므로 이런 용도로는 사용하지 않는 것이 좋다.[56]

3 수은이 쌓인 물고기를 먹고 생긴 미나마타병

납뿐만 아니라 다양한 금속 오염 물질들은 유해한 영향을 일으킨다. 공해병으로 알려진 미나마타병은 수은이 체내에 쌓여 발생하는 질병으로 다양한 신경학적 증상을 나타낸다. 1956년 일본 구마모토현의 미나마타시에서 메틸수은이 포함된 어패류를 먹은 주민

먹이사슬을 통한 수은의 농축

0.0005 ppm → 100배 농축 → 식물성 플랑크톤 0.05 ppm → 10배 농축 → 동물성 플랑크톤 0.5 ppm

물속의 수은 성분

5 ppm 작은 물고기 ← 10배 농축 ← ... 50 ppm 큰 물고기 10배 농축 → 500 ppm 사람 10배 농축 →

들에게서 집단적으로 증상이 발생하면서 사회적으로 큰 문제가 되었다. 칫소의 미나마타 화학 공장에서 아세트알데히드를 생산하는 화학 반응 과정에 촉매로서 수은을 사용했는데, 아세트알데히드 생산량이 매년 크게 증가함에 따라 촉매는 삼황화이철(Fe_2S_3)로 바뀌게 되었고, 이 공정에서 유기 수은 화합물인 메틸수은이 생성되어 바다에 방류되었다.

미나마타만의 바다로 방류된 수은은 먹이 사슬을 거쳐 물고기와 갑각류에 축적되었고 주민들의 식탁에 오른다. 이러한 경로를 통해 수은을 섭취한 주민들은 손발이 무감각해져 작은 물건들을 잡거나 단추조차 잠그지 못하게 되었고, 비틀거림, 목소리의 변형, 청각 상실, 음식물을 삼키는 것조차 어려움을 호소하였다. 이러한 증상이 악화된 환자들은 경련, 혼수상태에 빠진 후 결국 사망하였다. 2001년까지 공식적으로 확인된 환자가 2,265명이다. 주민들이 버린 음식물 찌꺼기를 먹던 고양이들도 경련을 일으키고 죽어 갔으며, 까

마귀들도 하늘에서 떨어졌다. 바다에서는 해초가 자라지 않게 되었으며 죽은 물고기들이 떠올랐다.[57]

수은과 같은 중금속이 무서운 것은 다양한 질환을 일으킬 뿐만 아니라 생물체 내에서 배출이 잘 일어나지 않아 생물 농축이 발생한다는 점이다. 수은과 같은 중금속은 지방 조직과 결합해 체외로 쉽게 배출되지 않고 축적되는데 수은을 섭취한 생물을 상위 포식자가 섭취하면 포식자의 체내에 축적된다. 이로 인해 상위 포식자로 갈수록 그 농도가 높아지는데 현존하는 최상위 포식자는 인간이다.

2018년 해양수산부에서 실시한 남해안과 제주도의 양식장 넙치(광어)에 대한 중금속 검사에서 일부 지역의 양식장 세 곳의 넙치에서 기준치 0.5mg/kg 이상인 0.6~0.8mg/kg의 수은이 확인되었다. 고급 일식당의 메뉴에는 참치가 회와 구이 등으로 빠지지 않는다. 푸른 바다에서 싱싱한 멸치와 고등어를 먹고 통통하게 자란 참치는 바다 생태계 먹이사슬의 최상위권에 있기 때문에 수은 농축이 발생하는 대표적인 어류다.

최근 우리나라에서 판매되는 고래 고기에서 기준치 10배가 넘는 수은이 검출되었다는 뉴스를 보고서도 고래 고기를 먹을 수 있는 당신은 매우 용감한 사람일 것이다. 안전한 생선 섭취에 대한 고민과 방향은 Part 3에서 검토해 보도록 하자.

Part 2

아이에게
대물림되는
환경 독성 물질의
고통

1장

호르몬에 의해 조절되는 우리의 몸

예전에 많이 사용했던 카세트테이프나 비디오테이프는 자기
(magnetic) 형태로 영상이나 음악을 저장한 후 재생할 수 있다. 만약
테이프가 늘어지거나 중간에 끊긴다면 어떻게 될까? 당연히 정상적
으로 재생되지 않는다. 늘어진 테이프에서 나오는 음악은 소음이 되
기도 하고, 영상은 잡티로 가득 차거나 앞의 내용을 미처 파악하기
도 전에 다른 내용으로 건너뛴다. DNA에서부터 시작되는 유전 정
보의 발현도 이와 비슷한 원리로 설명할 수 있다. DNA의 유전 정
보를 테이프에 비유하면, 길게 펼쳐진 상태에서는 음악으로 연주되
지만 잘못 감겨서 뭉쳐지면 재생되지 않는다. 즉, 외부 환경 인자에
의해 정상적인 DNA 일부분에 핀이 꽂혀 묶이게 되면 정상적인 유
전 정보가 발현되지 않게 된다.

유전 정보, 즉 DNA 염기서열이 바뀌는 돌연변이가 아니어도 DNA에 꽂혀 있는 핀은 자녀 세대로 이어질 수 있다. 후천적인 영향에 의한 유전자의 변화를 연구하는 학문을 후성유전학(epigenetics)이라고 한다. 실제로 흡연자와 비흡연자 1만 6,000명의 DNA를 비교한 연구에서 흡연이 약 7,000개의 유전자에 메틸화(DNA methylation, DNA의 일부를 묶어 두는 핀)를 유발하는 것으로 나타났다. 이렇게 형성된 메틸화로 인해 질병이 발생하게 되는 것이다.

인간을 포함하여 포유류에서 DNA 메틸화가 다음 세대로 전이되는 현상에 대해서는 아직도 많은 연구를 필요로 하지만 다양한 실험을 통해 그 가능성이 확인되고 있다. 금연을 하게 되면 일정 시간이 지난 뒤 메틸화된 유전자의 일부는 정상으로 돌아오지만 일부는 그렇지 않다고 한다. 다시 말하자면 똑같은 나의 자녀라도 담배를 전혀 피우지 않던 시절에 생긴 자녀와 담배를 꽤 오랜 기간 피운 후 생긴 자녀 간의 건강 상태가 크게 다를 수 있다는 것이다.

흡연자를 조사한 연구에서처럼 외부적 요인이 유전 정보의 발현에 영향을 주고 다음 세대에까지 영향을 줄 수 있다는 것은 우리 주변을 둘러싼 환경 독성 물질 역시 그 유해한 영향이 나의 대에서 끝나는 것이 아니라 다음 세대에도 영향을 줄 수 있음을 보여 준다.

유전 정보의 변화만 다음 세대로 이어지는 것이 아니다. 여러 가지 환경 독성 물질에 노출되어 살고 있다면 이 독성 물질들이 내 몸 속에 쌓이게 된다. 중금속인 납이나 과거에 살충제로 쓰였던 DDT를 떠올려 보자. 두 가지 물질의 공통점은 단순히 인체에 유해하다는 것뿐만 아니라 반감기가 매우 길며 체내에 축적될 가능성이 아주 높은 물질이라는 점이다. 즉 이러한 물질들은 높은 확률로 몸속에 쌓이게 되고, 아이를 임신한 어머니의 몸속에 이 물질들이 쌓여 있다면 자녀에게로 전달될 수 있다. 태아기, 영·유아기는 신체 기관이 형성되고 미성숙한 신체 기관이 발달하는 과정이다. 이 시기에 유해 화학 물질을 포함한 환경 독성 물질이 아이에게 노출되면 매우 위험하다. 성인이 술을 마시면 대부분 숙취로 끝나지만 태아기 모체를 통한 알코올 노출은 아이의 장애를 유발한다.

몸속에 쌓여서 배출되지 않는 이런 종류의 독성 물질에만 국한된 것은 아니다. 호르몬은 매우 적은 양으로도 인체 내 많은 기능을 조절한다. 이것은 신체 기관의 발달에도 해당되는 이야기다. 몇몇 화학 물질들은 인체 내에서 호르몬의 정상적인 작용을 방해한다. 이러한 물질은 태반을 통과해 태아에도 영향을 미칠 수 있다.

Part 1에서 정리하였듯 우리의 일상생활 전반에는 유해 화학 물질을 포함하여 수많은 독성 물질이 존재한다. 이러한 물질들을 피해서 산다는 것은 거의 불가능하다. 현대사회에 살고 있는 우리는 독성 물질에 필연적으로 노출되고 이와 같은 노출이 인체 내에 누적되고 심화되면 내분비계 교란과 이로 인한 질병을 유발하게 된다. 하지만 이런 독성 물질들을 피해 살아 왔고 전혀 노출될 일이 없었던 사람에게서도 이상 증상이 나타나거나 독성 물질이 검출되었다면, 이를 어떻게 설명할 수 있을까?

Part 2에서는 개인의 실수 또는 독성 물질에 대한 무지로 인해 경험하게 되는 일련의 이상 증상들이 우리 세대에서 끝나는 것이 아니라 우리 다음 세대 또는 그 다음 세대에까지 미치게 되는 영향에 대해 이야기하고자 한다. 유해 화학 물질을 포함한 독성 물질들은 여러 나쁜 영향을 불러일으키는데, 가장 대표적인 현상이 내분비계 교란이다. 이는 호르몬의 정상적인 작용을 방해하여 대사 장애, 생식 장애, 심지어 암까지 발생시킨다. 어떻게 이런 일이 가능한지 이해하기 위해서는 호르몬이 정확히 우리의 몸에서 어떤 기능과 역할을 하는지 이해할 필요가 있다.

호르몬은 뇌하수체, 갑상선, 고환, 신장, 난소 등의 내분비 기관에서 분비되는 물질로 혈액을 따라 전신에 퍼져 나가 뼈, 근육, 젖샘, 자궁 등의 기관에 작용한다. 호르몬 수용체는 호르몬에 반응하여 세포의 기능을 변화시키는 물질이다. 각 호르몬에 반응하는 수용체는 세포마다 다르다. 따라서 호르몬은 자신의 수용체가 있는 세포에만 작용한다. 도파민과 같은 호르몬에 의해 우리는 기분이 좋아질 수도 있고, 때로는 멜라토닌에 의해 졸음에 시달릴 수도 있다. 소화기관의 활동과 대사 작용을 조절하는 것 역시 호르몬에 의해 이루어진다. 또한 신체 기관의 발달과 기능도 조절한다.

우리의 몸은 호르몬에 지배를 받는다고 말할 정도로 호르몬은 몸의 여러 기능을 조절한다. 남성 호르몬, 여성 호르몬, 부신피질 호르몬 등의 스테로이드 호르몬의 경우 99% 정도가 혈류 내 호르몬결합글로불린(Hormone binding globulin, HBG)과 결합하기 때문에 호르몬이 수용기관의 세포에 도달하더라도 호르몬 수용체에 결합하지 못하며, 호르몬결합글로불린과 결합하지 않은 1% 내외의 자유 호르몬(free hormone)만이 호르몬 수용체에 결합하여 호르몬의 효과를 나타내게 된다. 수용체와 결합한 호르몬만 그 기능을 하여 태아기 신체 기관의 발달을 조절하거나, 소화기관의 활동을 활발히 하게 하며, 생식기관의 발달을 유도하기도 하는 등 우리 신체의 생명 활동을 조절한다.

내분비계 교란물질 즉, 환경호르몬이 문제가 되는 것은 호르몬으로 조절되는 우리 몸의 균형을 매우 적은 양의 환경호르몬으로 무너뜨릴 수 있기 때문이다. 비스페놀A나 디에틸헥실프탈레이트와 같은 화학 물질은 여성 호르몬인 에스트로겐과 유사한 물질로 세포 내 에스트로겐 수용체와 결합해 에스트로겐 작용을 정상치보다 더 많이 나타나게 한다. 환경호르몬은 에스트로겐 유사 작용을 하는 데서 끝나지 않는다. 남성 호르몬인 안드로겐 수용체와도 결합하지만 그 기능을 하지 않아 남성 호르몬의 작용을 방해하기도 한다.

호르몬 수용체와의 결합뿐만 아니라 혈류 내 호르몬결합글로불린과의 결합도 문제가 된다. 일부 화학 물질의 경우 혈액 내에서 호르몬결합글로불린과 결합할 수 있다. 이렇게 되면 세포 내에서 호르몬 수용체와 결합이 가능해지는 자유호르몬이 증가해 정상적으로 필요한 정도 이상으로 호르몬이 작용한다. 이와 같은 현상이 반복되고 누적되면 내분비계 교란이 심화되어 자궁내막증, 생리 불순, 정자 감소와 같은 생식 능력 저하와 불임, 대사 질환, 암과 같은 질병이 나타나게 된다.

2장

생식 능력에 영향을 미치는 환경 독성 물질

코미디영화 〈이디오크러쉬〉에 등장하는 한 부부는 아이를 갖는 일은 신중해야 할 일이라면서 서두르지 않고 미룬다. 매년 거듭해서 미루다가 정작 아이를 갖고자 했을 때는 불임으로 아이를 갖지 못한다. 남편은 인공수정을 시도하던 중 사망하게 된다. 과장이 심한 내용이지만 실제로 우리 주변에서 불임 또는 난임으로 고생하는 사람들의 수는 늘고 있다. 통상적으로 정상적인 부부관계를 갖고 있음에도 1년 이상 아이가 생기지 않는 상태를 불임으로 본다. 정부에서 다양한 출산 장려책을 시행하지만 여러 가지 문제로 인해 저출산 문제는 쉽게 해결되지 않을 전망이다. 이와 동시에 불임으로 고통받는 사람들 역시 증가하는 추세다.

매해 늦춰지는 결혼 적령기로 인해 고령화에 따른 생식 능력의 저하를 불임의 원인으로 꼽지만, 스트레스와 같은 사회적 현상도 불임을 유발하는 주요 원인이다. 여기에 범지구적인 문제인 환경오염 또한 불임을 유발하는 주요 원인으로 추정된다. 2007년 〈경향신문〉 보도에 따르면 우리나라 불임 부부 세 쌍 중 한 쌍은 그 원인이 불분명하고 이 원인 불명의 불임이 대도시거나 공업 도시일수록 더 많이 발생하는 것으로 나타났다. [58] 이 발표에 따르면 전체 불임 환자 중 원인 불명 불임의 비율이 서울특별시 38%, 부산광역시 36%, 전라남도 25% 정도지만, 산업 단지가 밀집해 있는 울산은 고령화 비율이 낮음에도 전체 불임 환자 중 원인 불명 불임의 비율이 45%로 다른 지역에 비해 훨씬 높게 나타났다. 환경적 요인과 불임의 연

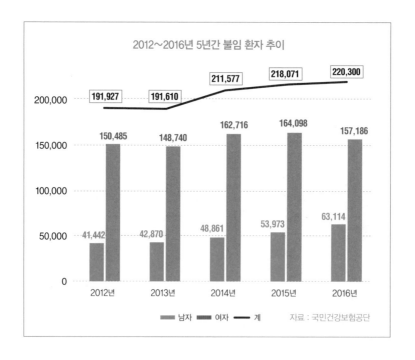

관성이 통계적인 수치로 확인된 것이다.

유해 화학 물질, 특히 환경호르몬의 경우 남성과 여성 모두에게서 생식 능력과 직결된 성 호르몬의 교란을 유발하여 정상적인 생식 작용을 방해하고 심지어 태아의 생식 기관의 발달에도 악영향을 미친다. 결과적으로 생식 능력 저하로 인한 난임 또는 불임을 발생시키는 것이다. 우리는 일상 속에서 수많은 유해 화학 물질에 노출되어 살아간다. 플라스틱 용기, 화장품 및 세정제 속에 들어 있는 유해 화학 물질과 날로 심각해져만 가는 대기 오염이 원인 미상 불임의 원인이 될 수 있다.

인간이 만든 최초의 내분비계 교란물질, DES의 자녀들

1938년에 디에틸스틸베스트롤(diethylstilbestrol, DES)이 개발되었다. 분자 구조는 다르지만 여성 호르몬인 에스트로겐과 유사한 기능을 하는 강력한 약이다. 디에틸스틸베스트롤은 현기증, 피부 발진, 위장장애, 여드름 치료 등 매우 다양한 용도로 사용되었고, 1940년대에는 동물 실험에서 유산을 막아 주는 효과가 확인되어 유산 방지제로 사용되기 시작했다. 그러는 동안 임신 기간 중 이 약을 복용하였을 때 어떤 효과를 주는지, 그리고 동물 실험에서 나타난 유방암, 간암 등의 부작용은 감추어진 채 수십여 년 동안 산부인과에서 유산을 막기 위한 목적으로 디에틸스틸베스트롤이 처방되어 왔다. 적어도 사용이 규제된 1970년대까지 디에틸스틸베스트롤이 유산 방지의 목적으로 활발히 사용되었으며, 가축의 성장 촉진제로도 활용되었다. 유산을 막기 위해, 아이의 건강을 위해 복용한 디에틸스틸베스트롤은 기대와는 전혀 다른 결과를 보여 주었다.

1970년대 당시 매우 드물었던 질암이 젊은 여성들에게서 나타나기 시작했고, 이것이 모체의 뱃속에 있던 태아가 디에틸스틸베스트롤에 노출된 것과 연관이 있는 것으로 드러났다. 이를 계기로 디에틸스틸베스트롤에 대한 인식이 바뀌었고, 1990년대에 이르러서야 생산이 완전히 중단되었다. 디에틸스틸베스트롤을 복용한 산모에게서 태어난 자녀를 'DES의 딸' 또는 'DES의 아들'이라고 부른다.

'DES의 딸'들은 자궁 기형(T 모양의 기형)이 나타나거나 질에 투명세포암이나 유방암에 걸릴 확률이 40배 이상 높게 나타났다. 또한 자궁을 포함하여 생식 기관의 이상으로 정상적인 임신을 방해받아 기형아를 출산하게 될 가능성이 높았다. 알려진 바에 따르면 DES의 딸들은 불임, 유산 및 조산, 임신중독을 겪게 될 가능성이 높다고 한다. 이는 여성에게서 나타나는 자궁암이나 질암, 유방암도 마찬가지다.

'DES의 아들'도 딸과 다르지 않았다. 이들에게서는 주로 남성 생식 기관의 기형이 나타났다. 고환이 음낭으로 완전히 내려오지 못한 상태인 잠복고환증과, 요도를 감싸고 있는 조직이 제대로 발달하지 않아 요도 입구가 음경 끝이 아닌 아래쪽에 위치하는 요도하열증이 나타났으며, 고환암의 발생도 증가하였다.

디에틸스틸베스트롤 노출로 인한 암의 발병률은 복용 시기에 따라 다른데, 임신 3개월 이후 디에틸스틸베스트롤을 복용한 경우 암 발병률이 초기에 복용한 경우보다 낮은 것으로 알려졌다. 우리나라에서는 공식적으로 사용된 적이 없는 물질이지만 사람이 만든 최초의 내분비계 교란물질로서 내분비계 교란으로 나타나는 피해를 보여 주는 대표적인 사례이자, 그 피해가 자녀 세대에서 나타나는 것을 보여 주는 사례기도 하다.

환경호르몬에 지속적인 노출로 인한 여성 불임

임신과 출산 과정에서 여성의 몸에서는 난자와 정자가 만나 수정이 일어나고 수정란은 자궁에 착상한다. 모체의 자궁은 착상된 수정란이 발달 과정을 거쳐 온전한 아이로 출산하기까지 이를 보호한다. 수정과 임신과 출산 전 과정에서 여성의 생식 기관인 난소, 난관, 자궁은 난자를 생성하고, 수정의 장소를 제공하고, 수정란이 착상하여 자라는 환경을 제공한다. 아기가 탄생하는 데 있어서 아빠의 유전자는 엄마의 유전자만큼 중요하지만, 수정과 임신과 출산의 전 과정에서 남성의 실질적인 역할은 수정에 필요한 정자를 제공하는 것에 그친다. 따라서 과거에는 불임의 원인을 여성에게서 찾는 경우가 많았다. 그러나 실제로는 남성에게 불임의 원인이 있는 경우도 상당하며, 현재는 불임의 원인을 남녀 한쪽에서만 찾기보다 공동의 문제로 보는 인식이 강해졌다.

여성 불임의 원인으로는 유전적 요인이나 자궁과 난소의 구조적 이상, 배란 장애, 자궁근종, 자궁내막증 등 자궁 자체의 문제와 함께 항정자 항체와 같은 면역학적 문제 등 그 원인이 다양하지만 이러한 주요 병리적 원인 이면에 훨씬 더 근본적인 원인으로 환경적 요인이 있을 수 있다.

유산 방지 목적으로 처방된 디에틸스틸베스트롤은 에스트로겐과 유사한 작용을 한다. 디에틸스틸베스트롤이 모체의 뱃속 태아에 노출되면 생식 기관의 기형을 유발하게 된다. 이로 인해 'DES의 딸들'은 그렇지 않은 사람보다 자궁의 기형으로 인한 불임 비율이 높게 나타났다. 그뿐만 아니라 유산이나 조산의 발생 비율도 높게 나타났으며 모체에 매우 위험한 자궁외 임신도 높게 나타났다.[59] 태아가 단기간만 디에틸스틸베스트롤에 노출되어도 여성 불임의 원인이 될 수 있는 생식 기관의 기형 및 자궁근종, 자궁내막증과 같은 병증을 보일 확률이 높아진다.

디에틸스틸베스트롤의 경우 1990년대 이후 생산이 완전히 중단 되었지만 우리 주변에는 디에틸스틸베스트롤 외에도 비스페놀A나 프탈레이트처럼 호르몬 유사 효과를 내는 화학 물질인 내분비계 교란물질, 즉 환경호르몬이 얼마든지 있다. 그리고 이들 화학 물질들은 모체를 통해 태아기 때부터 영향을 미칠 수 있다.

환경호르몬과 같은 화학 물질들은 사춘기를 지나 생식 능력이 갖춰진 성인의 생식 능력에도 영향을 미친다. 각기 다른 환경에서 근무하는 여성들의 생리 주기를 조사한 역학 연구 결과, 공통적으로 포름알데히드, 헥세인, 톨루엔, 에틸벤젠 등과 같은 유기용매에 대한 노출 정도가 심한 환경에서 근무할수록 생리 주기와 생리 기간이 길어지고 생리 불순 횟수도 더 많아지는 것으로 나타났다.[60]

여성의 생식 기관인 난소, 자궁은 에스트로겐 수용체를 많이 발현하기 때문에 환경호르몬의 영향을 크게 받는다. 여기에 에스트로겐이 과다하게 작용하면 에스트로겐 의존성 질환인 자궁내막증, 자궁근종, 난소낭종 등이 발생한다. 따라서 에스트로겐 유사 작용을 하는 환경호르몬이 이러한 질환의 원인이 될 수 있다.[61]

결과적으로 환경호르몬과 같은 유해 화학 물질에 지속적으로 노출되면 여성에게서 불임이 유발될 수 있다. 우리는 일상생활에서 화장품과 플라스틱 용기, 그리고 통조림 등을 통해 비스페놀A나 프탈레이트와 같은 환경호르몬에 노출되어 살아간다. 여성 불임의 원인으로 생식 기관의 기형 및 배란 장애, 자궁 질환 등이 꼽히는데, 그 근본적인 원인은 우리 주변의 환경에서 비롯된 것일 수도 있다.

환경호르몬에 더 민감한 정자 형성 장애의 남성 불임

남성에게서도 여성만큼 불임의 원인이 발견되고 있으며, 남성 불임의 증가율은 여성의 증가율보다 높게 나타나고 있다.[62] 남성 불임의 가장 근본적인 원인은 정자 형성의 문제에서 발생한다. 서구 선진국에 한정된 조사였지만 1973년부터 2011년까지 연구를 취합한 BBC의 발표에 따르면, 남성의 정자 수는 지난 40년 동안 절반 이하로 줄어들었다고 한다.[63] 2017년 한 보도에 따르면, 남성 난임 환자의

20~30%는 정자 형성 장애로 인한 빈정자증 및 무정자증 환자라고 한다.[64] 이를 두고 인류는 불임으로 멸종할 수 있다고 말하는 사람들도 있다.

정자 수의 감소와 활동 능력 저하 등 정자의 질 저하에 대한 명확한 원인은 아직 밝혀지지 않았다. 하지만 환경호르몬을 비롯한 다양한 환경 독성 물질로 인해 생식 능력이 감소한다는 연구는 상당히 많이 이루어져 있다.[65] 임신 기간 동안 디에틸스틸베스트롤 노출로 인해 남아에게서도 미성숙 고환, 잠복고환, 요도하열과 같은 생식 기관의 기형이 나타난다. 성장한 이후에는 비정상적인 정자와 정자 수의 부족으로 인한 남성 불임(빈정자증)이 나타날 수 있다.

요도하열의 경우 생식기의 기형일 뿐 생식 능력에는 이상이 거의 없어서 수술로 극복할 수 있다. 그러나 디에틸스틸베스트롤과 같은 환경호르몬이 여성에게 자궁내막증과 같은 여성 질환과 난임의 원인이 되듯이 여성 호르몬인 에스트로겐 유사 작용이 남성에게는 정자 형성 장애로 나타나는 것이 가장 큰 문제다. 정자 형성은 뇌하수체와 정소에서 생성되는 호르몬들의 균형에 의해 조절된다. 특히 정소에서 생산되는 대표적인 남성 호르몬인 테스토스테론은 정자 형성에 중요한 역할을 하는데, 환경호르몬으로 알려진 다양한 화학 물질들이 테스토스테론의 수치를 낮추어 정자의 생성을 막는 것이다.[66]

이러한 현상은 화학 물질에만 국한된 것은 아니다. 납이나 카드뮴 같은 중금속 역시 정자 형성을 막거나, 정자의 기형을 유발하거나, 운동 능력을 저하시킨다. 혈액 속에 중금속 수치가 높은 사람이라면 생식 능력이 저하되어 있거나 불임일 가능성이 높다. 담배의 경우 중금속을 포함하여 4,000여 가지의 독성 물질로 이루어져 있는데 이 역시 남녀 모두에게서 다양한 경로를 통해 불임을 유발한다. 흡연이 초래하는 대표적인 신체적 증상은 산소 공급과 혈액 순환의 저하다. 담배 속의 니코틴은 혈관을 수축시켜 혈류의 흐름을 방해한다. 산소 공급과 혈액 순환의 저하는 여성 생식 질환의 가능성을 높이고, 남성의 경우 남성 호르몬 생성 저하와 함께 성기능 장애를 유발한다.[67]

우리나라에서 빈번히 발생하는 미세먼지도 불임의 원인이 될 수 있다. 중금속, 다환방향족탄화수소(PAHs), 탄소연소물 등의 복합체인 미세먼지는 대표적인 대기오염 물질로 꼽힌다. 미세먼지는 국제암연구소(IARC)에서 분류한 1군 발암 물질로 폐암과 만성 폐쇄성 폐질환의 주범이고, 최근에는 불임과의 연관성도 보고되었다. 도심 속 통행량이 많은 지역에 거주하는 여성은 그렇지 않은 여성보다 불임을 경험할 확률이 5~20% 높다는 역학 조사가 발표되었으며, 남성의 경우 미세먼지와 같은 대기오염으로 인해 정자의 질이 떨어진다는 연구 결과도 있다. 대만에서 발표한 연구에 따르면 대기 중 미세먼지가 $5\mu g/m^3$ 증가할 때마다 정상적인 모양과 크기의 정자수가 1.29% 감소한다고 한다. 이는 흡연이나 음주, 비만, 연령에 따른 요인을 제거한 결과로 단기간의 미세먼지 노출로도 정자의 질 저하를 유발할 수 있음을 의미한다.

정자 크기 감소와 활동 능력 저하, 기형 형성에 따른 정자의 질 저하는 난자를 수정할 수 있는 능력이 저하됨을 의미하며 곧 불임 가능성을 높이게 된다.[68] 2016년 중국에서 정자를 기증한 젊은 남성 지원자 중 적합 판정을 받은 정자 합격률은 전체의 5분의 1에 불과했다고 한다. 이는 2001년 과반 이상이 기준치 이상이었던 것에 반해 정자의 질이 급격히 떨어진 것이다. 여러 가지 원인이 있겠지만 중국 전역에서 발생하는 환경오염과 무관하지 않아 보인다.[69] 이러한 연구 결과들로 미루어 볼 때 미세먼지로 인한 대기의 질 저하가 심각한 우리나라 역시 불임의 위험성이 증가하고 있다고 추정해 볼 수 있다.

호르몬의 균형을 깨뜨려 유산과 조산을 유발하는 환경 독성 물질

어렵고 힘들게 아이를 임신하였지만 유산으로 인해 슬픔을 겪는 사람들이 있다. 그리고 어떤 사람에게는 이러한 일이 유난히 많이 일어나기도 한다. 임신 5개월 이전에 세 차례 이상 유산을 겪게 되는 것을 습관성 유산이라고 한다. 유산의 원인 역시 매우 복합적이고 다양하다. 가임 여성의 경우 10~20%는 자연 유산을 경험한다고 한다. 불임의 원인만큼이나 유산의 원인도 굉장히 복합적이다. 환경호르몬이 자궁내막증과 같은 여성 생식 계통의 질환을 유발하고, 이로 인해 난임이나 불임이 발생할 수 있다. 유산도 외부적인 요인 즉, 환경 독성 물질로 인해 자궁내막증, 자궁폴립과 같은 자궁 질환이 나타나면서 발생할 수 있다.

정자의 질이 떨어지는 것도 불임의 원인일 수 있다. 정자의 질이 낮으면 수정이 이루어지더라도 착상이 이루어지지 않거나 유산이 나타날 수 있다. 정자의 형태나 운동 능력은 정상이라도 DNA 손상이 확인되는 경우가 많다. 설계도가 여기저기 지워져 있으면 온전한 건물을 세울 수 없듯이, 정자 내 DNA가 분절화(fragmentation)되면 수정되더라도 정자로부터 고장난 DNA를 물려받은 수정란은 정상적으로 발달할 수 없다. 실제로 원인 불명의 반복 유산을 경험하는 커플들의 경우 남성에게서 정자 내 DNA 손상이 높은 비율로 확인되었다.[70]

앞서 환경 독성 물질들이 정자 수의 감소와 운동 능력 저하, 기형 정자 형성을 유발해 불임을 일으킨다고 설명하였다. 이들 환경 독성 물질은 정자 내 DNA 손상도 유발한다. 실제로 소변에서 프탈레이트 대사체가 발견된 남성의 정자에서 DNA 손상이 확인되며,[71] 피레트로이드(pyrethroids)계 살충제에 노출된 남성의 정자에서 DNA 손상이 증가한다는 연구 결과도 있다. 필자는 방부제인 파라벤에 노출된 쥐의 정자 DNA의 염기서열에 메틸화가 일어나는 후성적 변화가 증가함을 확인한 바 있다.[72] 이러한 정자의 DNA에 가해지는 물리적 손상과 화학적 변화는 정자가 수정시킨 수정란이 정상적으로 잘 자라서 건강한 아기가 태어나는 것을 막는다.

호르몬의 균형은 임신이 되고 난 후 임신을 유지하는 데에도 큰 역할을 한다. 태반에서 생성되는 프로게스테론은 자궁의 수축을 막고 임신을 유지하는 역할을 하다가, 출산할 때가 되면 임신의 유지에 필수적인 프로게스테론이 감소하고 옥시토신이 분비되면서 자궁이 수축하게 되고 출산이 진행된다. 따라서 임신 중 프로게스테론이 감소되면 유산 또는 조산의 가능성이 올라가는데, 중요한 것은 다양한 환경 독성 물질들이 프로게스테론의 감소와 염증 반응을 유발할 수 있다는 것이다. 임신부 체내의 염증 반응과 프로게스테론의 변화는 유산 및 조산의 원인이 될 수 있다.[73]

태반은 프로게스테론과 에스트로겐 합성을 통해 임신의 유지에 중요한 기능을 한다. 그런데 태반 세포의 체외 실험 결과, 1~10㎚ 농도의 미량의 비스페놀A는 남성 호르몬, 여성 호르몬, 부신피질 호르몬 등 스테로이드 호르몬의 합성 능력을 저하시키며,[74] 동물 실험 결과 만성적인 비스페놀A 노출은 프로게스테론에 의한 착상과 초기 임신의 진행을 교란하는 것으로 나타났다.[75] 습관성 유산을 하는 임신부의 소변에서 환경호르몬 농도를 정상인과 비교한 여러 연구도 진행되었는데 다양한 결과들이 보고되었다. 습관성 유산을 하는 임신부의 소변에서 비스페놀A와 프탈레이트 및 그 대사체 농도가 정상인보다 높다는 보고가 있었고,[76] 중국 베이징대학병원 연구에서는 습관성 유산 환자의 소변에서 검출된 프탈레이트 및 유도체 농도가 정상인보다 높다고 보고되었다.[77] 이는 임신 및 영·유아기에 프탈레이트에 노출되면 유·소년기 성 호르몬의 생성을 저하시키고 장차 생식 능력이 저하될 가능성이 높음을 의미한다.[78]

결론적으로 정상 난자와 정상 정자가 수정되어 정상적인 자궁에 착상이 이루어진다고 해도 모체 주변의 환경호르몬과 같은 유해 화학 물질의 독성은 유산이나 조산의 위험성을 높인다.

환경호르몬으로 인한 남성의 여성화, 여성의 남성화

소, 돼지와 같은 가축을 빨리 살찌우기 위해 스테로이드 계열의 성장 촉진제를 사용한다. 사람도 비슷한 목적으로 성장 촉진제를 사용한다. 바로 운동선수들이 부정적으로 사용하는 도핑이다. 같은 스테로이드 계열 호르몬인데도 여성 호르몬은 지방질 형성을 돕지만 남성 호르몬인 테스토스테론은 근육의 형성을 돕는다. 이 점에 착안하여 운동선수들이 남성 호르몬제를 투여하기 시작했는데, 대표적인 것이 아나볼릭 스테로이드다.

냉전 시기에 운동선수의 올림픽 메달은 국가의 체제 선전을 위한 도구였다. 국가의 체제 선전을 위해 올림픽 메달이 필요했고, 이에 출전 선수들은 약물 복용을 강요받거나 자신도 인식하지 못한 채 약물을 복용하게 되었다. 그 희생양 중 한 명이 동독의 여성 투포환 선수였던 하이디 크리거다. 그녀는 뛰어난 신체 조건으로 남성 선수 못지않은 경기 기록을 가진 선수였으나, 전성기였던 24세에 은퇴한다. 그 당시 동독에서는 보다 좋은 경기 성적을 위해 조직적으로 선수들에게 약물을 제공했다. 하이디가 복용한 테스토스테론 계열의 아나볼릭 스테로이드는 근육 증가에 도움을 주었지만 과도한 근육량은 오히려 몸에 부담을 주어 부상을 유발하였고, 동시에 배란

동독의 여성 투포환 선수였던 하이디 크리거는
아나볼릭 스테로이드 부작용으로
현재 남성으로 성전환하여 살고 있다.

이 멈추고 수염이 자라는 남성화가 진행되었다. 신체적인 변화뿐 아니라 성 정체성에도 혼란이 오기 시작했다. 하이디는 선천적인 성 정체성 장애나 동성애적 성향이 없었음에도 아나볼릭 스테로이드 복용으로 인한 후천적인 영향으로 인해 성전환을 결심하게 된다. 결국 하이디 크리거는 안드레아스 크리거라는 남성으로 살아가고 있다.

국제 경기에서 도핑 규제가 강화되어 아나볼릭 스테로이드제와 같은 약물 사용이 줄어들었지만 경기력 향상이 아닌 신체의 아름다움을 강조하는 보디빌딩에는 여전히 스테로이드 계열의 근육 성장 촉진제를 사용하는 사람들이 있다. 이 약물의 과도한 복용은 여성에게는 하이디 크리거와 같은 남성화를 유발하고, 남성에게는 탈남성화를 발생시킨다.

우리 몸의 내분비계는 매우 섬세하게 작용된다. 극미량의 호르몬으로 조절되기 때문에 특정 호르몬이 과다하게 분비되면 균형을 유지하기 위해 호르몬 분비량을 줄인다. 만약 남성 보디빌더가 남성 호르몬 계열의 아나볼릭 호르몬제를 복용하면, 자체적으로 만들어 내는 테스토스테론은 감소하고 테스토스테론을 만들어 내는 고환은 축소된다. 남성의 신체 내에서 정상적으로 작용해야 할 호르몬의 균형이 깨진 결과 가슴이 발달하는 여유증, 전립선비대증, 발기부전 등의 부작용이 나타나며 더 나아가 불임까지 이르게 된다.

운동선수나 보디빌더가 아닌 이상 이러한 약물을 쓸 일은 없다. 하지만 특수한 목적의 약물 복용이 아니더라도 우리는 일상생활 속에서 호르몬, 즉 내분비계를 교란하는 환경호르몬에 노출되어 있다. 디에틸스틸베스트롤이 그랬듯이 여성 호르몬과 유사한 효과를 내는 환경호르몬들은 생식 기관의 발달에 영향을 미치며, 성인이 된 후에도 스테로이드 호르몬 합성에서부터 시작되는 정자 형성이 정상적으로 이루어지지 않는다.[79] 영·유아기에 환경호르몬 노출이 집중력 장애 등 정신 질환과 연관성이 있다는 보고가 있으며, 남아의 여성화와도 연관성이 보고되었다. 성인의 경우 소변에서 프탈레이트 농도가 높게 검출된 사람일수록 정자의 수가 적게 나타나는 것으로 보고되었다.[80]

3장

발달 장애와 정신 질환의 원인이 되는
환경 독성 물질

통계를 보지 않더라도 주변의 중·고등학생들을 보면 과거에 비해 평균 신장이 많이 커졌음을 알 수 있다. 매년 증가하던 청소년의 평균 키는 2000년대 후반에 접어들면서 그 성장세가 멈추었다. 여기에는 여러 가지 요인이 있겠지만 영양적인 측면이 개선되면서 키 성장과 관련된 유전적 요인이 다 발현되었기 때문일 가능성이 크다. 하지만 청소년 평균 키와 비만율에 관한 통계 자료들에서 키 성장률이 정체기에 접어든 것과는 반대로 소아 청소년기의 비만율은 계속 증가하고 있다. 비만에는 식습관의 변화, 운동 부족, 스트레스, 환경호르몬 등과 같은 여러 가지 복합적인 요인들이 있다.

영·유아기에 환경호르몬에 노출되면 성장기 발달 과정에서 성조숙증을 유발할 수 있으며, 주의력결핍 과잉행동장애(ADHD), 우울증과 같은 정신 질환, 비만에서 비롯되는 대사 질환이 나타날 가능성도 있다. 흥미로운 사실은 비만인 아이일수록 주의력결핍 과잉행동장애와 같은 집중력 장애나, 충동조절 장애 증상을 보일 가능성이 크다는 것이다. 국내 초등학교 4학년 427명을 대상으로 한 조사에서 주의력결핍 과잉행동장애군에서 과체중 유병률이 높게 관찰되었다.[81] 이러한 경향성은 국내보다 해외에서 먼저 보고되었다.[82]

소아 청소년기 발달 과정에는 생활 습관과 가족, 스트레스와 같은 정서적 영향, 주변 환경 등 다양한 요인이 복합적으로 작용한다. 따라서 이 시기에 나타나는 이상 증상들을 한데 묶어 환경호르몬이 원인이라고 한다면 지나친 비약일 것이다. 하지만 많은 연구를 통해 환경호르몬과 소아 청소년의 발달 과정의 연관성이 보고되었다. 경우에 따라 정도의 차이가 있겠지만 환경호르몬은 직·간접적으로 신체와 정신의 발달에 영향을 미친다.

성조숙증과 조기 사춘기가 늘어나는 이유

영어 문화권에는 8학년증후군이 존재한다. 우리 문화에서 보면 중2병이다. 동·서양 모두 중학교 2학년 즈음의 나이가 되면 사춘기에 접어드는 듯하다. 사춘기는 청소년기에 가장 민감한 시기다. 그런데 어쩌면 시간이 흐른 뒤 우리가 관심을 가져야 할 대상은 중2가 아닌 중1 또는 초등학생이 될 수도 있다. 청소년기에는 성 호르몬의 양이 증가하고 이로 인해 남녀의 신체적 특징이 뚜렷하게 나타난다. 그런데 이러한 변화의 시기가 점차 앞당겨지고 있다. 이와 함께 나타나고 있는 이상 증상이 성조숙증과 조기 사춘기다.

여아의 경우 만 8세, 남아의 경우 만 9세 이전에 2차 성징이 나타나는 것을 성조숙증, 그 이후에 나타나는 것을 조기 사춘기라고 한다. 연령에 따라 달리 불리지만 통상적으로 나타나는 2차 성징보다 이르게 나타나는 현상을 일컫는다. 이러한 현상은 남자아이보다 여자아이에게서 더욱 두드러지게 나타난다.

Part 1에서 살펴본 바와 같이, 보건교육포럼의 조사에 따르면 1970년대에 14.4세였던 초경 연령이 1999년에는 12.8세, 2010년에는 11.98세로 지속적으로 낮아지고 있다. 초경 연령의 변화는 영양학적인 면도 하나의 원인으로 꼽힌다. 과거 영양 부족으로 지연됐던 성장이 영양이 개선되면서 앞당겨졌다는 견해가 있지만 경제력이 좋

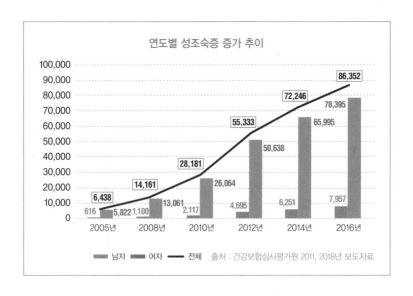

연도별 성조숙증 증가 추이

아진 90년대 이후로도 초경 연령이 계속 낮아지고 있는 것은 다른 요인이 복합적으로 작용하고 있음을 의미한다. 성조숙증의 발생 빈도는 남아보다 여아에게서 더 높은 비율로 나타나는 것도 참고할 만하다.

우리는 비스페놀A나 프탈레이트와 같은 환경호르몬이 여아에게서 2차 성징을 유발하는 성 호르몬인 에스트로겐과 유사한 작용을 하여 내분비계를 교란한다는 것을 알고 있다. 신체 발달과정에서 성 호르몬은 키와 몸무게 등 신체 발달이 활발하게 일어나도록 하지만, 그 시기를 단축시킨다. 바꿔 말하자면 아이가 성장할 수 있는 시기가 단축된다. 즉, 성 호르몬이 조기에 충분히 상승하면 성장판이 일찍 닫히게 되어 뼈의 성장이 멈추고 키가 덜 자라게 된다. 이것은 성조숙증에서 우려되는 큰 문제 중 하나다.

또 다른 문제는 여성의 경우 에스트로겐의 영향을 받는 시기가 늘어난다는 것이다. 일찍 시작된 에스트로겐 양의 증가는 에스트로겐의 영향을 받게 되는 시기가 길어지는 것을 의미하므로, 향후 성인이 되어 유방암이 발생할 가능성을 높인다.[83] 어린 나이에 갑작스런 신체적 변화 특히 또래와 다른 변화는 아이에게 부담으로 다가온다. 또래와 달라지는 변화를 감당하기에는 너무 이른 나이이기 때문에 아이는 위축되고 자존감이 낮아질 수 있다. 성조숙증이 아이에게 정서적·심리적 문제를 유발하게 되는 것이다.

사춘기는 신체의 발달뿐만 아니라 뇌 발달 과정에 큰 변화를 동반한다. 뇌 각각의 부위는 동시에 발달하지 않는다. 이성적인 판단을 조절하는 것은 대뇌의 전두엽 부위로 '차가운 뇌'에 해당하며 감정을 조절하는 대뇌 변연계는 즉각적이고 강렬한 감정을 처리하는 '뜨거운 뇌'다. 아동 발달 과정에서 전두엽은 매우 천천히 발달하는 반면 변연계는 빠르게 발달한다. 사춘기 아이들이 감정적 변화가 큰 것은 감성적인 부분은 급격히 발달하고 있지만 이성적인 조절이 이에 못 따라가기 때문이라 볼 수 있다. 두뇌 발달 과정에서 성호르몬 역시 영향을 미친다. 그리고 변연계는 에스트로겐과 연관이 깊다. 따라서 사춘기 시기 여자아이들의 경우 남자아이들보다 훨씬 감성적이다. 이것이 심화되어 사춘기에 에스트로겐의 농도가 높아지면 우울증을 유발할 수도 있다.[84]

성조숙증의 증가와 소아청소년 범죄의 증가 사이에 연관성이 있다는 보고도 있다. 사춘기 시기 남녀 모두에게서 나타나는 공통점은 신체 성숙과 미숙한 감정 조절이다. 성조숙증은 신체 발달과 정서적 발달의 격차를 더욱 크게 하고 이것이 소아청소년 범죄로 이어질 수 있다는 것이다. 소아청소년 범죄를 저지른 학생의 경우 일반 중·고생에 비해 변성기나 초경의 나이가 더 낮다는 조사 결과도 있다.[85] 환경호르몬이 성조숙증의 원인이 되는 만큼 성조숙증으로 인한 소아청소년기의 문제는 환경호르몬이 그 원인이라는 것이 지나친 비약은 아닐 것이다.

주의력결핍 과잉행동장애(ADHD)는 주의가 산만하고 활동량이 많으며, 충동성과 학습 장애를 보이는 정신적 질환이다. 소아기에 발병해 청소년기까지 지속되는 것으로 알려졌지만, 최근 연구에 의하면 성인기까지 지속되는 경우도 많은 것으로 밝혀졌다. 조기에 발견하면 성인기까지 증상이 지속되는 것을 막을 가능성이 높아진다.

해마다 중금속이나 프탈레이트와 같은 독성 물질이 아이들이 접촉하는 제품에서 검출된다는 언론 보도를 접하게 된다. 이러한 독성 물질은 아이들에게 아토피와 같은 피부질환과 알레르기의 원인이 되지만 가장 우려되는 것은 발달 장애다. 중금속이나 프탈레이트와 같은 물질들은 지적 장애 또는 주의력결핍 과잉행동장애와의 연관성이 두드러진다. 국내 연구를 통해서도 아이들의 소변에서 검출되는 프탈레이트 대사체의 농도와 주의력결핍 과잉행동장애의 정도가 비례한다는 결과가 발표되었다.[86] 환경 독성 물질의 유해 영향은 유아기 노출뿐 아니라 태아기 때부터 영향을 미칠 수 있다. 모체의 혈액 속의 영양분은 태반을 통해 걸러진 후 탯줄을 통해 태아로 전달된다. 환경호르몬과 같은 일부 독성 물질은 태반을 통과해 태아에 직접 영향을 미친다. 납이나 카드뮴, 수은과 같은 중금속, 프탈레이트, 비스페놀A 등의 환경호르몬이 모체를 통해 태아에게 전달된다.

미국의 환경 단체 EWG의 보고서에 따르면 신생아의 제대혈에서 평균적으로 200여 가지의 화학 물질이 검출된다고 한다.[87] 이들 화학 물질들은 도파민 신경 시스템에 영향을 미친다. 도파민은 행복감과 몰입감을 북돋아 주는 역할뿐 아니라 태아의 신경계 발달에 중요한 역할을 한다. 환경호르몬은 도파민 신경계의 교란을 유발하는 것으로 알려졌는데, 태아기의 환경호르몬 노출은 도파민 신경계의 형성을 저하시키며, 해마에서 신경 세포들이 경험에 의해 변화하는 능력인 신경가소성에 영향을 미친다. 다시 말해 태아기의 환경호르몬 노출은 아이의 집중력과 인지 능력 저하를 유발할 수 있는 것이다.

동물 실험을 통해 태아기에 환경호르몬에 노출되면 중추신경계에 영향을 받아 우울과 불안감, 인지 능력 장애를 유발하는 것으로 알려져 있다. 중금속 역시 태아의 발달에 매우 유해하다. 대표적인 중금속 납, 카드뮴, 수은 등은 체내에 필수적인 칼슘, 아연의 조절 작용을 교란시키고 호르몬의 정상적인 작동을 방해한다. 중금속 등은 공통적으로 신경 발달에 영향을 미치는 것으로 알려져 있는데 태아기 중금속 노출은 신경 발달을 저해하며 주의력결핍 과잉행동장애를 유발할 수 있고, 저체중아와 미숙아 출산의 원인으로도 지목되고 있으며, 수은의 경우 뇌성마비와 지적 장애의 원인으로 꼽힌다. 특히 임산부가 수은에 노출되면 농도 수준에 따라 신경 계통의 기형아를 출산할 위험이 커진다.[88]

출생한 이후에도 수은은 중추신경계에 작용하여 청력 장애, 보행 실조 등을 유발할 수 있다. 수은은 당뇨병에도 영향을 미친다. 성인을 대상으로 한 국내 연구진의 연구 결과에 따르면 혈중 수은 농도가 증가할수록 당뇨병의 원인이 되는 인슐린 저항성이 나타났다.[89] 2013년 미국 인디애나대학의 연구 결과에서는 수은 농도가 높은 그룹은 낮은 그룹보다 당뇨병 발병 위험이 많게는 1.65배 높다는 결과도 있었다.

모체의 갑상선 호르몬 이상이 태아 뇌 발달 장애로

태아기 발달에는 선천적으로 타고난 유전적인 요인과 후천적인 요인이 영향을 미친다. 하지만 태아의 발달은 호르몬에 의해 세밀하게 조절된다. 임신 기간 동안 수십여 가지의 호르몬이 분비되고 이것은 태아와 모체의 내분비계에 의해 조절된다. 여기에 태반은 스스로 호르몬을 만들어 내기도 하지만 태반 장벽을 형성하여 태아와 모체 사이에서 호르몬 균형을 유지하는 역할을 한다. 태아의 발달에 많은 요인이 복합적으로 영향을 미치는데, 갑상선 호르몬은 태아의 뇌 발달에 필수적인 요소로 갑상선 호르몬의 작용이 방해되거나 저하되면 정상적인 뇌 발달이 이루어지지 않는다.

임신 중에 증가한 에스트로겐은 갑상선을 자극하여 갑상선 호르몬의 생성을 증가시킨다. 모체의 갑상선 호르몬은 태반을 통과할 수 있고 임신 후 약 12주까지 초기의 태아는 갑상선 호르몬을 생성할 수 없으므로 임신 초기에 모체의 갑상선 이상은 태아에 영향을 미치게 된다. 모체의 갑상선 기능 저하는 태아의 발달 장애 위험의 가능성을 정상에 비해 약 2.5배 높이는 것으로 알려져 있으며, 갑상

선 기능 저하증 아이의 아이큐는 평균 100으로, 정상 비교군이 평균 107인 것에 비해 낮았다.[90]

아이들의 두뇌 발달에 환경호르몬과 같은 독성 물질들이 유해한 영향을 미치고 있다는 보고도 있다. 비스페놀A의 경우 여성 호르몬 유사 효과와 남성 호르몬의 작용을 저해하는 것으로 잘 알려져 있는데, 이러한 작용뿐 아니라 갑상선 호르몬의 수용체에도 결합하여 갑상선 호르몬의 작용을 방해한다. 즉, 비스페놀A는 태아 발달 과정에서 갑상선 호르몬의 정상적 기능을 교란시켜 태아의 뇌 발달에 영향을 미칠 가능성을 가지고 있는 것이다.[91]

태아 발달에 있어 환경 독성 물질 또는 환경호르몬에 의한 유해 영향은 남아와 여아의 사이에 다른 양상을 보이기도 하며, 물질에 따라서 다르게 나타난다. 뇌 발달에 있어서도 갑상선 호르몬뿐만 아니라 성 호르몬 등 다른 요인도 복합적으로 영향을 미치기 때문에 태아기 및 유아기 뇌 발달에 있어서 환경 독성 물질의 유해 영향 기전을 밝히기 위해서는 많은 연구를 필요로 한다.

국립독성연구원이 임신부 300명을 대상으로 실시한 조사에서는, 임신부의 혈중 비스페놀A 농도가 높으면 태아에서 검출되는 농도도 상승하는 것으로 분석됐다. 학력이 높거나 소득 수준이 높은 임신부일수록 환경호르몬 농도가 더 높은 흥미로운 현상도 관찰됐다며 통조림 같은 캔 제품을 많이 먹을수록 비스페놀A에 노출되는 위험도 커진다고 경고했다.[92]

대기오염이 심한 지역에서 거주하는 사람일수록 인지 능력 장애와 같은 정신 질환 발병률이 높은 것으로 알려져 있다. 뇌의 경우 모세 혈관이 혈뇌 장벽(Blood Brain Barrier, BBB)으로 불리는 매우 촘촘한 장벽을 발달시켜 혈액 속의 불필요한 물질이나 약물의 이동을 막는 것으로 알려져 있다. 영국의 치매 연구팀은 치매 환자의 뇌 조직에서 금속 입자를 발견하였는데, 오염 물질이 혈뇌 장벽을 통과해 직접적으로 뇌 및 신경계에 영향을 미칠 수 있다는 증거를 확인한 것이다.[93]

　　DDT와 같은 살충제와 신경계 질환인 파킨슨병의 연관성은 이미 상당 부분 보고되어 있다. 최근에는 DDT나 비스페놀 같은 환경호르몬이 뇌에 영향을 미쳐 치매를 유발할 가능성도 제기되고 있다. 치매 환자와 정상인의 혈액, 그리고 사망한 치매 환자의 뇌 조직에서 DDT의 대사체를 확인해 본 결과, 정상인의 70%에서 DDT가 검출되었고 치매 환자의 경우 80%에 해당하는 사람들에게서 DDT가 검출되었다. 일반인보다 치매 환자에게서 더 많은 비율로 DDT가 검출되었을 뿐 아니라 그 농도 역시 정상인에 비해 평균 3.8배 높았다.[94] 2002~2007년 사이 미국 텍사스대학 사우스웨스턴병원에서 파킨슨병 진단을 받은 환자들의 혈액에서 살충제인 베타-헥사클로로사이클로헥산(beta-hexachlorocyclohexane)이 정상인보다 더 높은 수치로 검출되었다.[95] 신경 세포를 이용한 실험에서는 DDT 노출이 치매를 유발하는 단백질인 아밀로이드 증가를 유도하는 것으로 확인되었다.[96] 인지 능력을 비교한 실험에서는 치매를 유발하는 유전자인 아폴리포프로틴E4(ApoE4)에 문제가 있으면서 혈중 DDT의 농도가 높은 사람일수록 인지 능력이 떨어지는 것으로 나타났다.[97]

달걀에서 살충제가 검출된 사건이 있었다. 달걀에서 검출된 살충제 성분은 피프로닐과 비펜트린인데, 이는 동물의 벼룩과 진드기 등을 잡는 데 쓰이는 살충제로 다량 섭취하면 간, 신장, 갑상선에 이상을 일으켜 식용 동물에게는 사용이 금지된 것이다. 비펜트린은 사용 자체가 금지되어 있지는 않지만 미국환경보호청(EPA)에서 발암 물질로 분류하는 물질이다.

비스페놀A 역시 인지 능력과 학습 능력에 중요한 해마의 발달을 저하시켜 인지 능력과 학습 능력의 저하를 유발하거나 신경 독성 작용으로 치매를 유발할 수 있다는 연구가 발표되었다.[98] 앞서 살펴본 바와 같이 국내 연구 결과에서는 아이의 혈중 프탈레이트 농도와 주의력결핍 과잉행동장애(ADHD) 유발률 및 정도가 비례하는 것으로 보고되었다. 프탈레이트 농도가 높은 아이들의 경우 아이들의 뇌의 측두엽 피질의 두께가 얇아졌는데, 이런 아이들의 경우 단순히 주의력이 모자라고 산만한 것뿐 아니라 감정 조절을 못하고 충동적이거나 공격적인 성향을 보일 수 있다.[99] 아이에게서 사회적 상호 작용이 잘 되지 않거나 의사소통이 힘들고 제한적이고 반복적인 이상 행동이 나타날 경우 자폐를 의심해 볼 수 있다.

자폐는 한 가지 증상으로 확인되는 것이 아니고 여러 가지 복합적인 증상을 토대로 자폐성 장애와 그 정도를 판단하는데, 자폐성 장애, 아스퍼거 장애, 레트 장애, 소아기 붕괴성 장애 등 자폐의 하위 요인을 모두 포함해 자폐 스펙트럼 장애(ASD)라고 한다. 아이의 폴리염화바이페닐(polychlorinated biphenyl, PCB) 노출을 출산 전부터 추적한 결과, 임신 주기 모체에서 폴리염화바이페닐이 검출되고 그 농도가 높을 경우 아이에게 자폐 스펙트럼 장애 증상이 나타나거나 자폐 스펙트럼 장애로 진단될 가능성이 높은 것으로 나타났다.[100] 이와 유사하게 자폐 스펙트럼 장애 진단을 받은 아이에게서 그렇지 않은 아이보다 체내의 비스페놀A가 높게 검출되는 연구 결과도 있었다. 자폐증의 경우 그 원인을 선천적 또는 후천적인 요소 등 복합적으로 추정하고 있지만 명확하게 밝혀진 것은 없다.

하지만 환경호르몬을 비롯한 다양한 환경 독성 물질이 자폐증의 여러 요인 중 하나가 될 수 있다는 증거들이 계속 보고되고 있다. 출산 전후에 환경호르몬이나 중금속과 같은 독성 물질에 노출되면 발달 과정에 이상을 초래할 수 있고, 성인의 경우 인지 능력 장애에서 비롯되는 치매의 발생을 촉진시킬 수 있다. 동물을 이용한 연구에서는 이와 같은 영향이 다음 세대로 이어지기도 한다. 현재 우리 주변에서 증가하고 있는 소아기 집중력 장애나 성인의 인지 능력 장애는 과거부터 이어진 환경오염의 결과일지도 모른다.

그 정도는 괜찮다? 허용 기준치가 무의미한 이유

같은 양이라도 유해 화학 물질이 언제 작용하느냐에 따라 그 영향이 달라질 수 있다. 체내에 요오드가 부족하면 갑상선이 정상적으로 기능하지 못해 갑상선 비대증이 발생한다. 하지만 태아기에 요오드가 부족하면 신경 인지 능력의 발달 저하를 일으킨다. 요오드 결핍이라는 동일한 요인이지만, 시기에 따라 영향이 다르게 나타난 것이다.

비슷한 예로 디에틸스틸베스트롤(DES)과 탈리도마이드를 들 수 있다. 유산 방지 목적의 디에틸스틸베스트롤은 태아에 엄청난 유해 영향을 끼쳤지만 모체에는 큰 영향을 미치지 않았다. 1960년대 탄생한 탈리도마이드는 디에틸스틸베스트롤과 달리 호르몬 유사 효과는 없었지만 입덧을 막아 주는 효과가 있어 입덧 방지제로 처방되었다. 탈리도마이드는 입덧을 억제하기도 하지만 한편으로는 혈관 생성을 억제하기도 한다. 그래서 탈리도마이드를 복용한 산모의 아이에게서 팔과 다리가 없거나, 장기 기형, 뇌 손상 등이 발생하였다. 하지만 모두가 기형을 가지고 태어난 것은 아니었다. 태아기 신체 발달이 모두 끝날 무렵에 복용한 산모의 아이들의 경우 기형을 피할 수 있었던 것이다.

유해 화학 물질 검출로 인해 논란이 발생할 때마다 뉴스를 통해 '그 양이 많지 않아 노출되거나 먹어도 괜찮다'는 보도를 접한 적이 있을 것이다. 우리나라를 포함하여 세계 각국에서는 허용치 또는 안전 기준치를 두어 중금속이나 환경호르몬과 같은 유해 화학 물질에 어느 정도 노출되어도 괜찮다고 알리고 있다. 하지만 성인에게 괜찮은 양일지라도 임신 중인 태아에게 노출되었을 경우 유해한 결과를 초래할 가능성은 충분히 있다.

4장

자녀에게 대물림 되는 무서운 환경 독성 물질

1968년 일본의 한 초등학교 교실에서 아이가 코피를 쏟기 시작했다. 심할 때는 일주일 내내 피를 흘리기도 했고 6시간 동안 피가 멈추지 않은 적도 있었다. 이러한 증상은 자주 일어났지만 적절한 치료법을 찾지 못했고 원인도 찾지 못했다. 한 가지 특이점은 이 아이의 집에서는 쌀로 만든 고급 식용유인 미강유를 사용해 음식을 조리하고 있다는 것이었다. 일본의 카네미 창고주식회사에서는 쌀겨를 이용해 만든 미강유를 피부에도 좋고 건강에도 도움이 된다는 광고 문구와 함께 판매하였다. 그러던 중 이 회사의 사료용 기름을 섭취한 닭이 폐사하는 사건이 일어난다. 시간이 흐른 뒤 미강유를 섭취한 사람에게서도 여드름과 같은 피부병이 자주 발생했고 장기간 섭취한 사람들의 경우 간 장애, 성장 지연, 성욕 감퇴, 말초신경 장애, 탈모 등의 이상 증상이 나타났다.

조사를 통해 밝혀진 질병의 원인은 식용유의 제조 과정 및 탈취 공정에서 폴리염화바이페닐(PCB)과 폴리염화디반조퓨란(polychlorinated dibenzofuran, PCDF) 등의 화학 물질이 섞여 들어 간 것으로 드러났다. 피해 사례는 1만 4,000여 건이 접수되었으나 일본 정부에서 실제 피해자로 인정한 사람의 수는 2,000여 명 정도다. 폴리염화바이페닐은 주로 절연을 목적으로 사용하는 소재이며 폴리염화디반조퓨란은 다이옥신의 일종이다. 둘 다 강력한 독성을 가지며, 환경에 배출되면 거의 분해되지 않고 미량으로도 인체 또는 환경에 심각한 유해 영향을 미치게 된다. 상품명 '카네미라이스오일'로 발생한 화학 물질 중독 현상은 '카네미유증'이라 명명되었으며 폴리염화바이페닐과 같은 화학 물질의 유해성을 다시금 상기시키는 사건으로 기록되었다.

카네미유증의 무서운 점은 외견상으로 드러나는 피부 염증 및 종양, 손발 저림 등의 고통뿐 아니라 이것이 다음 세대까지 이어진다는 것이다. 그 당시 카네미라이스오일을 섭취한 임신부는 피부가 검은 아이를 낳았고, 기름을 복용한 어린 소녀들도 성인이 된 후에 검은 피부의 아이를 출산하게 되었다. 어린 시절 짧은 기간 카네미라이스오일을 섭취하고 이후 완전히 섭취를 중단한 지 20년이 지났음에도 출산시 그 결과를 피할 수 없었다. 카네미유증으로 인한 피해는 3세대에서까지 나타나는 것으로 보고되었다.

카네미유증과 같이 끔찍한 사건은 50년 전의 일이면서 외국에서 발생한 일이다. 하지만 현재 우리에게 있어서도 이 사건의 전개 과정이 낯설지 않다. 우리가 일상적으로 먹게 되는 음식 그리고 접촉하는 제품들 속에 환경호르몬과 같은 독성 물질들이 있다면 그로 인한 피해는 나에게만 나타나는 것이 아니라 우리의 자녀 그리고 자녀의 다음 세대에까지 나타날 수 있다. 1970년대에 유산 방지제로 쓰였던 디에틸스틸베스트롤을 복용한 산모들이 낳은 여자아이는 정상적으로 잘 성장하는 것처럼 보였다. 그러나 사춘기에 접어들 무렵 자궁 기형, 불임, 질암 등이 발병했다. 무서운 것은 이들이 낳은 딸 즉, 디에틸스틸베스트롤 최초 복용자의 손녀들에서도 불임과 생리 불순이 나타났다.

환경호르몬이 무서운 이유는 그 영향이 지속적이고 후대에 걸쳐서 지속적으로 나타나기 때문이다. 나의 무관심과 실수로 환경호르몬에 노출된 경우, 그리고 그 정도가 심할 경우라면 내분비계 교란으로 인한 다양한 질병이나 그 영향이 나 혼자로 끝나지 않고 자식 세대 및 그 다음 여러 세대에 걸쳐 발생할 수 있다는 것이다.

40년 전 생산 금지된 환경 독성 물질이 신생아에게서 검출

전 세계적으로 달걀에서 살충제가 검출되어 논란이 된 적이 있었다. 처음 시작은 우리나라와 지리적으로 멀었던 유럽이었기 때문에 괜찮을 것이라 생각했지만 우리나라 달걀에서도 살충제 성분이 검출되었다. 여러 전문가와 환경 단체들이 나섰지만 사람들의 불안감을 해소시켜 주지 못했다. 그러자 사람들은 달걀 소비를 기피하기 시작했다.

달걀 파동 당시 특이한 점이 발견됐는데 친환경 목장에서 방목하여 사육한 닭에게서도 살충제 성분이 검출되었다. 농장주는 자신은 살충제를 사용한 적이 없다며 억울해했지만 이내 농장을 처분했다. 양계장에서 살충제를 사용하는 이유는 공장식 사육으로 인해 닭들의 운동량이 적고 활동 공간이 좁아 면역 능력이 떨어지고, 벌레가 생기기 쉬운 환경이기 때문이다. 방목 농장에서는 살충제와 항생제를 굳이 쓸 필요가 없었다. 실제로도 친환경 농장에서는 닭에 살충제를 쓰지 않았다. 농장에서 검출된 살충제의 종류는 DDT였고, 농장에서도 DDT가 검출되었다. 이 농장에서 DDT가 검출된 이유는 단순했다. 과거에 이 농장 부지는 과수원으로 사용되었고 당시에 과수원용 살충제로 DDT가 사용되었을 것이다.

하지만 DDT의 유해성이 알려진 직후 1970년대부터 판매 및 사용이 금지되었을 뿐만 아니라 지난 40년 가까이 생산조차 되지 않았다. DDT의 반감기는 최대 2~15년으로 과거 사용한 DDT가 8분의 1로 줄어드는 데 최대 45년이 걸린다. 생산이 중단되었더라도 우리는 DDT의 영향을 받을 수 있는 것이다. 이것은 중금속인 납 역시 마찬가지다. 납의 경우도 90년대까지 휘발유나 도료의 첨가제로 활발히 사용되다 전면적으로 사용이 금지되었다. 납의 반감기 역시 10년으로 긴 편이기에 우리에게 영향을 미칠 수 있다. 유해하면서 잔류성이 높은 물질은 DDT와 납만 있는 것이 아니다. 잔류성 유기오염물질은 전 세계적으로 규제에 대한 논의가 있었고, 2001년 스톡홀름협약을 통해 잔류성 유기오염물질에 관한 사용 및 수출입

이 금지 또는 제한되고 있다. 그럼에도 우리는 아직까지 그 영향을 받고 있다.

인간이 만든 화학 물질은 자연계 생물들에게도 축적된다. 1982 년 줄무늬돌고래를 대상으로 한 연구에서 DDT나 폴리염화바이페 닐 등이 모체에서 태반을 통해 태아로 전이된다는 것을 확인하였 다.[101] 돌고래를 대상으로 한 또 다른 연구에서는 체내 잔류성 유기 오염물질의 검출량이 시간이 지날수록 수컷에게서는 높아지고 암컷 에게서는 점점 감소하는 것을 확인할 수 있었다.[102] 모체에게서 태아 로 화학 물질들이 전이되는 것을 추론해 볼 수 있는 대목이다. 2011 년 국내에서 진행한 조사에 따르면 148명의 산모와 117명의 신생아 중 3분의 2에서 DDT가 검출되었다. 조사 대상인 산모의 혈액과 제 대혈에서는 DDT를 포함하여 잔류성 유기오염물질로 분류되는 화 학 물질들이 대부분 검출되었다.[103]

모체와 태아 사이에 태반이라는 장벽이 존재해 노폐물이나 유 해 물질이 걸러진다고 알려져 있었는데 중금속을 포함한 환경호르 몬들이 제대혈에서도 검출되면서 이러한 믿음은 틀린 것으로 판명 되었다. 심지어 수은 등 일부 물질은 모체의 혈액보다 그 농도가 높 게 검출되었다.[104] 사용이 금지되었을 뿐 아니라 생산이 금지된 지 40여 년이 되어 가는 물질들이 신생아에게서 검출되고 있다. 자녀를 키워 본 입장이라면 나와 닮은 아이를 보며 '이것까지 닮을 필요 없 는데'라는 생각을 해 본 적 있을 것이다. 억울하게 생각될 일이지만 내 것이 아님에도, 그리고 우리의 부모님의 것이 아닌데도 어느 순간 우리는 독성 물질을 물려받았고, 어쩌면 이다음에는 우리의 자녀에게 물려주게 될 것이다.

가슴은 체내로 들어온 환경 독성 물질의 저장 공간

사춘기를 거치게 되면 정서적인 변화뿐만 아니라 남성과 여성은 각각의 성별에 따라 도드라지는 신체적인 특징들을 보이기 시작한다. 신체적으로 여러 가지 변화가 일어나지만 남성과 여성의 대표적인 신체적 차이는 여성에게서 발달하는 가슴이 있다. 때로 여성의 가슴은 모성애의 상징으로 표현되기도 한다.

인간이 세상에 태어나 가장 처음 접하게 되는 음식은 모유다. 모유는 어머니가 섭취한 영양분이 모인 것이므로 모유 수유를 하는 산모는 술과 담배는 물론 먹는 것조차 짜거나 맵거나 자극적인 것을 피한다. 최대한 좋은 것만 아이에게 주려고 노력하는 것이다. 하지만 이 모유에 우리의 노력과 상관없이 생각지도 못한 것들이 섞여 있을 수 있다.

환경 독성 물질들은 잔류성 유기오염물질과 중금속처럼 독성을 띠면서 쉽게 분해되지 않는 물질들을 포함한다. 그리고 체외 배출이 잘 되지 않아 이들 물질에 대한 접촉이 지속된다면 계속해서 체내에 쌓이게 된다. 이것은 먹이사슬에도 반영되어 상위 개체로 갈수록 농도가 높아지는 생물 농축을 일으킨다. 생물 농축 외에 한 가지 더 주목할 만한 특징이 있다. 바로 이들 물질이 대개는 지방에 쉽게 녹는다는 것이다. 체내로 들어온 환경 독성 물질은 순환계, 소화기관 등 여러 경로를 거쳐 지방 조직에 흡착된다. 이들 물질의 체외 배출이 어려운 이유는 바로 친유성으로 인해 지방 조직에 잘 흡착되기 때문이다. 그리고 여성의 신체에서 지방이 많은 부위가 바로 유방이다. 정리하자면 여성의 가슴은 체내로 들어온 환경 독성 물질들이 저장되는 대표적인 공간이 될 수 있다는 것이다. 당연히 엄마의 모유에는 환경 독성 물질들이 섞여 있을 수 있다. 태아가 모유를 통해 중금속과 잔류성 유기오염물질과 같은 유해 화학 물질들을 섭취하게 될 수 있다는 가능성은 수십 년 전부터 인지되고 있던 사실이다.

1992년 발표된 《도둑맞은 미래》에서는 "모유 수유가 체내에서 화학 물질을 제거하는 유일한 수단이라는 것에 인류의 비극이 있다"라고 표현하였다. 플로렌스 윌리엄스는 자신의 모유에 독성 물질이 있을 수도 있다는 사실을 가슴과 모유에 관해 직접 취재하고 조사하여 《가슴 이야기Breasts》(2012)라는 책으로 발표했다. 2013년까지 미국에서는 가구에 난연제 사용을 의무화하고 있었다. 이것은 미국 여성들의 모유에서 난연제의 주성분인 브롬계 난연제(PBDEs)가 다른 국가의 여성들에 비해 10배 이상 검출되는 결과를 초래했다. 브롬계 난연제는 체내에서 유해한 영향을 일으키는 환경호르몬이다.

우리나라에서는 2015년 방송된 EBS 다큐멘터리 〈모유잔혹사〉를 통해 공개적으로 모유 속 환경 독성 물질의 존재를 확인한 사례가 있다. 안타깝게도 참가자 5명 전원의 모유에서 카드뮴, 수은, 비스페놀, DDT 등의 물질이 검출되었다. 별개의 이야기지만, 국내에서는 가슴 성형 보형물이 모유를 통해 아이에게 수유된 사례도 있다. 기술의 발달로 가슴 성형을 하였더라도 모유 수유를 할 수 있다고 알려져 있었는데, 파열된 보형물이 모유에 섞여 들어간 것이 확인된 것이다. 이를 계기로 우리나라는 세계 최초로 실리콘 보형물에 대한 위해성 평가를 실시하게 되었다.[105] 검출된 중금속이 기준치의 10분의 1 수준으로 안전한 편에 속하지만, 지속적인 노출이 어떤 영향을 미치게 될지는 알 수 없다. 의료용 실리콘 역시 마찬가지다. 의료용 실리콘은 매우 엄격한 기준으로 안전성 평가를 진행한다. 반응성도 매우 낮아 인체에 영향을 미칠 가능성은 거의 없다. 하지만 이상하게도 가슴 성형과 유방암의 발병률은 상관성을 보이고 있다. 보형물로 쓰이는 실리콘이 안전하다고 알려져 있지만 쉽게 안심하기 힘든 이유다. 어머니의 영양 섭취는 모유에 반영되고, 환경 독성 물질 역시 마찬가지다. 어머니의 몸에 있는 독성 물질들이 모유에 섞여 들어 갈 수 있다.

모유 수유를 한 적이 있거나 하고 있다면 이 글을 보고 슬퍼하거나 죄책감을 느낄 수 있다. '뭘 어쩌라는 거냐'라고 화낼 수도 있다. 유해 성분들이 검출되긴 했지만 대부분의 전문가가 입을 모아 공통적으로 말하는 것은 모유 수유로 얻게 되는 이득이 잃게 되는 것보다 훨씬 많다는 것이다. 여기서 하고자 하는 이야기는 모유가 유해하다는 것이 아니다. 강조하고 싶은 것은 환경 독성 물질은 우리 일상에 광범위하게 존재하고 있고, 이것이 모유에서 검출될 만큼 우리가 그 영향을 피하기란 매우 어렵다는 사실이다. 그러기에 평소의 우리 생활 습관이 매우 중요하다는 것을 스스로 인지하고 살아야 한다.

자녀와 다음 세대에까지 비만과 성인병을 물려주는 환경호르몬

살을 빼기 위해 갖은 노력을 해도 전혀 빠지지 않는 사람이 있고, 어떤 사람은 아무리 먹어도 쉽게 살이 찌지 않는다. 흔히 '물만 마셔도 살이 찌는 체질' 또는 '먹어도 찌지 않는 체질'에 관해 언급하며 사람마다 다르게 나타나는 현상을 '체질'의 차이로 설명하고는 한다. 타고난 체질과 건강과의 상관성에 대한 설명은 한의학의 '사상의학'을 떠올리기 쉽지만 생명과학 연구자들도 체질과 건강의 연관성을 연구해 왔다. 초기에는 유전자에 따른 '타고난' 것에 집중하여 연구했지만 현대에 이르러서는 '살면서 설정되는' 것에 대해 연구가 활발하게 이루어지고 있다.

비만과 운동 부족으로 인해 발생하는 심혈관 질환이 영양 섭취가 어려운 빈민가에서 발생한다면 그 원인을 어디에서 찾을 수 있을까? 1980년대 의사 데이비드 바커는 빈곤 지역에서 유난히 심근경색이 많이 발생하는 것을 확인하였다. 부자병이라 불리는 심근경색과 대사 질환이 영양 결핍이 빈번한 빈곤 지역에서 더 많이 발생한 것이다. 바커는 1만 3,000명에 이르는 사람들을 추적 관찰한 결과, 저체중으로 태어난 사람일수록 커서 심근경색에 걸릴 확률이 높다는 것을 확인하였고 영양 결핍 상태에 있던 산모에게서 태어난 아이가 성인이 되었을 때 심장병 발병률을 높인다는 바커 이론(Barker hypothesis)을 발표하게 된다.

네덜란드에서도 이와 비슷한 사례가 관찰되었다. 특정 시기에 태어난 사람들에게서 당뇨와 같은 대사 질환이 급증한 것이다. 2차 세계대전 당시 전쟁으로 인해 네덜란드로 들어가는 물자가 끊기게 되자 아사 직전의 굶주림에 시달리게 되었다. '배고픈 겨울'이라고 알려진 이 시기에 임산부들 역시 굶주림에 시달리게 되었고 대부분의 아이들이 저체중으로 태어났다. 태아기의 굶주림은 영양분이 부족한 환경에서도 살 수 있도록 적응하게 만든다. 적정량을 섭취하여도 몸이 과식으로 인지하게 되어 비만, 심혈관 질환, 당뇨와 같은 대사 질환의 발병 가능성이 높아진다. 동물 실험에서는 임신주기에 굶주림을 겪은 어미로부터 태어난 수컷 새끼가 성체가 되었을 때 정자의 DNA에서 메틸화가 발견되었고 이 정자로 수정된 새끼는 대사 질환이 발생하기 쉬운 것으로 나타났다.[106]

우리의 체질은 선천적으로 타고난 유전자에 의한 것이 아니라 태아 시기의 환경에 의해 그 발현 방식이 결정될 수 있다. 이를 '태아 프로그래밍 이론'이라 한다. 영양학적으로 문제가 없는 최근에는 굶주림보다는 환경오염이 '태아 프로그래밍'에 영향을 줄 수 있다. 그 대표적인 것이 환경호르몬이다. 환경호르몬은 생식 장애를 유발하는 것으로 알려져 있는데 태아에게 영향을 주어 대사 질환의 원인이 될 수도 있다. 과잉 영양 섭취로 발생하는 지방 세포의 형성이 단순히 환경호르몬 노출만으로도 일어날 수 있다. 지금까지 밝혀진 연구에 따르면 비스페놀A나 디에틸헥실프탈레이트(DEHP)와 같은 환경호르몬은 세포 내 수용체인 피파감마(PPAR gamma)와 결합하는데 이 피파감마는 지방 세포 형성을 조절하는 역할을 한다. 환경호르몬으로 인해 지방 세포 형성이 과하게 일어날 수 있는 것이다.[107]

우리 몸을 구성하는 체세포는 줄기세포로부터 비롯되는데 환경호르몬에 의해 피파감마가 교란되면 간충직줄기세포(mesenchymal stem cell)로부터 지방 세포의 분화가 촉진된다. 쉽게 말해 살이 찌기 쉬운, 또는 성인병에 걸리기 쉬운 체질로 변화된다. 특히 태아기와 신체 발달이 완성되는 사춘기 시기에는 이러한 영향을 매우 쉽게 받는다. 모체에서 발생한 환경호르몬 노출이 자녀의 비만에만 영향을 주는 것은 아니며 그 영향은 다음 세대, 그 다음 세대에까지 이어진다.[108]

여러 연구를 통해 모체에 영향이 없는 매우 낮은 농도의 환경호르몬 노출도 태아의 비만에 영향을 줄 수 있는 것으로 나타났으며, 단순히 비만이나 고지혈증을 유발하는 것이 아니라 체내의 인슐린 저항성도 높이게 된다.[109] 우리 몸에서 인슐린이 정상적으로 작용하지 못한다는 것은 당뇨병이 발병했거나 곧 발병할 수 있음을 의미한다. 일반적으로 비만인 경우 당뇨에 걸릴 위험이 크다고 알려져 있지만, 비만인데도 당뇨 증상이 나타나지 않는 사람들이 발견됐는데 이 사람들은 혈중 감마글루타밀전이효소(Gamma Glutamyl Transferase, GGT)의 수치가 낮았다. 즉 감마글루타밀전이효소 수치가 낮을 경우 당뇨로 이행하지 않음을 알 수 있다.[110] 최근 대사 질환인 당뇨와 환경 독성 물질 간의 상관성에 관한 여러 연구 결과에서 감마글루타밀전이효소는 체내에서 검출되는 잔류성 유기오염물질과 비례적인 상관성을 보였는데 이와 유사한 패턴이 심장질환 환자에게서도 발견되었다. 최근의 역학 조사 결과 잔류성 유기오염물질이 내분비 교란을 통해 비만과 당뇨병의 위험성을 증가시키는 것으로 나타났다.[111] 보통 감마글루타밀전이효소는 비생체 성분을 대사하는 과정에서 발현된다. 즉, 몸에 불필요한 외부 물질을 배출하여 정상화하려는 과정에서 발현되는 효소인데, 환경호르몬이나 잔류성 유기오염물질과 같은 독성물질이 감마글루타밀전이효소의 발현을 증가시키고 이것이 당뇨병과 상관이 있다는 의미다. 당뇨의 원인을 단순 비만으로 볼 수 없는 특이점이 발견된 것이다. 당뇨나 심혈관 질환과 같은 성인병의 원인으로 영양 과잉에서 비롯된 비만이 꼽히기도 하고, 선천적으로 타고난 유전자 즉, 가족력을 꼽기도 한다. 하지만 비만이나 가족력 이면에 환경 독성 물질로 인한 후천적 변화가 작용하고 있을 수도 있다.

우리는 지금까지 환경 독성 물질의 영향을 받아 왔고, 앞으로도 받게 될 것이다. 지금 당장은 괜찮아 보일지 몰라도 환경 독성 물질은 앞으로의 나에게, 더 나아가 내 자녀와 그 후대에까지 영향을 미칠 수 있다.

환경 독성 물질에 대해 쉽게 떠올리는 이미지는 공장의 굴뚝일 것이다. 산업화 과정에서 생긴 부산물이 땅과 바다 그리고 우리가 숨 쉬는 공기를 오염시켰기 때문이다. 하지만 이 독성 물질은 공장에서 만들어진 제품들의 부산물만 있는 것이 아니다. 제초제와 살충제는 우리에게 병충해를 막고 농작물의 생산성을 극대화하는 데 큰 도움이 되었지만 우리는 우리의 경제적 이득 또는 정치적 목적을 위해 맹독성의 물질을 만들어 세상에 뿌려 댔다. DDT의 사례에서도 알 수 있듯이 단순히 살충제로만 알았던 물질이 예상치 못하게 생태계에 전반적인 영향을 미쳤을 뿐 아니라 다시 사람에게 영향을 미치고 있다.

월남전이라는 이름으로 익숙한 베트남 전쟁 때 미국은 초목을 없애 게릴라전을 막고, 군량 보급을 차단하기 위해 고엽제를 사용하였다. 그 중 가장 대표적인 것이 에이전트오렌지(Agent Orange)다. 오렌지(Orange)란 이름은 고엽제를 담고 있던 통에 두른 띠의 색으로, 실제 고엽제의 색은 아니다. 고엽제의 당초 목적은 우거진 풀을 제거하기 위한 것이었지만 그곳에 있던 사람들에게도 무차별적으로 노출되었고 거기에는 한국 군인도 있었다. 전쟁 이후 고엽제로 인해 다양한 문제가 발생하였다. 고엽제에는 다이옥신류 중에서도 가장 독성이 강하다고 알려져 있는 2,3,7,8-TCDD(2,3,7,8-tetrachlorinated dibenzo-p-dioxin)가 포함되어 있어 고엽제 문제는 다이옥신 문제와도 연관된다. 다이옥신은 잔류성 유기오염물질 중 하나로 생태계에 오랫동안 잔존하며 영향을 미치는 물질이다. 고엽제가 뿌려진 베트남은 그 피해가 매우 광범위하고 심각하다. 기형아 출산, 생식 기관 이상, 비호지킨림프종, 연조직육종암, 폐암, 후두암, 기관암, 말초 및 중추신경계 손상으로 인한 자살, 염화성 여드름 등의 피해가 보고되고 있으며, 이러한 사례가 베트남에서만 수백만 명에 달하는 것으로 알려져 있다.

고엽제에 의한 피해는 유전적으로 나타나 노출 당사자의 4세대에 이르는 후손에서도 나타나는 것으로 보고된다.[112] 베트남 참전용사가 많았던 우리나라에서도 고엽제 피해자가 상당수 존재하며 정부에서는 고엽제 피해자 지원을 위해 고엽제 후유증 환자 결정 기준을 정해 피해 정도에 따라 지원하고 있다.

고엽제 후유증과 후유 의심증을 합하면 고엽제로 인해 발생할 수 있는 증상은 정부가 공인한 것만 약 40여 가지에 달한다. 우리나라의 고엽제 피해자는 월남전에 참전한 군인 즉, 남성이 대부분이다. 환경 독성 물질에 의한 영향은 태아기 이전부터 이어지는 모체에서부터 시작되는 것이 대부분으로 보이지만, 고엽제에 의한 피해 사례를 보면 자녀에게서 나타나는 환경적 영향이 아버지에게서 비롯된 것일 수 있음을 보여 준다. 부계 유전에 대한 영향은 아직 많은 연구가 필요하지만 최근 연구에서는 다양한 환경 독성 물질들이 정자가 운반하는 부계 DNA에 영향을 주게 되며 이것이 자녀에게로 이어질 수 있다는 증거가 보고되고 있다.[113]

5장

인간은 물론 생태계를 도미노처럼 무너뜨리는
환경 독성 물질

지구상에서는 매우 많은 그리고 다양한 생물들이 살아왔고 사라져 갔다. 공룡이 그러했고 대형 포유류 역시 지구상에서 활동하다 사라졌다. 일련의 과정들은 서서히 일어나기도 하고 공룡의 멸종처럼 급작스럽게 일어나기도 했지만 생태계라는 균형 시스템은 계속 유지되어 오고 있다. 하지만 인간의 활동이 활발해지면서 이러한 생태계의 균형이 매우 급격히 무너져 내리고 있다. 오늘날 지구에는 대략 140만 종에서 수천만 종에 이르는 다양한 생물종이 있지만 상당수의 생물종이 인간에 의해 매우 급속하게 사라지고 있다. 인류가 등장하기 전에는 1종의 생물이 멸종하는 데 50만 년이 걸렸지만 인류가 등장한 후에는 한 달에 1종 꼴로 멸종이 이루어질 정도로 종의 소멸이 가속화되고 있다.[114]

그 변화가 너무 급격하다. 급작스런 생물종의 변화 특히 다양성의 감소는 생태계 균형이 무너진다는 의미다. 인간 활동으로 인해 수많은 종이 사라졌고 생태계가 파괴되었지만 그 피해를 직접적으로 피부로 체감하는 경우는 거의 없었다. 하지만 2000년대 들어 발생한 꿀벌 개체수의 급격한 감소는 생물 종이 사라졌을 때 얼마나 심각한 영향을 불러일으킬 수 있는지를 보여 준다. 2000년대 초 갑작스레 꿀벌들이 전 세계적으로 감소했다. 2006년 가을부터 2년 만에 미국에서만 전체 36%의 꿀벌들이 사라진 것이다. 단기간에 일어난 꿀벌 군집 붕괴 현상(Colony Collapse Disorder, CCD)으로 인해 꿀벌에 의해 암술에 수술의 꽃가루가 옮겨져 수분되는 방식으로 열매를 맺던 식물들의 생산량이 급락했고 농작물의 가격이 일제히 폭등했다.

이러한 가격 폭등 현상은 다른 농작물과 식품에서 직·간접적으로 일어났다. 이처럼 '꿀벌이 사라진다면 인류는 4년 안에 멸망할 것이다'라는 말을 실감할 수 있을 정도로 꿀벌의 개체수 감소는 매우 큰 인상을 남겼다. 많은 전문가가 꿀벌이 급격히 감소한 원인을 찾으려 했지만 구체적인 원인을 찾지 못했다. 다만 지구온난화, 전자파, 농약, 바이러스, 면역력 감소, 꽃의 감소에 따른 먹이 감소 등 복합적인 요인으로 발생한 것으로 추정하고 있다. 이러한 원인으로 추정되는 것들의 대부분이 인간의 활동으로부터 비롯된 것이다.

꿀벌의 군집 붕괴 현상과 이로 비롯된 일련의 현상들을 단순히 '우리에게 꿀벌이 매우 중요하니 보호하자'라는 시각으로 봐서는 안 된다. 꿀벌뿐만 아니라 모든 종은 생태계에서 특수한 위치를 차지하고 있으며 서로가 생태계라는 테두리 안에서 균형을 이루고 있다. 이 균형이 무너진다는 것은 도미노처럼 다른 종에도 영향을 미칠 수 있음을 의미하며 연쇄적인 영향도 가능하다.

현재 생태계를 무너뜨리는 주범인 인간 역시 생태계라는 테두리 안에서 서식하는 생물의 일종일 뿐이다. 환경 독성 물질에 의한 종의 감소는 새뿐만 아니라 우리와 우리의 자녀에게도 해당될 수 있어 레이첼 카슨이 말한 '침묵의 봄'을 맞게 될지 모른다는 경각심을 준다.

자연계에서 나타나는 생식기 이상, 성비 불균형

사람의 경우 문화 및 사회적 배경에 의해 성별의 선호를 가지게 되면서 성비 불균형 현상을 일으키게 된다. 우리나라 역시 유교적 관습의 부산물인 남아 선호 사상으로 인해 여아에 비해 남아의 출산율이 증가한 때가 있었다.

자연계의 경우에는 특정한 성에 대한 선호가 없지만 생태적으로 성비의 불균형이 존재하며 심지어 성전환이 발생하기도 한다. 가령 무당개구리는 수컷이 암컷보다 훨씬 더 많으며, 감성돔은 성전환을 하는 물고기다. 자연스럽게 성비가 유지되는 다양한 동물들에서 성비의 변화가 발생하기 시작했다. 환경호르몬으로 인한 동물들의 이상 징후는 꽤 오래 전부터 관측되었다. DDT의 사용이 활발하던 1980년대에 갈매기의 알이 DDT에 오염된 경우 알 속에서 수컷의 여성화가 진행되는 것을 확인하게 된다. 수컷임에도 난소와 같은 여생 생식기의 조직이 관찰된 것이다.[115] 테오 콜본의 책 《도둑맞은 미래》에 소개된 사례에서는 플로리다 아포프카호에 살충제 이코폴이 유출된 직후 악어 개체수가 90% 이상 감소하였으며, 수컷의 60%에서는 음경이 눈에 띄게 작아지는 기형이 확인되었다.

국내에서도 이와 비슷한 사례가 보고되었다. 제주대학교 해양환경연구소와 일본 나가사키대학교의 공동 연구에서 우리나라와 서해안 일대의 물고기가 환경호르몬으로 인해 암컷으로 성 변화가 이루어지고 있다는 것이 확인되었다. 수컷 10마리 중 1마리 꼴로 이러한 현상이 관측되었으며 부산, 통영, 안산 등의 앞바다에서 잡은 64마리의 수컷 숭어 중 7마리의 생식기에서 암컷의 난소세포가 발견되었다. 한강에 서식하는 수컷 잉어와 붕어의 정소에 알이 생겨나는 일명 난정소(ovotestis)도 관찰되었다. 이와 같은 현상은 산업 시설이 밀집한 일본 연안 지역에서도 나타났다. 산업 시설이 없는 동해나 제주에는 이런 현상이 관측되지 않았으며, 암컷화가 진행되는 수컷의 경우 알의 암컷 생식 세포에서 나오는 호르몬 농도가 청정지역의 정상 수컷과 비교하여 최고 56배 높게 나타났다. 산업 활동으로 인한 오염 물질이 수컷의 암컷화를 유발하고 있음을 추정해 볼 수 있다.[116]

선박 페인트로 인해 고둥류에서 성전환 현상이 나타난 사례도 있었다. 부경대학교 해양과학공동연구소가 전국 27곳 해안에서 채집한 뿔두드럭고둥, 입뿔고둥, 어깨뿔고둥 등 4개 종 1,832개 고둥을 조사한 결과 암컷에게서 수컷의 생식기가 발생하는 임포섹스 현상을 확인하였다. 그 비율은 지역에 따라 다르지만 60~90%로 대부분의 암컷에서 관찰되었다. 심지어 산업 시설이 발달한 울진, 포항, 부산 등지에서는 암컷 뿔두드럭고둥이 한 마리도 채집되지 않았다. 연구팀은 선박 페인트에서부터 발생한 유기주석화합물(TBT), 유기인산화합물(TPT)을 주된 원인으로 추정하고 있다.[117]

유기화합물질인 유기주석화합물과 유기인산화합물은 플라스틱이나 살충제의 안정화에 쓰이는 물질이며 선박에 생물이 달라붙는 것을 막는 용도로 선박용 페인트의 첨가제로 사용된다. 이는 내분비계 교란을 유발하는 환경호르몬이기도 하다. 임포섹스가 발생하면 암컷의 산란관이 막히게 되어 번식하지 못하게 되는데 환경호르몬에 의한 생식기의 이상 발현 및 성비의 불균형은 결국 번식의 저하로 이어진다. 그 정도에 따라서는 생물 종의 멸종을 초래할 수 있는데 이는 곧 생태계의 균형이 무너지는 것을 뜻한다.

범고래를 멸종시켜 버린 해양 오염

고래는 현존하는 가장 큰 포유류로 바다에서 사람들과 교감을 이루어 친구가 됐다는 이야기가 있을 정도로 지적 능력이 매우 뛰어난 동물로도 알려져 있다. 하지만 고래 고기와 뼈, 수염, 기름 등을 얻기 위한 인간들에 의해 사냥되었고 그 개체수가 급감해 현재는 전 세계적으로 보호종으로 지정되었으며, 우리나라도 고래 사냥(포경)이 법으로 금지되었다. 일본과 일부 국가에서 지금도 고래 사냥을 하고 있어 환경 단체로부터 비난받고 있지만 고래를 포획하는 것 외에 다른 요인에 의해서도 고래의 개체수가 감소하고 있다. 이것 역시 인간으로부터 비롯된 것이다.

1차적인 영향은 해양 쓰레기다. 인간이 무분별하게 버린 쓰레기는 바다로 흘러 들어가고 바다로 흘러 들어간 쓰레기, 특히 비닐이나 플라스틱 같은 합성 제품들은 썩지 않고 바다 위를 표류한다. 쓰레기 자체로도 문제지만 이것을 먹이로 착각하고 많은 바다 생물들이 먹게 된다. 대양을 가르는 새로 알려진 알바트로스의 배에서 쓰레기가 잔뜩 발견된 사례가 보고된 바 있으며, 바다를 유영하는 고래의 뱃속에서도 역시 플라스틱이 발견된다. 인간이 버린 쓰레기가 고래와 많은 바다 생물의 위장을 틀어막아 죽게 만들고 있다. 바다를 떠도는 플라스틱은 돌고 돌아 미세플라스틱으로 변모해 인간을 위협할 수 있는 요인으로 다시금 떠오르고 있다.

눈에 보이는 플라스틱이나 비닐과 같은 쓰레기만 바다로 흘러들어가는 것은 아니다. 눈에 보이지 않는 화학 물질 역시 바다로 흘러들어 갔다. 중금속이나 잔류성 유기오염물질은 자연계에서 쉽게

바닷새 알바트로스 뱃속에서 나온
플라스틱과 쓰레기

분해되지 않을 뿐더러 생물 농축이 일어난다. 인위적으로 만들어지고 자연계에 배출된 이들 물질들은 바다로 흘러 들어가고 먹이 사슬을 따라 상위 개체로 쌓여 갔다. 고래의 경우 새우 같은 작은 생물들을 주식으로 하지만 종에 따라 먹이가 다양하다. 크기가 가장 큰 만큼 소비하는 먹이의 양이 많아 생물 농축이 상당히 일어날 수 있다.

실제로 2015년 민간 환경 단체인 EIA(The Environmental Investigation Agency)가 일본에서 유통되고 있는 고래 고기 20개를 구입한 후 성분을 분석한 결과, 20개 모두에서 수은이 검출되었다. 일본의 경우 안전 허용치를 0.4ppm으로 정해 두고 있는데 조사 대상에서 모두 허용치 이상의 수은이 검출되었고 가장 높은 검출 수치는 19ppm으로 허용치의 47배가 넘는 양이다. 러시아의 틴로센터(TINRO-Center)에서 2008년과 2016년 사이에 진행한 조사에 따르면 고래 간과 신장에서 기준치 이상의 카드뮴과 납이 검출되었다.[118]

수은, 카드뮴, 납 등의 중금속 외에도 폴리염화바이페닐(PCB)과 같은 잔류성 유기오염물질도 고래에서 검출되었다. 2016년 영국에 서식하는 마지막 범고래 무리 중 암컷이 죽은 채로 해안가에 떠밀려 왔다. '룰루(Lulu)'라는 이름이 붙여질 정도로 많은 사람의 관심을 받았지만 룰루의 몸에서는 매우 높은 수준인 940mg/kg(940ppm)에 해당하는 폴리염화바이페닐이 검출됐다. 해양 생물에 영향을 미칠 수 있는 폴리염화바이페닐의 농도가 9mg/kg(9ppm)인 것을 고려할 때 충격적으로 높은 수치다. 룰루의 경우 새끼를 낳은 적이 없었는데 룰루가 불임이 된 원인으로 폴리염화바이페닐을 추정해 볼 수 있는 대목이다. 실제로 수십 년 전까지 영국에서 범고래는 비교적 보기 쉬운 동물이었으나 이제는 매우 보기 드문 동물이 되었다. 과거 일부 유럽 지역에서 행해지던 고래 사냥이 범고래 개체수에 영향을 미친 것으로 알려져 있으나 이와는 별개로 폴리염화바이페닐로 인한 오염이 범고래의 개체수에 영향을 미쳤을 것으로 추정되고 있다.[119]

EIA는 2015년 발간한 보고서 〈위험한 식사(Dangerous Diet)〉를 통해 중금속과 함께 폴리염화바이페닐로 고래 고기가 오염되어 있음을 밝히며, 고래 고기 섭취를 경고한 바 있다. 고래와 비슷하게 참치와 연어에서도 수은과 폴리염화바이페닐이 검출된다. 인간이 만든 오염 물질들은 시간이 경과함에 따라 바다에 모이게 되었다. 그리고 이 오염 물질들은 다시 사람들의 식탁에 오르고 있다.

도시의 새들에게 나타나는 이상 현상의 경고

비둘기는 전 세계 대도시에서 가장 흔히 볼 수 있는 새 중 하나다. 한때는 평화의 상징으로 과거 국제적 행사가 있을 때마다 다수의 비둘기가 하늘로 풀어졌다. 지금은 그 수가 너무 많아져 도시의 골칫거리로 꼽히지만 우리나라에서 흔치 않은 텃새 중 하나기도 하다. 수가 많아진 탓인지 사람들과의 접촉에 익숙해진 탓인지 대도시의 비둘기들은 사람을 봐도 놀라지 않는다. 비둘기가 횡단보도를 이용해 길을 건넌다거나 지하철을 탄다는 우스갯말이 있을 정도로 대도시에서 익숙하게 생활한다. 사람들과 같은 공간 즉, 같은 환경의 영향을 받으며 때로는 사람들이 먹는 것과 동일한 것을 먹기도 한다. 그로 인해 비둘기가 인간이 살고 있는 환경을 평가하는 지표로 활용되기도 한다.

미국 캘리포니아 데이비스대학의 연구진은 2010년부터 2015년 사이에 아프거나 비정상적인 행동을 보인 825마리 비둘기에게서 혈액을 채취하여 혈액 내 납의 농도를 측정하였다. 납은 사용이 금지된 지 이미 수십 년이 지났지만 뉴욕에 서식하는 비둘기, 특히 아프거나 이상 행동을 보이는 비둘기에서 납이 검출되었다. 검출된 납의 농도는 뉴욕시 보건 및 정신위생국에서 어린이들의 혈액에서 납의 농도가 증가하는 것을 조사한 결과와 비례적인 상관성을 보였다.[120] 도심 속 비둘기들이 사람에게 미치는 환경 독성 물질의 영향을 보여 주고 있는 것이다.

국내에서는 까치를 통해 비슷한 사례가 보도되었다. 서울대학교 까치생태연구팀의 조사 결과, 1990년대 및 2000년대 초반과 다르게 최근 들어 까치에게서 척추 기형 등의 이상 징후가 나타나고 있음을 보고하였다. 그리고 이 까치에게서는 난연제의 주성분인 폴리브롬화디페닐에테르 및 폴리염화바이페닐과 같은 잔류성 유기오염물질이 검출되었다.[121]

까치나 비둘기 같은 텃새들은 살아가는 공간과 숨 쉬는 공기, 때로는 먹는 것까지 그 지역에 사는 사람들과 공유한다. 도심 속 생물들에게서 나타나는 이상 현상과 체내의 독성 물질들은 인체에도 독성 물질이 쌓이고 있음을 알려주며 동일한 이상 현상이 발생할 것임을 암시한다.

인간과 동거하는 강아지에게 나타나는 생식 능력 저하

개는 동물 중 인간과 가장 가까운 친구다. 그만큼 매우 오래 전부터 인간과 더불어 살아왔으며 인류가 최초로 가축화한 동물로 알려져 있다. 바꿔 말하면 인간으로부터 가장 큰 영향을 받는 동물이라고도 할 수 있다. 인간과 더불어 살아가는 개에게서 이상 징후가 확인되었다. 수컷 개의 번식력이 감소하고 있다는 것이다. 영국 노팅엄대학교 연구진은 1988년부터 2014년까지 36년 동안 래브라도, 보더콜리, 셰퍼트, 골든리트리버, 컬리코트리트리버 등 순종견 5종의 정액 샘플 1,925개를 채취하여 정자의 운동성을 비교한 결과 매년 운동성이 1.2~2.4% 감소했고, 36년 전과 비교해 정자 운동성이 30% 감소했음을 확인하였다.[122] 또한 1995년과 2014년 사이 잠복고환의 비율이 0.1%에서 1% 이상으로 10배 이상 증가하였음을 확인하였다.

잠복고환 발생 증가는 인간에게서도 나타나는 증상이며 환경호르몬은 이를 촉진시키는 요인 중 하나로 꼽힌다. 개의 정액에서 폴리염화바이페닐과 프탈레이트와 같은 환경호르몬이 검출되었으며, 수컷 개를 중성화하는 수술 과정에서 채취한 고환에서도 검출되었다. 개 역시 환경호르몬의 영향을 받고 있는 것이다. 그 원인을 조사하는 과정에서 개의 사료에서 환경호르몬이 검출되었다. 개는 인간과 더불어 살며 정서적 교감뿐 아니라 주거 공간 그리고 음식 등 공유하는 것이 많다. 즉, 개에게서 나타나는 이상 징후는 인간이 주변 환경으로 받는 영향, 특히 환경 독성 물질에 의한 영향을 보여 주는 단적인 지표로 해석될 수 있다.

한국에만 사는 무당개구리, 인간 가까이 살수록 기형 증가

지역에 따라 그 지역에만 서식하는 고유의 생물들이 있다. 특정 지역의 생물들은 서로가 균형을 이루며 생태계를 형성하는데 이는 외부의 영향이 지역에 따라 다르게 나타날 수 있음을 암시한다. 유해 화학 물질과 같은 외부적 요인이 특정 지역에 미치는 영향을 알아보기 위해 생물 지표를 이용하는데 우리나라의 경우 무당개구리가 그 역할을 하고 있다. 등이 울퉁불퉁하고 배가 화려한 무당개구리는 예전에는 흔하게 볼 수 있었지만 농약의 사용과 지역 개발 등으로 인한 서식지 감소로 개체수가 감소하고 있다.

무당개구리는 모내기철이 되면 산과 계곡에서 내려와 물을 대놓은 논에서 포접하고 알을 낳아 수정한다. 수정된 알들은 올챙이가 되고 손가락 한 마디 정도 크기로 성장하면 다시 산이나 계곡으로 올라간다. 농번기에는 곳곳에 살충제와 제초제들이 뿌려진다. 이 중에는 카바이드계 살충제인 카바릴이 있다. 곤충의 신경신호전달을 차단해 죽이는 역할을 하는데 해충뿐 아니라 익충과 갑각류도 영향을 받을 수 있다. 사람에게도 영향을 줄 수 있어 발암 물질로 분류되었고, 최근에는 카바릴이 인체 호르몬의 일종인 멜라토닌 작용을 교란할 수 있다고 보고되었다.[123]

카바릴은 영국과 호주 등 일부 유럽 국가에서는 사용이 제한된 살충제지만 국내에서는 여전히 활발하게 사용되는 살충제 중 하나다. 이 카바릴이 농업에 이용되고 이것이 하천에 흘러 들어가 환경에 영향을 미칠 수 있다. 국내에서 카바릴의 독성 영향을 조사한 연구에 의하면 무당개구리의 수정란을 카바릴에 노출시켰을 때 농도가 높아질수록 올챙이로 부화하는 비율이 감소하였고, 저농도의 경우 부화율에는 큰 영향이 없었으나 꼬리나 몸이 구부러지는 등의 다양한 기형을 유발하는 것으로 나타났다.[124] 무당개구리의 기형과 인간 활동의 상관관계를 조사한 또 다른 국내 연구에서는 무당개구리의 서식지로부터 반경 100m 이내에 사람이 살거나, 서식지 반경 300m 이내에서 사람이 농업 등으로 토지를 이용할 때 무당개구리의 기형 발생률이 급격히 증가한다고 보고되었다.[125] 이처럼 사람의 활동 지역과 무당개구리 개체수 및 기형 발생의 연관성은 사람의 활동이 생태계에 영향을 주고 있다는 단적인 예인 것이다.

Part 3

피할 수 없다면
최선은?
일상의 화학 물질 관리

1장

필요한 만큼의 선택과 결과 감수

어떤 물체가 외부의 힘을 받지 않는 지금의 상태를 계속해서 유지하려고 하는 것을 '관성'이라고 한다. 버스가 급정거할 때 몸이 쏠리는 것은 관성 때문이고, 달리는 차가 브레이크를 밟았을 때 그 자리에 곧바로 멈춰 서기 어려운 것 역시 관성 때문이다. 관성으로 인해 달리고 있는 차를 멈춰 세우는 데에는 그만큼의 에너지가 필요하고, 멈춘 차의 방향을 바꿔 달리게 하는 데도 그만큼의 에너지가 필요하다.

우리가 어떤 습관을 고치려는 것은 관성을 거스르는 것과 비슷하다. 우리는 그동안 우리 몸 안에 독성 물질을 쌓고 있었다. 다음은 특별할 것 없는 일상이다.

아침에 씻기 위해 욕실에 들어선다. 욕실 선반에는 선물로 받은 방향제가 자리하고 있다. 샴푸로 머리를 감고 클렌징 폼으로 세수를 한다. 씻었으니 이제 외출 준비를 한다. 스킨과 로션은 기본인데다 요새는 사계절 내내 선크림을 발라 주면 좋다고 한다. 이것만 해도 귀찮은데 여자들은 훨씬 더 많고 복잡한 화장품들을 쓰는 것 같다. 옷을 입고 보니 어제 입은 겉옷을 또 입게 됐다. 깨끗해 보이지만 혹시 모를 냄새를 제거하려고 탈취제를 뿌린 뒤 집을 나선다. 출근길 아침을 먹지 못한 탓에 편의점에 들러 간편식과 캔 음료를 사서 가볍게 아침을 해결했다. 미처 버리지 못한 영수증을 주머니에 넣고 발걸음을 재촉한다. 문득 하늘을 보니 날이 뿌옇다. 오늘은 미세먼지가 심한 것 같다. 사무실에 들어서기 전 아직 남아 있는 졸음을 깨기 위해 테이크아웃 커피를 구매했다. 영수증을 받아 무심결에 호주머니에 넣는다.

아침에 눈을 떠 출근할 때까지의 과정을 가상으로 적어 본 것이다. 하루 중 매우 짧은 시간임에도 우리는 다양한 유해 물질을 만난다. 일상생활에 편리함을 주었던 것들이 차츰 우리 몸에 독으로 쌓이고 있는 것이다. 거시적인 관점에서 본다면 우리가 자가용을 이용하는 것이나, 고기를 먹는 행위 역시 자원 낭비를 촉진시키므로 독성 물질 생성에 기여한다고 볼 수 있다. 일상 속 그리고 일상의 이면에는 우리가 미처 인식하지 못하는 유해 물질들이 자리하고 있는 것이다.

이제 우리는 이들 물질의 유해성을 인지하고 보다 안전한 물질을 찾아 대체해야 함을 잘 알지만 편리함이라는 관성에서 벗어나지 못해 상대적으로 안전할 뿐이거나 안전성이 확실하지 않은 제품들을 계속해서 사용한다. 그런데 관성에서 벗어나 건강을 위해 불편함을 선택한다고 해도, 그것이 우리에게 독성 물질로부터 자유로운 삶을 반드시 보장해 주지는 않는다.

모든 물질이 독성을 유발하므로 유해하다고 할 수도 없지만, 이것을 일일이 구분해 가며 살아가기에는 주변에 너무나 많고 다양한 종류의 물질들이 사용되고 있다. 우리가 모든 유해 화학 물질을 피해 기술 문명으로부터 멀어진 삶을 살아간다고 해도 이전 세대에게서 물려받은 영향이 우리에게 나타날 수도 있다. 또 어쩌면 우리가 피해 가며 살기에는 이미 먹고 마시는 물과 음식, 숨 쉬는 공기가 유해 물질로 오염된 경우도 있을 것이다.

우리가 독성 물질을 몸에 쌓는 것을 멈추고, 줄여 나가기 위해서는 불편함을 선택하는 것 외에도 올바른 정보가 필요하다.

미처 깨닫지 못하는 사이 환경호르몬과 같은 유해 물질들이 우리 주변의 곳곳에 자리하게 되었다. 이들 물질로부터 영향을 받고 싶지 않겠지만 일상에 가득 차 있는 유해 물질을 피하기란 쉽지 않다. 환경호르몬으로 알려진 비스페놀과 같은 물질의 경우 반감기가 길지 않지만 통조림이나 플라스틱 제품의 사용으로 인해 지속적으로 노출되고 있고, 유해성이 확인되어 더 이상 사용되지 않는 살충제 DDT나 폴리염화바이페닐(PCB)과 같은 물질들은 반감기가 매우 길어 아직도 토양이나 물과 같은 자연계에 흩어져 남아 있다.

노출 경로 또한 다양하다. 어떤 경우 생물 농축을 통해 식탁에 오르기도 하고 포장용기에서 녹아 나와 음식 또는 물과 섞이기도 한다. 먼지와 흡착하거나 가스의 형태로 호흡기를 자극하거나 체내로 들어온다. 잠깐의 접촉만으로도 피부를 통해 침투하는 경우도 있다.

사실상 일반적인 생활로 우리가 경계하는 유해 물질들을 피하기란 불가능에 가깝다. 화학 물질을 피하기 위해 도시에서 벗어나 농촌에서 황토로 집을 짓고 농약 없이 농작물을 재배하며 자급자족으로 살아간다 해도 쉽지 않다. 앞서 언급했듯 농약이나 살충제 등의 유해 물질들이 미량이나마 자연계에 잔존해 있을 가능성이 있고, 천연을 외치며 화학 물질과 도시 문명으로부터 거리를 둔 채 산다면 오히려 위생뿐 아니라 삶의 질 저하로 건강이 악화될 수도 있다. 예를 들어 우리가 경계하는 방부제는 유해 균의 증식을 막아주는 기능을 하기 때문이다.

환경호르몬과 중금속 등 다양한 유해 물질들이 알려지면서 이들로부터 벗어나려고 노력하고 있지만 이들 물질로부터 완전히 자유로워지는 것은 개인의 힘만으로는 쉽지 않다. 이미, 충분히, 필요 이상의 화학 물질들이 주변에 넘쳐나지만 이들 화학 물질들을 한 번에 모두 버리고 없이 살기에는 감수해야 할 불편함이 클 것이다. 우리가 할 수 있는 것은 선택과 선택에 따른 결과를 감수하는 것이다.

선택을 위해서는 우선 알아야 한다. PART 1과 PART 2를 통해 우리 주변에 어떤 유해 물질이 있는지, 그리고 어떤 유해 영향을 불러일으키는지 알아보았다. 이제는 우리가 사용하는 물질들이 우리에게 어떤 도움을 주고 어떤 해로운 영향이 있는지를 판단해 필요한 만큼의 선택을 하면 된다. 다만 우리 몸 속 유해 물질, 즉 바디버든을 줄이기 위한 선택을 할수록 감수해야 할 불편함은 커질 수밖에 없다.

2장

집 안 대부분의 것들이 위험하다

집에는 기본적으로 바닥재, 벽지가 있다. 여기에 우리가 사용하는 가구가 공간을 채우고, 인테리어 용품들이 들어선다. 햇빛을 막기 위해 커튼을 설치하기도 하고 러그나 카펫을 깔 수도 있다. 아이가 있는 집은 장난감과 함께 유아용 매트도 바닥에 깔아 놓았을 것이다.

집은 외부의 변화를 차단해 주고 아늑하게 쉴 수 있는 공간을 제공하지만 모든 것을 일일이 나열하기 어려울 정도로 집을 포함해 집 안의 대부분의 것들이 우리에게 해로운 유해 화학 물질을 방출하고 있다. 심지어 콘크리트도 독을 가지고 있다.

주의 깊게 살펴야 할 벽지와 바닥재

황토와 돌을 이용해 바닥과 벽을 바르고 한지로 도배한다면 더할 나위 없이 좋겠지만 비싸기도 하거니와 관리가 어렵다. 우리나라의 일반적인 주거 형태는 온돌식 난방 기능이 갖추어진 바닥 위에 장판을 깔고, 벽에는 오염에 강한 실크 벽지를 사용해 도배를 한다. 실크 벽지와 장판의 공통점은 폴리염화비닐(PVC)을 쓴다는 점이다. 음식물을 포장할 때 사용하는 폴리염화비닐 랩과 마찬가지로 바닥재와 벽지에 쓰이는 폴리염화비닐에도 가소제로 프탈레이트를 사용한다. 규제에 따라 프탈레이트 양이 제한되어 있지만 전면적으로 금지된 것은 아니다(품질경영과 공산품안전관리법에 의하면 상부 표면은 1.5~3%, 하부층은 5~10%까지 허용됨).

프탈레이트 없이 폴리염화비닐을 제조하는 것이 불가능하지는 않지만 비용이 증가하기 때문에 기업의 입장에서는 프탈레이트 사용을 쉽게 포기하지 못한다. 따라서 장판 위 표면에는 프탈레이트를 사용하지 않았더라도 바닥 면에는 프탈레이트를 사용했을 수도 있다. 이렇게 사용된 폴리염화비닐이 바닥에서 마모되면서 폴리염화비닐의 가소제인 프탈레이트가 먼지 또는 바닥 난방을 통해 공기 중으로 언제든 방출될 가능성이 있다.

프탈레이트가 사용되지 않는 폴리염화비닐이 없는 것은 아니다. 또한 폴리염화비닐이 아니라 코르크 바닥재 등 목질계 소재를 이용해 유해 물질로부터 걱정을 덜어 주는 바닥재도 있다. 폴리염화비닐이 사용된 실크 벽지도 프탈레이트계 가소제를 전혀 사용하지 않는 제품들이 있다. 또는 실크 벽지가 아닌 다른 소재를 사용한 벽지를 선택할 수도 있다. 디자인이나 가격만 보고 구매하는 습관 대신 바디버든을 줄이기 위해 어떤 소재가 사용되었는지 주의 깊게 살피고 구매하려는 노력이 필요하다.

최근 정부의 규제와 기업의 노력이 반영되어 프탈레이트가 사용되지 않은 제품들이 많이 생산되고 있다. 소비자 개인이 일일이 확인하는 것이 어렵다면 정부 산하 기구의 홈페이지를 통해 친환경 제품 생산 업체를 확인할 수 있다. 특히 환경부 산하 한국환경산업기술원에서는 에코인테리어 지원 사업을 통해 중소기업을 대상으로 유해 물질을 배출하지 않는 친환경 자재에 대한 교육을 지원하고 있으며, 이를 취급하는 업체를 확인할 수 있도록 홈페이지에 기재해 두었다(http://gmc.greenproduct.go.kr/ecointerior/outline/01_eco.do). 이외에도 친환경 건설자재 정보시스템(http://gmc.greenproduct.go.kr/main.do)을 통해 친환경 자재 생산 업체와 종류를 확인할 수 있다.

소재 안전성에 대한 기준이 없는 바닥 난방식 전열기구

열이 가해지면 해당 제품에서 화학 물질이 밖으로 배출되기 쉬운 조건이 만들어진다. 난방 역시 마찬가지다. 전기 절약 또는 편리함을 위해서 개인용 난방 기구를 사용하는 경우가 늘고 있는데 온돌 난방을 선호하는 한국 문화의 특성이 반영된 탓인지 몇 해 전부터 전기 매트와 온수 매트가 난방 기구 중에서 큰 인기를 끌고 있다. 하지만 이들 제품들도 기존의 바닥재가 가지고 있던 문제를 고스란히 가지고 있다. 부드러운 폴리염화비닐 소재를 사용하므로 프탈레이트 가소제 문제로부터 자유로울 수 없다. 특히 전열식 난방 기구의 경우 소재에 대한 유해 물질 기준이 없기 때문에 판매자가 안전성이 확보된 물질을 사용하여 만들었을 것이라 기대하기 힘들다는 것도 또 하나의 문제다.

실제로 2018년 1월 장판류 난방 제품 18개 중 15개 제품에서 기준치 이상의 프탈레이트가 검출되었다.[126] 관련 기관의 검사 결과가 언론 보도를 통해 알려지기 전까지 일반 소비자는 자신이 사용하는 제품에서 이러한 물질이 발생되는지 파악하기 쉽지 않다. 수요가 많아지면서 다양한 제품군들이 생산되었지만 모호한 기준 탓에 유해 물질을 방출하는 제품인지 모르고 구매한 피해자들이 생긴 것이다.

차후 규제 기준이 생기겠지만 아직은 바닥 난방식 전열 기구를 선택할 때 안전한 소재를 사용했는지 직접 확인하는 수밖에 없다. 또한 이들 제품이 소모품이라는 것을 인식하고 있어야 한다. 제품 검사에서 프탈레이트류와 같은 유해 물질이 검출되지 않을 수도 있으나, 그렇다고 해서 프탈레이트류와 같은 유해 물질이 전혀 사용되지 않았다는 것은 아니다. 표면 코팅 등으로 유해 물질이 방출되는 것을 막을 수 있으나, 오래 사용하여 마모가 진행되면 그 기능이 저하되어 유해 물질이 방출될 가능성은 높아진다.

오랫동안 닦지 않은 책장 위나 선반을 보면 먼지가 수북하게 쌓인 것을 볼 수 있다. 청소와 환기를 하지 않은 방 안을 보면 떠다니는 먼지가 눈에 보일 때도 있다. 익히 알려진 대로 먼지에는 알레르기를 유발하는 진드기나 세균도 있지만, 이 먼지를 적절히 제거하지 않는다면 비스페놀을 내 몸에 쌓게 될 수 있다.

비스페놀A를 사용한 플라스틱 용기들이 많이 사라졌지만 그것은 식품 용기에 한해서 그런 것일 뿐 다른 제품들에는 얼마든지 있다. 2016년 발표된 논문에 따르면 우리나라 실내 먼지에 상당한 양의 독성 물질이 존재하였고, 그중 비스페놀A의 농도가 가장 높았다.[127] 난연제, 비스페놀A 등의 화학 물질들은 제품의 구성물로 존재하다가, 시간이 지나면서 제품이 마모되거나 손상되면서 떨어져 나가 공기 중으로 방출된다. 이들 물질들은 단순히 공기 중에 떠다니는 것이 아니라 공기 중 입자 즉, 실내 먼지와 결합한다. 우리가 그렇게 피하려고 노력하는 유해 화학 물질들이 실내 먼지에 섞여 있는 것이다.

먼지가 공중에 떠돌아다니더라도 시간이 지나면 가라앉는다. 당연하게도 제대로 걷지 못하는 영·유아의 경우 이 먼지에 노출될 가능성이 어른들에 비해 훨씬 높다. 신체 발달이 완전히 이루어지지 않아 면역력도 낮은 아이가 어른보다 더 많은 먼지에 노출되는 것이다.

먼지를 줄이고 실내 공기 질을 개선하는 방법에는 세 가지가 있다. 적절한 환기, 습도 유지, 그리고 청소다. 미세먼지가 없고 실내와 실외의 기온 차가 크지 않다면 수시로 창을 열어 실내 공기를 순환시키는 것이 가장 좋지만, 미세먼지가 심하다면 최소 하루 2~3회, 각각 30분 정도 환기하는 것이 좋다.

당연한 말이지만 음식을 조리하는 과정에서도 공기의 질이 떨어지기 때문에 환풍기를 사용하거나 창을 열어 환기를 해 준다. 습도는 40~60%를 유지한다. 습도가 너무 높으면 세균이 번식하기 좋은 조건이 되므로, 환기로 습도를 조절한다. 이불이나 커튼, 카페트에 있는 먼지 제거도 정기적으로 실시하고, 먼지는 진공청소기뿐 아니라 물걸레로도 제거해야 한다.

새집증후군을 줄이기 위한 베이크 아웃

새집에는 건물을 지을 때 사용되는 접착제나 건축자재 그리고 새로 들인 가구 등으로부터 휘발성 유기화합물이 방출된다. 새집증후군 논란 이후 실내 건축자재에 오염 물질 방출량에 대한 제한을 두고 있지만 영·유아 및 호흡기가 약하거나 비염, 아토피 등 알레르기 질환을 가진 사람이라면 새집증후군을 유발하는 실내 공기에 민감할 수밖에 없다.

새로 지은 건물이나 새로 구입한 가구에서 독성을 유발하는 휘발성 유기화합물이 평생 방출되지는 않는다. 시간이 지나면서 서서히 그 양이 줄어든다. 따라서 지어진 지 몇 년 된 건물이라면 새집증후군으로부터 걱정을 덜 수 있다. 하지만 살아야 할 집이 신축 건물이라면, 또는 지어진 지 몇 년이 지났더라도 도배를 다시 하고 바닥재를 교체하고 인테리어를 다시 했다면 공기 질을 개선할 방법이 필요하다.

신축 건물의 휘발성 유기화합물 방출량을 정리한 자료를 보면 시간이 지날수록 휘발성 유기화합물의 양이 줄어든 것을 확인할 수 있다. 동시에 방출량이 오르락내리락하는 것도 확인할 수 있는데 방출량이 급증한 시기는 온도가 높은 여름이고 급감하는 시기는 온도가 낮은 겨울이다. 온도가 올라가면 휘발성 유기화합물 방출량이 증가하게 된다.

집을 굽듯이 실내 온도를 높여 휘발성 유기화합물 방출을 촉진

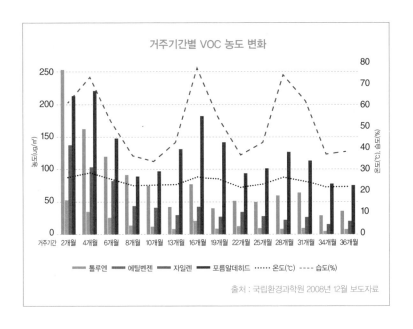

거주기간별 VOC 농도 변화

출처 : 국립환경과학원 2008년 12월 보도자료

시킨 뒤 환기를 반복하는 베이크 아웃(Bake out)을 통해 새집증후군
의 위험을 낮출 수 있다. 그 방법을 자세히 소개하면 다음과 같다.

<u>1</u> 외부로 통하는 모든 문을 닫는다.

<u>2</u> 옷장 및 수납장 등 모든 가구의 문을 연다.

<u>3</u> 난방 시설을 이용하여 실내 온도를 35~40℃로 유지시킨다.

<u>4</u> 7~8시간을 유지한 후 1시간 정도 환기시킨다.

<u>5</u> 위의 방법을 3~5회 반복한다.

당연한 말이겠지만 베이크 아웃은 입주하기 전에 실시하는 것
이 맞다. 추운 겨울보다는 따뜻한 여름에 하는 것이 효율적이며 베
이크 아웃을 완료했더라도 지속적으로 환기해 주는 것이 좋다.

실내 공기 오염의 주범인 휘발성 유기화합물을 줄이기 위해 애
초에 방출이 적은 제품을 선택하여 집을 꾸미는 것도 하나의 방법
이다. 한국공기청정협회에서는 친환경 건축자재 마크인 HB마크를
통해 국내외에서 생산되는 건축자재에 대한 휘발성 유기화합물 배
출 강도를 인증하고 있다. 인증 유무를 확인하여 인체에 무해한 건
축자재를 선택할 수 있다.

친환경 건축자재 인증심사기준

구분		일반자재, 페인트, 퍼티	접착제	실란트(mg/m.h)
최우수	TVOC 총휘발성 유기화합물	0.10 미만	0.10 미만	0.05 미만
	5VOC	0.03 미만	0.03 미만	0.02 미만
	HCHO 포름알데히드	0.008 미만	0.008 미만	0.002미만
	CH3CHO 아세트알데히드	**0.008 미만**	**0.008 미만**	**0.002 미만**
우수	TVOC	0.10 이상 ~ 0.20 미만	0.10 이상 ~ 0.30 미만	0.05 이상 ~ 0.20 미만
	5VOC	0.06 미만	0.09 미만	0.06 미만
	HCHO	0.008 이상 ~ 0.015 미만	0.008 이상 ~ 0.015 미만	0.002 이상 ~ 0.005 미만
	CH3CHO	**0.008 이상 ~ 0.015 미만**	**0.008 이상 ~ 0.015 미만**	**0.002 이상 ~ 0.005 미만**
양호	TVOC	0.20 이상 ~ 0.40 미만	0.30 이상 ~ 0.60 미만	0.20 이상 ~ 1.5 미만
	5VOC	0.12 미만	0.18 미만	0.45 미만
	HCHO	0.015 이상 ~ 0.020 미만	0.015 이상 ~ 0.020 미만	0.005 이상 ~ 0.010 미만
	CH3CHO	**0.015 이상 ~ 0.020 미만**	**0.015 이상 ~ 0.020 미만**	**0.005 이상 ~ 0.010 미만**

– 5VOC: 벤젠, 톨루엔, 에틸벤젠, 자일렌, 스티렌의 합
– 5VOC에서 톨루엔은 0.080mg/㎥.h 미만이어야 한다.
– 실란트의 경우 5VOC에서 톨루엔은 0.080mg/m.h 미만이어야 한다.
– 일반자재 : 합판, 바닥재, 벽지, 목재, 판넬, 기타 등
*출처: 한국공기청정협회 홈페이지(http://air.kaca.or.kr/03/03_01.htm)

향초, 방향제 등의 향기가 만드는 유해 물질 피하기

집 안을 향기롭게 하기 위해 향초를 피우거나 방향제를 사용한다. 향을 내기 위해 사용되는 향료의 경우 꽃이나 풀 등 천연 소재로부터 향을 추출하는 방법도 있지만, 합성 향료가 저렴하기 때문에 천

연보다는 합성 향료가 더 많이 사용된다. 하지만 천연 향료든 합성 향료든 모두 '향료'라고 표기할 수 있다. 그런데 일부 향료의 경우 프탈레이트, 벤조페논, 디아세틸 등의 화학 물질을 첨가제 또는 향료로 사용하므로 우리 몸에 유해한 영향을 미칠 가능성이 있어 주의가 필요하다.

방향제 역할을 하는 향초도 마찬가지다. 향초는 아늑한 분위기로 마음을 편안하게 해 주고 집 안의 불쾌한 냄새를 감추어 주어 한때 유행하기도 했다. 수면에 도움을 준다고 알려져 있기도 하다. 그러나 향초를 피우면 유해 물질이 생성된다. 파라핀이 아닌 식물성 유지(콩기름 등)와 함께 천연 향료 등 모든 재료를 인체에 무해한 천연의 재료로 향초를 만들었다고 해도 무언가를 태운다는 것은 불완전 연소가 일어남을 의미한다(일반적인 환경에서는 완전 연소가 발생하지 않는다).

천연 소재라고 할지라도 액체 형태의 기름을 고형화하는 데에는 화학적인 과정을 거쳐야 한다. 또 콩기름을 이용한 소이왁스는 매우 무르기 때문에 좀 더 단단하게 만들기 위해 다른 것을 섞거나 첨가제가 들어간다. 이 과정이 꼭 유해하다고 할 수는 없으나, 100% 천연이라고 광고하는 것은 사실이 아닐 수도 있다는 말이다. 천연 소재로 만들었든 아니든 초를 태우는 행위는 불완전 연소의 과정이므로 일산화탄소와 함께 그을음을 발생시킨다. 좋은 향이 나고 탈취 효과는 있을 수 있지만 실내 공기의 질은 떨어지게 된다. 그을음 또한 국제암연구소(IARC)에서 1급 발암 물질로 분류한 바 있다.

따라서 가급적 방향제나 향초는 사용하지 않되, 탈취 등의 이유로 불가피하게 사용한다면 반드시 환기를 시키도록 한다.

무색, 무취, 무미로 일상을 위협하는 라돈, 환기로 대처하기

라돈은 알칼리 토금속 원소인 라듐(Ra)이 방사성 붕괴되어 생기는 무색·무취·무미의 기체다. 라돈은 토양과 암석에서 생성되므로 환기가 잘 되지 않는 건물, 특히 지하실에 스며들게 된다. 이는 바닥과 벽의 틈새를 통해 실내로 유입된다. 라돈은 자연계의 광물이나 암석에 존재하기 때문에 화학 물질을 피한다고 해서 피할 수 있는 물질이 아니며, 무색무취의 기체이기 때문에 우리가 인지하지 못한 채 피해를 받을 수 있다.

라돈은 불활성 기체로 호흡을 통해 체내에 들어와 흡수되는 양이 많지 않다. 라돈이 붕괴하면서 폴로늄이 생성되는데 호흡 계통에 흡착되어 알파입자를 방출하지만 종이 한 장을 뚫지 못할 정도로 약한 방사선으로 피부의 각질층을 뚫지는 못한다. 그러나 호흡기 등 신체 내부에 직접 닿게 되면 DNA를 손상시킬 수 있으므로 미량이라도 지속적으로 노출되면 유전자 변이에 의해 암이 발생할 수 있다. 1980년대부터 라돈과 폐암의 관계에 관한 연구가 진행된 이후 국제암연구소(IARC)는 라돈을 폐암을 유발할 수 있는 1군 발암 물질로 규정하고 있다. 세계보건기구(WHO)에서는 실내 공기 중 100Bq/㎥의 엄격한 기준을 두고 있고, 우리나라는 환경부에서 다

중 이용 시설의 실내 공기질 권고 기준(148Bq/㎥)과 2018년부터 신축 공동주택 권고 기준(200Bq/㎥)을 두고 있다.

생활환경에서 라돈을 저감하기 위한 노력이 확산되고 있다. 라돈은 공기보다 7.5배 이상 무거워 가라앉는 특성이 있으므로 지하로 갈수록 농도가 짙어진다. 따라서 지상 1층이나 지하실의 경우 라돈 수치가 높을 수 있다. 지하가 아니더라도 채굴한 암석, 건축에 쓰이는 콘크리트 등에서도 방출되기 때문에 환기가 잘 되지 않는 집 안 공기에 축적될 가능성이 높다.

건물이 지어진 지역의 토양이 화강암 성분을 많이 함유하고 있으면, 건물 내부의 라돈 농도는 높게 측정된다. 하지만 공기 순환이 잘 되는 실외에서는 그 농도가 낮은 편이다. 라돈은 지하수와 온천수에서도 발견될 수 있다. 한때 라돈을 함유한 온천수가 신경통과 류머티즘 등 각종 질병에 효능이 있다고 알려지면서 인기가 있었다. 물속 라돈은 위험성이 크지 않기 때문에 이 효능이 잘못된 것은 아니지만, 물속에 있던 라돈이 공기 중으로 나올 경우에는 위험하다.

국립환경과학원의 발표에 따르면, 라돈의 농도는 토양의 영향을 많이 받는 단독주택이 다세대 주택이나 아파트보다 높게 나타났으며, 지역별로는 화강암반 지질대가 넓게 분포한 전라북도와 강원도에서 높게 나타났다. 환경부는 주택의 라돈 농도를 측정하여 웹사이트에 공표하는데, 전국의 주택 중 1.5%는 실내 공기에 라돈 농도가 200Bq/㎥로 높게 나타났다. 2017년 교육부 자료에 따르면 전국 유치원 및 초·중·고등학교의 4%에 해당하는 408개의 학교에서

실내의 라돈 농도가 권고 기준(148Bq/㎥)을 초과하여 라돈 저감화가 시급한 실정이다.[128]

침대 매트리스에서도 라돈이 검출되어 논란이 된 적이 있다.[129] 음이온을 발생시키기 위해 모나자이트라는 자연 방사성 물질이 다량 함유된 광물을 침대에 넣었고 이로 인해 라돈이 발생한 것이다. 음이온이 몸에 좋다고 하는 주장에는 과학적 근거가 없음에도 많은 소비자가 음이온 발생 제품이 건강에 도움이 된다고 생각하며 구입하는 경우가 많다.

실내에서 라돈에 대한 우려를 줄일 수 있는 가장 손쉬운 방법은 환풍기를 돌리거나 창문을 여는 등 주기적인 환기로 실내 공기 중 라돈의 농도를 낮추는 것이다. 바닥이나 벽의 틈을 보강재 등으로 메꾸는 것도 좋다. 최근에는 건물 신축시 라돈 저감을 위해 토양의 라돈을 배출할 배출관을 설치하기도 한다.

라돈에 대한 우려가 크다면 가정용 라돈 측정기를 구매해 실내 공기 중 라돈을 측정해 보는 것도 하나의 방법이다. 환경부 산하 국립환경공단에서는 라돈 저감 사업의 일환으로 무료로 라돈 측정과 함께 컨설팅을 제공한다(국립환경공단 홈페이지 https://www.keco.or.kr/kr/business/research/contentsid/2902/index.do).

모기 퇴치제에는 코일형 모기향, 전자 모기향, 스프레이형 모기약 같은 살충 성분을 포함한 것과 팔, 다리, 옷 등에 바르거나 뿌려서 모기를 쫓는 모기 기피제가 있다. 살충 성분 중 퍼메트린, 사이퍼메트린, 알레트린 등은 발암 가능성과 신경계에 영향을 미치는 등의 부작용이 알려져 있는 내분비계 교란물질이다. 동물 실험 결과, 이들 물질의 독성은 성체보다 새끼에게서 민감한 것으로 밝혀졌다. 유럽에서는 2009년에 사용이 금지되었지만 국내에서는 아직 금지하고 있지 않아 퍼메트린, 사이퍼메트린이 포함된 제품이 많다.

미국 인구의 1/3이 방충제로 사용할 정도로 인기 있는 모기 기피제 성분인 디트(DEET, 디에틸톨루아미드)는 특히 주의가 필요하다. 듀크대학교에서 진행한 실험에서 소량의 디트를 장기간에 걸쳐 인체에 투여했을 때 근육 운동, 학습, 기억 및 집중을 조절하는 뇌 부위에 변화가 일어남이 보고되었다.

이 성분의 기피제를 사용하지 않는 것이 좋지만, 사용하게 된다면 저농도로만 사용하고, 2세 미만의 유아에게는 사용하지 않는다. 스프레이가 아닌 손으로 도포한 후 씻는 것이 좋다. 눈이나 입술에 묻지 않도록 하고, 상처 부위에 바르지 않는다. 다른 약물과 디트 사이의 상호 작용에 대한 연구가 거의 없어 심각한 상호 작용이 있을지도 모르므로 다른 약을 복용 중이면 디트를 사용하지 않는다. 모기 기피제 및 퇴치제를 구입할 때 퍼메트린, 사이퍼메트린

외에도 디에틸톨루아미드가 포함되었는지 확인하도록 하자.

　　모기를 적절히 제어하지 않으면 말라리아, 뇌염 등과 같이 모기가 매개하는 질환의 위험성이 높아지므로 모기약을 전혀 사용하지 않을 수는 없지만, 그중에서도 모기향은 되도록 사용하지 않는 것이 좋다. 모기향 1개를 다 태우면 새집증후군의 원인 물질인 포름알데히드와 미세먼지가 발생하는데, 담배 20개비를 피울 때 나오는 분량에 달한다. 미국의 경우 코일형 모기향의 사용을 금지하고 있을 정도다.

　　살충제를 사용할 때는 반드시 환기한다. 유해 성분이 포함되지 않은 제품이라도 스프레이형 모기약은 뿌리고 난 후 반드시 10분 이상 환기하고 바닥과 물건에 떨어진 살충 성분을 닦는 것이 좋다. 전자 모기향 역시 일부 성분에 퍼메트린, 사이퍼메트린 같은 유해 성분이 들어 있으므로 주의한다. 낮은 농도라도 장시간 노출되면 두통, 현기증이 올 수 있으므로 환기를 자주 한다. 모기향은 호기심이 많은 아이들의 손에 닿지 않도록 높은 곳에 설치하는 것이 좋다. 특히 모기는 사람 몸에서 나오는 이산화탄소, 땀, 젖산 등을 따라다니는데, 이러한 성분들은 가벼워서 공중으로 올라가 있다. 방바닥보다는 높은 곳에 설치하는 것이 효과가 더 좋다.

3장

다양한 포장재, '올바른 방법으로 사용'했을 때만 안전

가벼우면서 형태의 변형이 자유로운 플라스틱은 때로는 투명한 용기로 만들어져 우리가 사고자 하는 제품의 상태를 잘 보여 주면서 매우 간편하게 제품을 담아 보관할 수 있게 해 준다. 냉장고를 열어 보면 반찬이 담겨 있는 플라스틱 용기들이 가득하고, 접시에 음식물을 보관할 때는 투명한 랩을 씌워 놓는다. 집을 벗어나 가까운 마트나 편의점에 가 보면 제품 포장의 형태가 훨씬 더 다양하다. 종이컵 형태와 스티로폼 컵 형태의 컵라면, 전자레인지에 돌려 먹을 수 있는 즉석 밥, 투명 필름에 싸여 있는 삼각 김밥, 진공 포장되어 있는 훈제고기, 음료수가 담긴 종이 팩, 플라스틱 병이나 캔, 꽁치, 참치, 연어, 과일 등은 통조림 형태로 판매되고 있다.

최근에는 배달 음식이 발달하면서 배달 음식 역시 일회용품

즉, 종이나 플라스틱으로 된 그릇에 담겨 폴리염화비닐 랩으로 밀봉되어 배달된다. 거리에 흔한 커피 전문점의 커피 역시 플라스틱이나 종이컵같이 일회용품을 사용하는 경우가 많다. 식당의 음식들역시 우리가 먹는 상으로 올라오기 전까지 비닐이나 캔에 포장된 경우가 많다. 즉석 식품이나 배달 식품이 아니기 때문에 조미료나 위생적인 것 외에 신경 쓰는 일이 거의 없지만, 전문 요리점이 아닌 경우 통조림이나 팩에 담긴 완제품을 데워서 제공하기도 한다. 볶음밥 역시 비닐팩에 보관된 냉동 제품을 데워 제공하는 경우가 많다. 만약 간편한 식생활을 선호하고 외식이 잦은 사람이라면, 하루 종일 먹는 음식들이 플라스틱이나 통조림에 보관된 음식일 가능성이높다. 어렴풋이 일회용품에 담긴 것이나 즉석 식품이 좋지 않다고생각하면서도 편리함이 매우 커서 크게 신경쓰지 않는 것이다.

비닐 랩, 플라스틱 용기, 금속 캔, 종이컵 등은 우리가 먹고 마시는 것을 직접적으로 담는 만큼 안전성에 대한 의심이 계속 제기되어 왔고 이에 따른 검증도 이루어졌다. 검증된 제품들은 안전할까?대부분의 검증 결과는 '올바른 방법으로 사용하였을 때 안전하다'또는 '기준치보다는 유해 물질이 낮게 들어 있을 순 있지만 섭취량을 고려하면 안전하다'는 식이다.

대부분의 사람은 식품 포장용기의 재질에 따른 사용법을 심각하게 고민하면서 제대로 따르지 않는다. 일반 소비자로서는 제품에사용된 유해 물질의 허용 기준치나 사용되는 구체적인 물질이 어떤것인지조차 알기 힘든 것이 현실이다. 가장 이상적인 방법은 우리 일

상에서 플라스틱과 합성수지 사용을 피하는 것이지만 현실적으로
불가능하기 때문에 올바른 사용법을 알고 쓰는 것이 최선이다.

컵라면과 일회용 컵 사용의 한계는 여기까지

컵라면과 즉석 밥, 테이크아웃 커피 컵에 쓰이는 재료들에 주로 사
용되는 소재들은 크게 폴리스티렌(PS), 폴리에틸렌(PE), 폴리프로필
렌(PP) 세 가지 정도다. 세 가지 소재 모두 투명하거나 매끈한 형태의
단단한 플라스틱으로 제조가 가능하다.

카페에서 시원한 음료를 주문하면 투명한 플라스틱 컵에 담아
주는 경우가 많은데, 이 플라스틱 컵이 대부분 폴리스티렌 소재다.
그리고 따뜻한 음료를 주문했을 때 종이컵 위에 덮여 있는 플라스
틱 뚜껑도 대부분 폴리스티렌이다.

폴리스티렌은 시원한 음료를 담을 때는 큰 문제가 없지만 뜨거
운 음료가 닿는 것은 좋지 않다. 보통 커피 컵 뚜껑에는 음료를 마시

폴리스티렌 뚜껑에
폴리에틸렌으로 코팅된
일회용 종이컵

기 위한 구멍이 있는데, 여기에 바로 입을 대고 뜨거운 음료를 마시는 행위는 플라스틱 뚜껑 내 화학 물질이 음료에 녹아 나오도록 하는 행동이므로 뚜껑을 열고 마셔야 한다.

폴리에틸렌이나 폴리프로필렌은 가정에서 사용되는 밀폐용기에 사용되고, 종이컵 내부 코팅에도 사용되어 물에 젖지 않도록 한다. 비닐 코팅처럼 느껴지는 부분이 바로 폴리에틸렌이나 폴리프로필렌이다. 폴리스티렌, 폴리에틸렌, 폴리프로필렌 이들 물질 단독으로는 호르몬 유사 효과를 보이지 않기 때문에 식품용기로 사용된다. 하지만 폴리스티렌의 경우 열에 변질되지 않고 견디는 내열성이 다른 두 물질보다 약하다. 폴리에틸렌과 폴리프로필렌의 경우 내열 온도가 100℃ 이상이지만 폴리스티렌의 경우 내열 온도가 90℃ 이하다. 따라서 스티로폼 형태의 라면 용기에 물을 붓고 장시간 방치하면 용기에서 화학 물질이 녹아 나올 가능성이 높다.[130]

전자레인지 사용시 폴리스티렌 소재의 그릇을 이용해도 안 된다. 기름기가 있고 가열된 음식의 경우 높은 열은 폴리스티렌의 변형을 촉진시키기 때문에 기름기가 있는 음식 또한 폴리스티렌과 접촉을 피하는 것이 좋다. 실제로 냉장고 안의 폴리스티렌 플라스틱 선반이 참기름과 같은 식용유에 닿은 뒤 변형이 일어나 깨져 버린 사건이 있었다.[131]

폴리프로필렌은 폴리에틸렌보다 내열 온도가 높아 특히 전자레인지에 사용이 가능한 종이 용기 컵라면과 가정용 플라스틱 용기에 주로 사용된다. 내열성이 강하긴 하지만 일회용품으로 만들어진 제품을 반복적으로 사용하게 되면 해당 제품에 손상이 일어날 수 있다. 특히 코팅재가 사용된 경우 반복 사용으로 인해 코팅이 점차 얇아지면서 내용물과 섞일 수 있다. 국내 한 방송사의 실험 결과 폴리에틸렌으로 코팅된 종이컵에 뜨거운 물을 부어 놓은 채 20분이 지나자 코팅 표면이 벗겨진 것이 확인되었다.[132] 분자량이 크고 반응성이 약해 체내에 흡수되는 경우는 거의 없겠으나 흡수되지 않더라도 체내에 들어간 플라스틱이 어떤 영향을 미치는지는 명확한 연구가 이루어지지 않았다. 따라서 필요 이상으로 전자레인지에 넣어 사용하거나 일회용품을 반복해서 사용하지 않는다.

전자레인지를 사용할 경우에는 반드시 사용 가능한 재질인지 확인한 후 사용해야 한다. 휘발성 유기화합물 중 하나로 잘 알려진 스티렌의 경우 암을 유발할 수 있으며, 프로락틴 호르몬을 상승시켜 여성의 생식 기능에 장애를 초래하는 등의 내분비 교란 작용을 한다고 알려져 있다. 그러나 스티렌을 중합한 합성수지인 폴리스티렌은 호르몬 유사 효과를 내지 않는 것으로 알려져 있다. 폴리에틸렌과 폴리프로필렌도 마찬가지다. 식약처의 기구 및 용기·포장의 재질별 규격에 따르면, 기본 중합체(basepolymer) 중 50% 이상이 스티렌이면 폴리스티렌으로 규정한다. 다른 물질들도 마찬가지다. 컵라면 업체에서는 용기 제조 과정에서 비스페놀A가 사용되지 않는다고 하였으나 국립환경과학원의 2016년 연구 결과에 따르면 컵라면을 매일 먹는 사람의 경우 그렇지 않은 사람보다 소변 중 비스페놀A 검출량이 1.9배 정도 높게 나타났다.[133] 비스페놀A를 원료로 첨가하지 않았더라도 폴리머 형태의 플라스틱 제조 과정에서 비스페놀A 등과 같은 물질이 생성되었을 가능성을 배제할 수 없다.

따라서 일상에서 플라스틱 재질의 용기를 선택하지 않으려는 노력만이 바디버든으로부터 자유로울 수 있음을 인식하고, 불가피한 상황이라면 뜨거운 제품을 담지 않거나 전자레인지 사용시에는 유리그릇에 음식물을 옮겨 담는 것이 좋다.

플라스틱 물병과 음료의 유통기한

물병에서부터 수저 세트 용기, 밥그릇이나 국그릇 같은 식기 등 매우 다양한 종류의 플라스틱들이 다양한 용도로 복합적으로 사용되고 있기 때문에 무엇이 어떻게 사용되는지 확인하기란 생각보다 어렵다. 공산품의 경우 재활용 표기를 통해 그 소재가 무엇인지 알 수 있더라도 이것이 안전한지 그리고 어떻게 사용해야 하는지 생각하고 사용하는 사람 역시 흔치 않다.

일명 '마이보틀(My Bottle)'이라는 투명한 물병이 유행을 타면서 투명한 플라스틱 소재의 물병들이 다양하게 생산되어 판매되었다. 이들 제품의 기본 소재는 폴리카보네이트(PC), 폴리프로필렌(PP), 폴리에틸렌 테레프탈레이트(PET), 코폴리에스테르(copolyester)가 주로 사용되어 왔다. 최근 폴리카보네이트는 물병 소재로는 거의 사용되지 않으며 폴리카보네이트를 제외한 폴리프로필렌, 폴리에틸렌 테레프탈레이트, 코폴리에스테르 등 제조 과정에서 비스페놀A가 사용되지 않는 소재를 사용한 제품들은 '비스페놀A-free'라는 문구와 함께 판매되며 안전성을 강조하고 있다.

우리는 PART 1을 통해 비스페놀A가 사용되지 않았다 하더라도 이와 유사한 물성과 유해성을 지닌 대체 물질이 사용되었을 가능성이 있음을 안다. 재활용 표기 중 'other'라고 표기된 제품들은 둘 이상의 복합 재질이거나 분리수거 마크가 따로 없는 소재들이다. 비스페놀A가 사용되지 않은 코폴리에스테르나 식물성 플라스틱이 여기에 해당되지만, 비스페놀이 사용되었을 가능성이 있는 폴리카보네이트 역시 여기에 해당하므로 플라스틱 물병과 물컵을 구매하거나 사용할 때에는 한 번쯤 주의를 기울여 어떤 소재인지 확인하는 것이 필요하다.

플라스틱 물병들은 보통 시원한 음료를 담기 위한 것들이 많다. 내열성이 강한 소재로 만들어 뜨거운 물을 담아 마실 수 있도록 만든 경우도 있지만, 온도를 높이는 것은 플라스틱 내 화학 물질이 녹아 나오기 쉬운 조건이므로 피하는 것이 좋다. 기온이 높은 여름에는 땀을 많이 흘리기 때문에 수분을 자주 섭취하게 된다. 이렇게 야외 활동시 플라스틱 병에 음료를 담아 이용한다면 물병이 햇볕에 노출되지 않도록 하는 것이 좋다. 자외선은 살균 효과를 가지고 있지만 동시에 플라스틱에 손상을 줄 수 있다.[134] 당연히 플라스틱 병을 자외선 살균기에 넣는 것도 좋지 않다.

반대로 시원하게 음료를 마시는 경우는 괜찮다고 할 수 있을까? 페트병의 물을 저온에서 보관하는 경우에도 환경호르몬 의심

물질이 녹아 나온다는 연구 결과가 있다.[135] 이와 반대로 오히려 페트병의 물을 얼렸다 녹이는 과정에서 유해성이 의심되는 프탈레이트에스테르가 녹아 나올 가능성이 낮아진다는 연구 결과도 있다.[136]

페트병에 담긴 생수에서 환경호르몬의 일종인 프탈레이트 및 유도체가 검출되었는데, 특이하게도 프탈레이트 유도체인 부틸벤질프탈레이트(BBP)와 디에틸프탈레이트(DEP)의 경우 4℃에서 한 달간 보관한 생수에서 가장 높게 검출되었고, 상온에서도 두 달 이후부터 높은 수치로 검출되었다. 이외에도 디부틸프탈레이트(DBP)의 경우 저온보다 상온에서 보관할 때 높게 검출되었다. 이렇게 검출된 이유가 물을 생수병에 담는 과정 및 페트병 자체에서 녹아 나왔을 가능성이 둘 다 존재한다. 그러나 시간이 경과하면서 프탈레이트 및 유도체의 검출량이 늘어나는 경우라면 페트병 자체에서 녹아 나왔다는 쪽에 무게가 실린다.[137]

중요한 사실은 페트병에 담긴 생수에서 다양한 종류의 프탈레이트 및 유도체가 검출될 뿐 아니라 페트병을 차갑게 보관해도 문제, 상온에서 보관해도 문제라는 점이다. 결국 페트병에 담긴 생수라 할지라도 유통 기한을 잘 고려하여 소비하여야 한다. 자동화된 스크리닝 시험법을 이용한 연구에서 페트병 외에도 저밀도폴리에틸렌(LDPE), 폴리프로필렌(PP), 폴리스티렌(PS), 폴리에틸렌(PE), 폴리카보네이트(PC), 폴리에틸렌테레프탈레이트글리콜(PETG), 폴리프로필렌코폴리머(PPCO), 폴리아크릴로니트릴(PAN), 폴리에테르설폰(PES) 소재의 거의 모든 플라스틱 용기 제품에서 여성 호르몬 유사 활성

이 검출되며, 자외선 등에 노출되면 더 쉽게 녹아 나온다는 충격적인 연구 결과도 있었다.[138]

이런 결과가 나올 수 있었던 원인으로는 플라스틱을 생산하는 주요 원료 물질 단독으로는 비스페놀A와 같은 여성 호르몬 유사 활성을 하는 물질이 사용되지 않았더라도 제품화되는 과정에서 첨가되고 섞이는 물질이 내분비 교란 활성 같은 유해 영향을 일으킬 수 있을 뿐 아니라 자외선에 의한 광분해의 결과로 유해 물질이 생성될 수 있기 때문으로 해석되었다. 이 연구 결과는 해당 플라스틱 원료 및 최종 가공품을 생산하는 기업과 소비자 모두에게 매우 큰 충격을 주었다. 해당 원료 물질을 생산한 기업이 이 연구에 사용된 시험법에 이의를 제기하는 소송을 벌여 승소하였으나, 어떤 시험법이든 여성 호르몬 활성이 검출되었다는 데 유의하여야 하며 향후 관련된 추가적인 연구 결과들을 예의 주시할 필요가 있다.

생수병, 젖병, 식품용기, 물컵, 특히 일회용품으로 사용되는 플라스틱은 가능하면 사용을 줄이고, 꼭 써야 한다면 최소한의 유통기한과 보관 상태에 유의하여 사용한다.

플라스틱 밀폐용기와 멜라민 접시, 식품용 표시 확인

밀폐용기는 코폴리에스테르(copolyester)와 폴리프로필렌(PP)이 다수를 차지하고 접시와 같은 식기는 멜라민이 주로 사용된다. 코폴리에스테르는 투명한 용기, 폴리프로필렌은 반투명, 멜라민은 도자기 질감

식품용 기구 구분 표시
확인 도안
(식품의약품안전처)

〈'가'형〉 〈'다'형〉 〈'마'형〉
〈'나'형〉 〈'라'형〉 〈'바'형〉

으로 구분이 가능하다. 식품용기로 사용되는 제품들의 경우 〈식품용 기구 구분 표시제도〉가 시행되어 제품에 별도로 표기가 되어 있어 확인이 가능하다. 이외에도 제조사에서 전자레인지, 식기세척기, 냉동보관 사용 가능 여부를 표시하고 있어서, 이를 확인해 용도에 맞추어 활용해야 한다.

밀폐용기에 주로 사용되는 코폴리에스테르나 폴리프로필렌의 경우 전자레인지 사용이 가능한 제품으로 생산되고 있다. 멜라민과 포름알데히드를 중합시켜 만든 멜라민 수지의 경우 그릇이나 젓가락, 조리도구 등에 사용되지만 전자레인지 사용시 소재에 손상이 가거나 포름알데히드와 같은 독성 물질이 외부로 방출될 수 있다. 전자레인지 사용이 가능한 소재더라도 이들 제품은 조리용 기구가 아니기 때문에 조리 목적으로 전자레인지에 장시간 이용하는 것도 피해야 한다. 또한 제품에 표기된 내열 온도를 확인 후 사용해야 하며, 자외선 소독기에 장시간 방치해서도 안 된다.

찌그러진 통조림캔, 알루미늄 물병은 피하기

금속 재질 중 음식 보관 용도로 사용되는 것은 알루미늄과 철이 대표적이다. 철과 알루미늄을 포함한 금속은 대부분 산성이나 염분에 닿게 되면 부식되기 때문에 통조림이나 음료용 캔은 내용물이 금속 면과 닿지 않도록 내부를 에폭시수지로 코팅한다. 이때 사용된 에폭시수지는 대표적인 내분비계 교란물질인 비스페놀A로 만들어지기 때문에 내부 코팅으로부터 비스페놀A가 통조림 내용물로 녹아 나올 가능성이 있다. 국외의 연구 조사 결과, 내부 코팅제로 에폭시수지를 사용한 알루미늄 물병에서 비스페놀A가 녹아 나왔고, 뜨거운 물을 담게 되면 더 많은 비스페놀A가 녹아 나왔다.[139]

캔이나 통조림 내 비스페놀A의 허용 농도는 0.6ppm으로 규제되고 있다. 미량이기에 노출시 무해한 양이라고 하지만 그 영향은 사람마다 다르다. 특히 어린아이의 경우 어른과 달리 유해 영향이 크게 나타날 수 있다. 추운 겨울철에는 온장고에 보관한 따뜻한 캔 음료를 마시는 경우가 많은데, 온장고용 캔 음료를 자세히 살펴보면 50~60℃에서 1~2주간 보관이 가능하다는 문구를 살펴볼 수 있다. 만약 이 이상의 온도에서 가열하거나 보관 기간이 길어지면 내용물이 변질될 뿐 아니라 비스페놀A가 녹아 나올 가능성도 높아진다.

만약 캔이나 통조림을 직접 가열해 조리한다면 캔 내부 코팅이 분리될 수 있다. 한때 유행했던 요리인 비어캔 치킨의 경우도 맥주 캔에 직접 열을 가하는 방식으로 인해 비스페놀A와 같은 환경호르

비스페놀A를 주원료로 하는
에폭시수지로 코팅한
통조림 캔

몬이 검출되었다. 캠핑 등 레저 활동을 하면서 번데기나 생선 통조림 캔을 버너 위에서 직접 가열하여 먹는 것은 매우 위험한 행동이다.[140] 통조림 캔 구입시 외형의 손상 유무를 확인하는 것도 중요하다. 외형에 손상이 가해진 경우 내부 코팅도 불안정해져 비스페놀A가 녹아 나오기 쉽기 때문이다.

통조림 이용시 비스페놀A와 같은 환경호르몬 외에도 주의할 것이 있다. 통조림은 제조 과정에서 내용물을 밀봉한 상태에서 열을 가해 멸균을 하는데, 이때 탄수화물 및 아미노산 등의 열변성이나 지질 가열 등으로 퓨란이 생성된다. 퓨란은 자연적으로도 존재하는 휘발성 물질이지만 국제암연구소(IARC)는 동물 실험을 통해 암을 유발할 수 있는 잠재적 발암 물질인 2B군 발암 물질로 구분한다. 휘발성 물질이기에 개봉하면 금방 사라지므로 통조림 음식은 통조림 개봉 후 5~10분 정도 놓아 두어 퓨란이 기화되어 빠져나가도록 한 뒤에 섭취하는 것이 좋다.

남은 내용물은 통조림 캔이 아닌 다른 용기에 옮겨 담아 보관한다. 통조림 내부는 내용물과의 접촉을 막고 부식을 방지하기 위해 코팅되어 있지만, 절단면은 코팅이 되어 있지 않다. 이 부분에서 부식 또는 산화가 이루어질 가능성이 크며 음식과 닿게 되면 일부가 음식으로 녹아 나올 수 있기 때문에 통조림이나 캔을 개봉한 뒤 그대로 다시 보관하는 것은 좋지 않다.

그렇다면 과연 통조림 캔에 허용되는 비스페놀A의 허용 기준이 안전하다고 할 수 있을까? 통조림 캔의 어마어마한 전 세계 유통량을 고려할 때 가격과 성능 측면에서 마땅한 대체재가 없는 상황이다. 과연 캔 코팅제에서 녹아 나오는 비스페놀A를 엄격히 규제하였을 때 벌어지는 생산과 소비 시장의 혼돈은 얼마나 될까? 감당하기 어려운 상황이 벌어질 것이다.

따라서 통조림 캔의 생산을 금지하기는 어렵겠지만 인체에 유해한 수준 이하의 생산 규격하에 제조되어 유통되는 통조림이라도 가급적 피할 것을 권하고 싶다. 만약 에폭시수지로 내부가 코팅된 통조림 캔에 들어 있는 식품을 먹거나 조리하는 경우 국물을 버리고 내용물을 덜어 내어 물에 헹군 후 먹는 것이 좋다. 물론 이렇게 하면 비스페놀A와 함께 상당한 맛과 영양분은 사라질 것이다. 우리 집에서는 더 이상 통조림 캔에 들어 있는 음식을 먹지 않는다. 바디버든을 줄이기 위해서.

포장용 랩과 비닐에 산성이나 뜨거운 음식 담지 않기

플라스틱 용기나 금속제 통조림에 음식을 담는 경우도 많지만, 이에 못지않게 포장용 비닐에 음식을 담아 보관하는 경우도 많다. 환경부는 냉동식품을 제외한 모든 식품에 랩이나 포장재에서의 폴리염화비닐(PVC) 사용을 금지하고 있지만, 여전히 식당에서 배달 음식의 국물이나 내용물이 넘치는 것을 막기 위해 사용하는 랩들은 가소제 우려가 있는 폴리염화비닐이 상당수다.

탕수육과 같이 뜨거운 음식을 배달시켰을 때, 음식을 감싸고 있는 랩이 음식에 닿아 열에 녹은 것처럼 구멍이 뚫린 것을 본 경험이 있을 것이다. 무색투명한 업소용 랩은 폴리염화비닐 소재이기 때문에 가소제를 필요로 한다. 특히 식품 포장용 랩은 음식과 직접적으로 닿을 가능성이 크기 때문에 프탈레이트를 가소제로 사용한 랩을 쓰면 프탈레이트가 음식으로 녹아 나올 수 있다. 때문에 대부분의 국내 업체의 경우 대체 가소제가 아닌 식물성 유지에서 가소제 역할을 할 수 있는 성분을 사용하고 있다. 가소제에 대한 걱정을 할 필요가 없지만 가소제가 아니더라도 뜨겁고 기름기가 있는 조건에서는 화학 물질이 쉽게 녹아 나온다. 때문에 갓 튀긴 튀김처럼 뜨겁고 기름진 음식이 랩에 직접 닿는 것을 피해야 하고 전자레인지에 음식을 데울 때 랩을 씌우더라도 음식과 직접적으로 닿는 것을 피해야 한다.

김치를 김장용 비닐 봉투에 담고, 분식집이나 포장마차에서는 그릇을 비닐로 감싼 뒤에 그 안에 음식을 담아 주는 경우가 많다. 이때 비닐로 쓰는 포장재는 대부분 폴리에틸렌(PE)이다. 우리가 가정에서 흔히 쓰는 랩은 폴리에틸렌 재질로 만든다. 포장용 비닐봉투, 특히 우리가 흔히 김장봉투라고 부르는 것의 소재는 저밀도폴리에틸렌(LDPE)으로, 포장지나 코팅, 보호 필름 등으로 사용된다. 내화학성, 내열성, 내알칼리성 등의 내구성이 좋아 포장재로 적합하기 때문에 음식 포장용 봉투로 사용되고 있지만, 뜨겁고 기름진 음식을 직접적으로 담는 것은 피해야 한다. 종이컵에서처럼 고열은 폴리에틸렌을 녹게 만들 수 있기 때문이다.

〈의약품 등의 안정성 시험기준〉에 따르면 보관 용품의 경우 12개월에서 최대 24개월까지 장기간 보관에 따른 변형을 확인하게끔 되어 있지만, 〈기구 및 용기·포장의 기준 및 규격〉에는 장기간 보관을 고려한 용출 시험이 반영되어 있지 않다. 우리나라 발효 식품의 경우 높은 염도와 발효 과정에서 산성화가 진행되는데, 내열성과 산에 견디는 내산성을 갖춘 소재로 포장하고 있더라도 1년 단위 보관에 따른 안전성은 확인되지 않았으므로 장기간 사용할 용기 및 포장재에 대해서는 주의가 필요하다.

재생지와 인쇄용지 인쇄 면에 음식 담지 않기

2008년 영국 〈텔레그래프〉는 피자 박스에서 환경호르몬인 프탈레이트가 검출되었다고 보도한 바 있다.[141] 종이에는 가소제가 쓰이지 않지만, 프탈레이트가 검출된 피자 박스는 재생지였기 때문에 재생지로 만들기 이전 재료들에 잉크나 접착제 등이 사용되었고 여기에 남아 있던 환경호르몬이 재생지로 만들어진 피자 박스에서 검출된 것이다. 특히 배달 과정에서 피자 박스 내부 온도는 60~65℃까지 올라간다. 이런 조건들이 재생지에 남아 있는 화학 물질의 용출을 촉진시킬 수 있다.

국내의 경우 재생지와 비재생지 간의 화학 물질 검출 연구에서 폴리염화바이페닐 등의 유해 화학 물질은 검출되지 않았지만 재생지에서 형광증백제가 검출되었다. 재생지를 식품용기로 사용할 때에는 형광증백제 불검출이 기준이다. 형광증백제는 간과 신장을 손상시키거나 면역 체계의 기능을 떨어뜨릴 수 있다는 보고가 있다.[142] 따라서 재생지로 포장할 때는 안전성이 입증된 종이로 이중 포장하는 것이 필요하다.

종이의 재질 외에도 우려가 되는 것은 포장재에 사용된 인쇄 잉크다. 2005년 독일 식품당국의 검사에서 인쇄 잉크의 화학 성분인 이소프로필티오크산톤(Isopropyl Thio Xanthone, ITX)이 과일주스, 우유 및 유제품, 영아 식품에서 검출되었는데 2011년까지도 재차 검출되었다. 이소프로필티오크산톤뿐만 아니라 벤조페논 및 4-메틸벤조페논(4-Methylbenzophenone) 등의 인쇄 잉크 성분들이 소시지, 시리얼, 볶음면, 초콜릿바에서 검출되었다.[143] 국내에서는 2015년 당시 시판 중이던 40여 종의 식품군을 대상으로 벤조페논, 4,4'-메틸렌디아닐린, 2,4-톨루엔디아민, 노닐페놀의 잉크 구성 성분을 분석한 결과 다행히 모두 검출되지 않았다.144 검사 항목의 제품들 중에서 식품과 인쇄면의 직접적인 접촉이 일어날 수 있는 제품은 없었는데 〈식품용 기구 및 용기·포장 공전〉에서 식품과 직접 접촉하는 면에는 인쇄하지 않도록 규정하고 있기 때문이다.

소비자가 제품 포장에 쓰이는 인쇄 잉크가 어떤 성분인지 확인할 방법은 없다. 그러나 겉면에 잔뜩 인쇄가 된 종이 포장 상자에 기름기가 가득한 뜨거운 튀김이 담겨 그 기름이 포장재에 젖게 된다면 인쇄 잉크의 화학 물질이 음식으로 옮겨갈 가능성은 충분하다. 식품은 식품용기에 담는 것이 맞다. 환경을 위해서라도 포장재의 사용을 줄이는 것이 여러모로 좋겠지만, 만일 사용해야 한다면 재생지나 인쇄된 종이에 음식물이 직접 닿지 않게 하고, 포장용 종이를 사용해야 한다.

식품포장재의 안전성에 대한 재평가와 기준 필요

물과 기름에 젖어 음식물이 흐르거나 눌어붙는 것을 막기 위해 코팅을 한다. 이때 사용되는 것이 주로 폴리에틸렌 코팅이나 불소수지 코팅이다. 프라이팬 등의 조리기구에서는 불소수지 코팅이, 식품포장재에서는 주로 폴리에틸렌 코팅을 사용한다고 알려져 있다. 그런데 일부 식품포장재에서는 불소수지 코팅에서 위험한 요소로 꼽히는 과불화화합물이 검출되기도 하여 경각심을 갖게 한다.

종이컵, 종이 포일, 즉석식품 포장재인 피자 속지, 버거 포장지,

감자튀김 포장지, 케이크 컵 등 총 30여 개 제품에서 과불화화합물인 과불화옥탄술폰산(PFOS)을 분석한 국내 연구에 의하면, 종이컵 7개 제품 중 1건에서 $3.22ng/g$(0.63μg/㎡), 즉석식품 포장재 15건 중 3건(피자 속지, 버거 포장지, 감자튀김 포장지)에서 각각 $3.11ng/g$(0.42μg/㎡), $4.20ng/g$(0.69μg/㎡), $5.37ng/g$(0.31μg/㎡), 제빵 컵 3건 중 1건 $5.32ng/g$ (0.51μg/㎡)이 검출되었다. 단, 실리콘 코팅이 사용된 종이 포일에서는 검출되지 않았다.[145]

국내 규정에 따르면 $1.0μg/㎡$ 이하의 값은 '검출 안 됨'으로 표기할 수 있어 이 기준을 적용하면 대부분의 제품이 불검출에 해당된다(환경부 시험방법표준 EM201). 하지만 미국 환경청(EPA)에서는 먹는 물에 대한 과불화화합물 검출 기준을 $0.2μg/L$으로 적용한 사례가 있다.[146] 따라서 식품 및 포장 용기의 과불화화합물의 안전성에 대한 면밀한 평가와 함께 기준에 대한 재고가 필요하다.

무심코 하는 행동이 건강을 망칠 수 있다

주변에 도사리고 있는 화학 물질로부터 몸을 지키려면 사소한 습관부터 고쳐야 한다. 다음은 화학 물질에 노출되는 사소한 습관들이다. 최근 들어 컵라면 용기가 폴리에틸렌(PE) 코팅의 종이 소재로 대체되는 추세에 있지만 아직도 상당수는 스티로폼으로 되어 있다. 여기에 뜨거운 물을 부으면 발포 공기 속에 들어 있던 휘발성 유기화합물이 컵라면 국물로 유출될 수 있다. 이를 막으려면 컵라면을 익힐 때 스티로폼 용기 대신 내열성이 높은 플라스틱이나 도자기 그릇 등에 담는 것이 좋다. 그러나 이는 얼마나 불편한가?

테이크아웃 커피 용기의 뚜껑은 보통 폴리스티렌(PS)이나 폴리프로필렌(PP)으로 제조된다. 폴리스티렌은 내열성이 다소 떨어지는 플라스틱으로 90℃ 이상에서 내분비계 교란물질이 유출될 수 있으니 폴리스티렌 재질의 뚜껑인 경우 뜨거운 커피가 직접 닿지 않게 하고 뚜껑을 열고 마시는 것이 좋다.

신용카드 영수증, 은행이나 관공서 대기표는 비스페놀A 성분이 담긴 감열지를 사용한다. 영수증을 그냥 만지는 것만으로도 비스페놀A가 피부를 통해 흡수된다. 미국 미주리대 연구팀의 조사 결과, 손에 소독제나 로션을 바른 후 감열지를 15초간 잡고 있게 했더니 맨손으로 잡았을 때에 비해 비스페놀A 흡수가 58% 높았다. 만약 손에 물기가 있거나 로션 등을 바른 후 영수증을 만지면 비스페놀A 흡수량이 크게 늘어날 수 있어 주의하고, 감열지는 손에 오래 쥐고 있지 않도록 한다.

커피믹스를 타서 마실 때 커피 봉지로 휘젓는 것을 삼간다. 식품의약품안전처는 "찢어진 커피믹스 봉지로 커피를 저으면 표면에 인쇄되어 있는 잉크가 커피에 녹아들 수 있어 피해야 할 행동이다"라고 발표하였다. 커피 봉지가 잘라진 부분에는 소량의 납 성분이 있어서 이 부분을 뜨거운 물에 넣으면 납 성분까지도 녹아 나올 수 있다.[147]

플라스틱으로 된 물컵 중 상당수는 투명하고 단단하여 사용이 편리한 폴리카보네이트(PC) 재질로 된 것들이 많다. 그런데 폴리카보네이트의 주원료가 환경호르몬인 비스페놀A인 것을 알고 사용하는가? 특히 따뜻한 물을 폴리카보네이트 재질의 물컵에 따르면 비스페놀A가 쉽게 녹아 나와 결국 비스페놀A 차를 마시게 되는 것이다. 오래되어 표면이 거칠어지거나 금이 간 물컵도 피해야 한다. 폴리머 재질 속에 붙잡혀 있던 비스페놀A가 쉽게 빠져나올 수 있는 상태의 재질로 변화된 것이다. 미국 국립환경과학원(EPA)에서는 폴리카보네이트 용기가 안전한 것으로 평가해 극소량은 인체에 해가 없다고 주장하기도 했다. 그러나 계속해서 언급한 대로 미량이라도 장기간 인체에 축적된다면 무해하다고 말할 수는 없다. 그래서 필자는 사용하지 않는다. 다행히도 최근에는 물컵 대부분이 폴리에틸렌과 폴리프로필렌 재질로 바뀌고 있으나 딱딱하고 투명한 물컵의 경우는 소재가 무엇인지 확인하자.

일본에서는 식품 용기 중 비스페놀A 함유 재질에 대해 용출 기준을 2.5ppm 이하로 관리하는데 우리나라는 유럽연합과 같은 0.6ppm 이하로 설정하여 훨씬 안전하게 관리하고 있다. 비스페놀A를 사용한 재질이 유해하지 않다는 의견도 있어 유해성 여부에 대한 논란이 있기도 하다. 필자는 비스페놀A에 관련된 많은 문헌을 읽고 동물 실험을 진행하기도 했다. 인류가 통조림 캔을 사용해 온 역사는 거의 100년 가까이 된다. 비스페놀A를 이용한 에폭시수지가 개발되어 캔 코팅 소재로 사용된 지도 수십 년이 넘었다. 특별히 캔 음식물을 많이 먹게 되는 상황이 있다. 단체 급식을 하는 경우다.

당신과 당신의 금쪽같은 자녀들이 적은 양이지만 장기간 지속적으로 내분비계 교란물질에 노출될 위험에 처해 있는 것이다. 소량이니 안전하다고 말하기 전에, 유해 성분을 최대한 알고 바디버든을 피하려는 노력이 최선이다.

4장

안전한 조리기구 선택과 똑똑한 사용법

무거운 무쇠나 관리가 번거로운 나무로 된 조리 기구에서 벗어나 가볍고 열에 강한 플라스틱 뒤집개에서부터 가벼운 알루미늄이나 부식이 쉽게 일어나지 않는 스테인리스 같은 소재로 된 냄비나 프라이팬이 등장했으며, 음식이 타거나 눌어붙지 않게 하는 코팅 기술로 보다 쉽게 요리할 수 있게 되었다. 이 외에도 쿠킹 포일 등은 조리할 때나 음식을 보관할 때 편리함을 더해 준다.

그러나 이러한 도구를 사용하여 요리하는 과정이 어쩌면 음식에 유해 물질을 버무리는 과정이 될 수도 있다. 프라이팬, 국자, 뒤집개와 같은 조리 기구는 기름이 묻거나 탄 음식이 눌어붙지 않도록 과불화화합물 등 유해 성분이 함유된 코팅이 이루어지고, 금속제 조리기구의 경우 제조 과정에서 중금속 등의 유해 물질이 섞여 들어

갈 수 있다. 알루미늄 소재 냄비는 알루미늄이나 중금속, 환경호르
몬이 조리 과정에서 녹아 나와 음식에 섞이게 될 가능성이 있고, 이
를 우리가 섭취함으로써 유해한 영향을 받게 될 것이란 불안감도
있다.[148] 환경호르몬과 같은 유해 물질에 대한 우려로 즉석 식품 섭
취를 삼가고 외식을 줄여 집에서 손수 음식을 해 먹더라도 여전히
유해 물질에 대한 불안함이 사라지지 않고 남는 것이다.

그러면 우리는 어떤 소재를 선택해야 하고 또 어떤 것들을 피
해야 할까?

쿠킹 포일과 양은 냄비에 짜거나 산성인 음식은 위험

열전도율이 높고 가벼운 알루미늄 소재는 쿠킹 포일과 우리가 주로
라면 냄비로 떠올리는 양은 냄비의 주재료다. 일상생활에서 많이 쓰
고 특히 조리의 목적으로 가장 많이 쓰는 소재 중 하나이기도 하다.
특히 쿠킹 포일의 경우 음식을 포장할 때 사용되기도 하지만 볶음
요리나 구이를 할 때에 재료를 직접 감싸거나 프라이팬 같은 조리기
구 바닥에 덧씌워 조리 후 정리가 쉽도록 돕는다. 양은 냄비와 쿠킹
포일은 편리한 도구지만, 위와 같은 조리 과정에서 알루미늄이 녹아
나올 수 있다는 것이 문제다.

우리가 일상적으로 사용하는 조리 방법에 의해 녹아 나온 알
루미늄은 음식에 섞여 들어갈 수 있다. 알루미늄 자체는 일반적으
로 알려진 중금속에 해당하지 않으며, 물에 녹기 때문에 녹아 나온

것을 섭취하더라도 체내에서 유해 영향을 일으킬 가능성이 비교적 낮은 편이다. 그러나 독일 연방위험평가연구소(BfR)는 녹아 나온 알루미늄에 지속적으로 노출될 경우 신경계 질환, 치매, 생식 독성을 유발할 수 있다고 발표하였다.[149]

알루미늄은 산화 피막을 형성해 부식이 되지 않기 때문에 건축 자재로 쓰이는 소재지만 산과 소금기에 약하다. 우리가 흔히 쓰는 양은 냄비도 코팅이 남아 있을 경우 조리 과정에서 알루미늄이 녹아 나오지 않지만 오랜 사용으로 코팅이 벗겨졌다면 음식에 섞여 들어갈 수 있다. 특히 라면이나 찌개의 경우 염분 함량이 높기 때문에 알루미늄이 녹아 나올 가능성이 높다. 쿠킹 포일에 조리하는 것 역시 마찬가지다. 흔히 구이용 불판 위에 쿠킹 포일을 올리고 그 위에서 고기를 굽는 경우가 있는데, 구이 과정에서 소금과 후추를 뿌리기도 하고 간혹 산미가 있는 김치를 올리기도 한다. 이렇게 조리해 먹으면 알루미늄이 녹아 나올 가능성이 올라간다. 독일 방송사 NDR에서 진행한 실험에서는 1kg의 아스파라거스를 쿠킹 포일에 감싸 조리했을 경우 최대 22.7mg의 알루미늄이 검출되었다. 원반형 알루미늄 그릇에 조리한 경우에도 1kg당 15mg에 달하는 양이 녹아 나오는 것으로 나타났다.[150] 알루미늄의 일주일 섭취 허용 기준치는 유럽 기준으로 체중 1kg당 1mg인 것을 감안하면 독일의 아스파라거스 실험 결과로 검출된 양은 한 번의 조리만으로도 일주일 기준치를 웃도는 양이 된다.

양은 냄비와 쿠킹 포일을 안전하게 사용하기 위해서는 염도가 높거나 산성이 있는 음식의 조리를 가급적 피하고, 냄비의 경우 찌그러지거나 오래되어 코팅이 벗겨졌다면 버리는 것이 좋다. 쿠킹 포일의 경우 산성이 강한 토마토류의 채소 및 과일 포장에는 적합하지 않다. 조리 목적으로 쿠킹 포일을 사용하는 것은 가급적 삼가는 것이 좋지만, 만일 사용해야 한다면 조리 과정에서 소금 등의 양념을 더하지 않는 것도 방법이다.

코팅 프라이팬 vs. 코팅 안 된 프라이팬

코팅이 되지 않은 스테인리스 재질의 프라이팬은 무겁고 조리 과정에서 음식이 눌어붙기 쉽다. 가정에서 흔히 쓰이는 일반적인 프라이팬은 가벼운 금속 소재에 코팅을 입힌 제품들이다. 여러 가지 이름으로 코팅된 프라이팬들이 많지만 프라이팬은 기본적으로 불소수지 코팅의 프라이팬과 세라믹 코팅 등 두 종류의 코팅으로 이루어지고, 대부분의 프라이팬은 불소수지 코팅이 사용된다. 2012년 보험개발원 통계에 따르면 여성 사망 원인 1위가 폐암이고, 이 중 비흡연자는 90%로 조리 과정이 폐암의 주요 원인 중 하나로 추정되었다.[151]

불소수지 코팅재가 쓰인 프라이팬 제조시 과불화화합물이 유화제 등의 보조제로 사용되는데, 프라이팬을 잘못 사용하면 유해물질이 발생한다. 과불화화합물은 잔류성 유기화합물에 속하는 환경호르몬으로, 과불화옥탄산(PFOA)과 과불화옥탄술폰산(PFOS)이 대표적이다. 200℃ 이상 고온에서는 불소수지 분해가 시작되기 때문에 조리시 빈 프라이팬을 과도하게 가열하는 것을 삼가야 한다. 프라이팬을 가열할 때 온도가 올라가면서 불소수지 코팅제 일부가 기화되어 나오고 이것을 요리 과정에서 코로 들이마시거나 음식물에 섞여 들어간 것을 섭취하게 되면 우리 체내로 유입되어 쌓이게 된다. 또한 코팅이 벗겨진 팬을 사용하면 중금속과 코팅제 등이 음식에 유입될 수 있으므로 코팅이 벗겨진 조리도구는 사용하지 않고, 조리시 날카로운 조리기구로 코팅재가 벗겨지지 않게 주의한다.

불소수지에 대한 유해성이 걱정된다면 코팅되지 않은 스테인리스 팬이나 세라믹 코팅 팬 등 다른 종류의 프라이팬을 사용하는 것도 방법이다. 세라믹 코팅 프라이팬은 과불화화합물에 대한 우려는 피할 수 있지만 충격에 코팅이 깨질 수 있으며, 코팅이 되지 않은 스테인리스 프라이팬은 조리 과정에서 음식이 눌어붙을 수 있다.

안전한 소재인 스테인리스와 실리콘, 세척 및 사용 방법

스테인리스는 부식에 강하고 코팅이나 플라스틱 수지에서 비롯된 환경호르몬의 염려가 없어 냄비나 솥과 같은 주방 기구로 적합한 소재 중 하나다. 하지만 금속제 기구는 제조 과정에서 사용된 연마제 등으로 인해 오염되었을 우려가 있으므로, 새 제품을 구입했다면 반드시 바른 방식으로 세척 후 사용한다.

모든 제품에 해당하는 것은 아니지만 스테인리스 제품에 대한 우려 중 하나가 바로 연마제다. 금속제 표면을 매끄럽게 만들기 위해 연마제를 사용하는데, 이 연마제가 세척 후에도 제품에 남아 있을 수 있다. 연마제로 사용되는 물질인 탄화규소(SiC)는 국제암연구소(IARC)에서 2B군 발암 물질로 규정한 것으로, 인체에 노출시 유해한 영향을 불러일으킬 가능성이 높은 물질이다. 특히 친유성이기 때문에 세제를 사용해 물로 세척한다고 해도 완전하게 제거되지 않는다. 이러한 상태에서 기름기가 많은 음식을 스테인리스 팬에 조리할 경우 표면에 남은 탄화규소가 음식에 섞이게 된다.

따라서 새 제품이라면 사용 전에 연마제를 제거해 주어야 한다. 연마제가 친유성 물질인 만큼 휴지나 종이 타월에 식용유를 적셔서 닦아 주면 세제로 닦이지 않던 연마제를 효과적으로 제거할 수 있다. 식품의약품안전처(이하 식약처)에서 배포한 〈식품용 금속제 주방용품 올바른 사용법〉에서는 금속제 주방 기구 표면에 잔존해 있을 유해 물질을 제거하기 위해, 식초 섞은 물을 조리기구에 넣고 10분 정도 끓인 후 세척하는 것을 추천한다.

실리콘은 열에 강하고 물과 기름에 젖지 않아 주방기구로 활발하게 쓰이는 소재다. 뒤집개나 주걱에서부터 그릇으로도 만들어지고 있으며, 전자레인지 사용에 제한이 있는 플라스틱과 달리 전자레인지용 제품으로도 판매되고 있다. 국내에서 판매되고 있는 종이포일에도 실리콘 코팅이 사용되고 있다. 소재가 부드럽기 때문에 금속제 조리기구와 사용시 마찰로 인해 냄비나 프라이팬의 코팅이 벗겨질 우려가 없다. 환경호르몬과 유해 화학 물질에 대한 우려가 없는 소재이고 끓는 물에 소독도 할 수 있어 위생적인 사용이 가능하다. 녹색소비자연대에서 국내 판매 중인 9개 브랜드의 실리콘 주방용품들을 분석한 결과 중금속과 페놀류 등의 유해 물질이 검출되지 않았다.[152] 다만 내열 온도는 제품마다 다르기 때문에 실리콘 제품 사용시에는 용도에 맞는 제품인지, 표시 사항에 내열 온도가 적혀 있는지 확인하고 사용한다.

5장

맛난 음식에 들어가는 첨가제, 주의해야 할 것들

'밥이 보약', '제철 음식은 보약'이라는 말이 있듯이 먹는 것은 건강에 큰 영향을 미친다. 환경호르몬에 대한 우려로 플라스틱 소재와 합성 화학 식품첨가물을 피하는 건강한 식습관을 지향한다 하더라도 잘못된 식습관은 우리 몸의 건강을 해치는 원인이 된다.

Part 1과 Part 2에서 언급하였듯이 환경호르몬과 같은 유해 화학 물질은 생식 장애뿐만 아니라 대사 질환, 그중에서도 당뇨나 비만과의 연관성이 제기되고 있으며, 이는 우리의 식습관에서 비롯된 것일 수도 있다. 플라스틱 그릇을 피하고 인스턴트 음식을 피했으며 조리기구도 최대한 안전한 것을 선택했더라도 소위 완전한 '자연주의' 식탁을 완성하기 위해서는 갈 길이 멀다.

건강을 생각해 완전식품인 연어 요리를 준비한다고 가정해 보

자. 연어에는 오메가3가 풍부해 건강에 도움이 된다고 알려져 있다.[153] 잘못된 내용은 아니지만 이는 경우에 따라서 달라질 수 있다. 연어의 영양 성분은 연어가 먹는 것에 따라 바뀌게 된다. 자연산 연어와 달리 양식 연어는 곡물과 식물성 유지가 사용된 사료를 먹게 되는데 고지방 사료를 먹은 양식 연어는 자연산 연어에 비해 오메가3 함량은 상대적으로 낮아지면서 동시에 총 지방 함량은 증가하게 된다.[154] 다시 말해 우리 식탁에 오를 '슈퍼푸드' 연어가 양식산이라면 피자보다도 열량이 높은 고지방 음식일 수도 있다.[155]

그렇다면 자연산 연어는 '슈퍼푸드'라고 할 수 있을까? 연어는 크릴이라는 새우처럼 생긴 갑각류를 먹이로 삼는다. 인간이 만든 잔류성 유기오염물질과 같은 난분해성 유해 물질들이 바다로 흘러 들어가 미세플라스틱과 함께 흩어져 있다. 유해 물질들은 먹이사슬을 따라 생물 농축이 진행되는데 먹이 사슬 중간층에 위치한 연어 역시 이를 피할 수 없다. 자연계에서 먹이를 취하는 자연산 연어는 양식 연어보다 이러한 생물 농축의 영향을 더 많이 받게 된다.[156] 우리 연안의 어패류의 경우에도 이러한 연어의 사례로부터 예외가 될 수는 없다. 또한 연안 지역일수록 육상에서 비롯된 오염 물질의 농도가 높을 수밖에 없다.

생산 방식을 고려해 장점과 단점을 살펴봐야 할 음식은 어패류만 있는 것은 아니다. 농작물에 사용되는 농약이 문제가 될 수 있고, 우리가 사용하는 조미료와 첨가제 역시 우리가 주의 깊게 살펴봐야 할 사항들이 숨겨져 있다. 우리가 먹게 되는 것들은 기본적으로 유해 물질에 대한 규제가 철저히 이루어지는 편에 속하지만 경우에 따라서는 규제를 통과한 것이라도 주의가 필요하다.

드라마 〈대장금〉에는 의녀를 수련하는 장면이 나오는데, 이때 여러 약재 중 독초와 약초를 구분하라는 시험 문제가 등장한다. 주인공은 독초와 약초를 똑 부러지게 구분하여 답안을 제출하지만 낙제점을 받았고, 동료는 독초와 약초를 제대로 구분하지는 못했지만 각각의 약재에 대한 효능과 부작용, 주의 사항을 함께 작성하여 최상점을 받는 장면이 등장한다. 몸에 좋은 약초라도 먹는 사람과 사용 방법에 따라 독초가 될 수 있음을 설명하는 장면이었는데, 우리가 먹는 음식 역시 크게 다르지 않다.

기본적으로 우리가 먹는 음식들은 각각 농약의 잔류성, 중금속, 유해 물질 등의 규제 기준을 통과한, 그래서 유해성이 없다고 판정된 식품들이다. 하지만 유해성이 없다는 음식들이 사람에 따라, 경우에 따라 예상치 못한 유해 영향을 일으킬 수 있고, 몸에 좋은 음식이라고 해도 과도하게 섭취하면 부작용을 겪게 된다. 따라서 피해야 할 음식과, 손질 방법이나 세척 방법을 바르게 알고 섭취해야 한다.

가공육과 붉은색 살코기 얼마나, 어떻게 먹을까

Part 2에서도 언급했듯이 가공육은 국제암연구소(IARC) 분류 기준으로 보면 인체 발암 연관성이 입증된 1군, 소고기나 돼지고기 같은 붉은색 살코기 육류는 인체 발암이 의심되는 2A군 발암 물질로 분류된다. 육류의 섭취는 채식에서는 얻기 힘든 단백질과 지방, 비타민, 무기질의 섭취를 돕지만, 한편으로는 높은 열량 때문에 비만의 원인으로도 꼽힌다. 특히 햄이나 소시지와 같은 가공육은 첨가제로 인한 유해성과 함께 나트륨 함량이 높아 과도한 섭취는 이로울 것이 없다. 환경론자들은 고기 1kg 생산을 위해 2kg이 넘는 사료용 곡물이 필요하므로 육식을 줄여야 한다고 하지만 건강을 생각해서라도 육식은 조절이 필요하다.

육류 소비가 암으로 이어질 수 있다는 보도가 이루어지면서 고기를 얼마만큼 먹어야 하는지, 먹으면 위험한 것인지에 대한 의견이 분분하다. 육류 섭취가 암 발병률을 높인다고 하지만 육류 섭취량이 부족해도 건강에 이상이 생길 수 있다. 혼란스럽겠지만 두 가지 이야기 다 틀린 말은 아니다. 세계 각국의 많은 연구 결과를 바탕으로 이루어진 결론들이지만 각국의 육류 소비 패턴이 연구 결과에 반영되지는 않았다. 서양의 경우 육류 소비에 있어서 고기 자체를 식사로 즐기지만 우리나라는 채소와 함께 싸서 먹거나, 고기 자체로 식사하기보다는 식사의 일부로서 소비한다. 바꿔 해석하자면 섭취 방식을 바꾸면 암의 발병 위험을 낮추면서 건강한 육류 소비가 가능하다.

권고하고 싶은 것은 조리 방법과, 섭취 방식, 그리고 양이다. 굽거나 튀기는 조리 방식은 발암 물질의 생성을 야기한다. 우리나라 사람들이 즐겨 먹는 삼겹살의 경우 주로 고기에서 나온 기름과 함께 겉은 바삭하고 속은 육즙을 품도록 튀기듯 구워 먹는다. 이렇게 조리된 삼겹살은 맛있지만 동시에 다환방향족탄화수소(PAHs)류와 아크릴아미드 같은 발암 물질이 나온다. 구이나 볶음 요리시 유해 물질이 공기 중에 발생할 수 있어 충분한 환기도 필요하다. 따라서 굽거나 튀기는 것보다 삶는 조리가 열량은 줄이면서 발암 물질을 줄일 수 있다.

고기를 먹을 때 채소를 함께 먹는 것도 고기를 건강하게 먹는 방법이다. 섬유질이 많은 채소는 소화 과정에서 육류 섭취로 인해 발생하게 되는 발암성 부산물 배출에 도움이 된다.

건강한 조리와 건강한 섭취 방법으로 육류를 소비한다고 해도 과잉 영양은 비만의 원인이 된다. 단백질의 과다 섭취도 마찬가지다. 단백질은 소화 과정에서 질소산화물인 요소를 만들어 내는데, 이것이 과도하게 만들어지면 신장(콩팥) 기능에 부담을 주게 되어 오히려 독이 된다.

약품과 식품의 첨가물로 쓰이는 알루미늄

알루미늄이라고 하면 흔히 금속 형태의 건축자재나 냄비, 식품 포장에 쓰이는 쿠킹 포일을 떠올리지만, 알루미늄은 생각보다 많은 곳에 쓰인다. 병원에서 쓰는 주사제(백신)나 음식의 첨가제, 화장품과 땀으로 인한 악취를 막기 위해 사용하는 발한 억제제, 주사제의 첨가물, 제산제와 같은 위장약의 주재료로도 사용된다. 의약품인 만큼 안전성은 입증되었다고 할 수 있지만 의사의 처방 없이 사용하는 것은 알루미늄의 과복용을 야기할 수 있으므로 가급적 지양하고 약의 용법, 용량을 반드시 확인 후 복용한다.

제약이나 식품첨가물로 쓰이는 알루미늄은 이온화되어 흡수되기 때문에 위해성이 없다는 주장이 많지만, 이에 못지않게 금속성 알루미늄과 알루미늄 산화물이 치매 및 암의 위험성을 높일 수 있다는 연구 결과도 존재한다.[157]

식품첨가물로서 알루미늄은 소암모늄명반(황산알루미늄암모늄)의 형태로 밀가루의 팽창제인 베이킹파우더에 첨가된다. 국내 언론에서 유럽 기준치 이상의 알루미늄이 검출된 것이 보도되어 논란이 된 적이 있을 정도로 베이킹파우더는 식품첨가물로 활발히 활용되었다.[158] 이러한 논란이 발생한 후 2017년에 이르러서야 알루미늄 첨가물에 대한 구체적인 규제안이 마련되었다.[159]

규제안이 마련되었지만 알루미늄 첨가제 사용이 전면 금지된 것은 아니다. 일명 '데오드란트'로 알려진 발한 억제제에도 알루미늄이 사용된 경우가 많다. 땀을 억제하기 위해 또는 땀으로 인한 세균 증식을 막아 특유의 악취를 방지하기 위해 만들어진 이들 제품은 땀으로 닦여 나가지 않기 때문에 씻지 않고 방치하는 경우 피부에 계속 남게 된다. 유해 물질은 호흡이나 섭취뿐 아니라 피부를 통해서도 흡수된다. 다시 말해 이러한 발한 억제제를 사용한 뒤 씻지 않고 오랜 시간 방치하는 경우 피부를 통해 알루미늄이 흡수된다. 충분히 안전하다는 결론을 바탕으로 알루미늄이 여러 제품에 다양한 형태로 사용되고 있지만 논란 역시 존재한다.

지속적인 연구를 통해 유해성 논란을 벗어난 사례도 있지만, 담배처럼 한때는 안전하다고 알려진 물질이 시간이 지난 후에 유해성이 밝혀진 사례도 많다. 알루미늄의 유해 영향에 관한 부분은 확실한 인과관계에 대한 더 많은 정보가 요구되므로, 알루미늄을 함유한 제품을 사용할 때는 주의할 필요가 있다.

농약이 싫다고 유기농이 답은 아니다

유기농 제품에도 함정이 있다. 우리가 식용으로 활용하는 작물들은 오랜 시간을 거쳐 사람의 입맛에 맞게 개량되어 왔다. 열매를 많이 맺게 되고, 맛도 더욱 달게 변했지만, 처음부터 가지고 있던 독성 역시 사라졌다. 사람의 손에 길러지기 이전의 작물들은 병충해를 이기기 위해 스스로 천연의 제초제 또는 살충제 성분을 만들어 왔다. 그런데 인간의 손에 의해 길러지고 개량되면서 이러한 독성들이 사라진 것이다.

반면 유기농 제품들은 살충제, 제초제 등을 전혀 사용하지 않기 때문에 작물이 스스로를 지키기 위해 이러한 독성 물질들을 만들어 내게 된다. 쉽게 말해 작물이 자연적으로 농약을 만들어 낼 수 있다는 이야기다.[160]

물론 이러한 변화는 단기간에 발생하지 않기 때문에 현재 우리가 먹는 유기농 식품이 식물 고유의 천연 독 성분을 가지고 있어서 직접적으로 유해하다고 말하기는 힘들다. 유기농 제품의 경우라도 수경 재배가 아닌 실외에서 재배하는 경우 분변이 섞인 퇴비를 사용하기도 하고 야생동물 등 외부 환경에 노출될 수도 있다. 따라서 농약에 대한 우려는 없지만 벌레나 야생동물의 배설물 등 외부 환경에 의한 오염 가능성이 있다. 농약이 사용된 제품이라고 해서 무조건 기피하거나 유기농 제품이라고 해서 맹신하는 것도 위험하다. 우리가 먹는 식품이 어떻게 생산되는지를 알고 올바른 방법으로 소비하는 것이 필요한 이유다.

과일과 야채 등 농산물을 고를 때 고민하는 것 중에 하나가 잔류 농약이다. 병충해를 막고 생산량을 늘리는 데 도움이 되는 농약 중에는 맹독성 물질과 함께 내분비계 교란물질을 포함하는 것도 있다. 국내 생산 작물의 경우 어떤 종류의 농약이 사용되었는지, 기준치 내에 생산된 것인지 확인이 가능하지만 수입 농산물의 경우 어떤 유해한 영향이 입증된 농약이 사용되었는지 확인하기 어렵다.

다행인 것은 2019년부터 〈농산물 허용물질 관리제도〉가 실행되어 안전성이 입증되지 않은 농약 즉, 국내에 사용 등록이 되지 않은 농약이 사용된 수입 작물의 경우 농약의 잔류량이 0.01ppm을 넘어서는 안 된다. 그렇다고 해서 농약에 대한 우려가 사라지는 것은 아니다. 기술의 발달로 수경 재배와 같이 외부와 차단하고 재배 환경을 조절하여 농약의 사용을 줄일 수는 있는 생산 방식도 있지만, 아직 보편화된 단계는 아니다.

당연한 말이지만, 유기농 제품이 아닌 이상 먹기 전에 씻어서 잔류 농약을 제거해야 한다. 다음은 식품의약품안전처에서 권고하는 잔류 농약 줄이는 방법이다.

1 음식 조리 전이나 먹기 전 농산물을 물로 씻는다.

2 농산물을 씻을 때 물을 받아 2~3회 씻는다.

3 농산물을 씻을 때 씻는 물에 소금을 추가한다.

4 과일의 껍질을 벗기고 먹는다.

5 채소는 뜨거운 물로 데치고, 그 물은 버린다.

6 채소를 살짝 삶거나 데쳐서 먹는다.

7 가장 바깥쪽 잎은 제거한다.

8 식초에 절여서 먹는다.

9 소금물에 절여서 먹는다.

10 유기 농산물을 구입한다.

씻는 방법도 중요하다. 흔히 흐르는 물에 씻거나 식초나 베이킹 소다를 활용하는 것이 좋다고 생각하지만, 이는 대상에 따라 다르기 때문에 씻는 방법을 잘 알아 두어야 한다.

과일 및 채소별 씻는 방법
출처 : 식약처 자료 참고

농산물	세척 방법
딸기	물에 1분간 담근 후 흐르는 물에 30초 이상 씻어 준다. 꼭지 부분은 농약이 남아 있을 수 있으므로 먹지 않는다.
수박, 참외, 멜론 등 껍질이 있는 과일이나 채소	흐르는 물에 껍질 부분을 닦아 미생물 등 오염 물질을 제거한다. 일반 주방세제로 씻을 경우 거품이 많이 나고 세정 성분 제거가 어려우므로 전용 세척제를 사용하고, 흐르는 물에 잘 헹군다.
포도처럼 속까지 제대로 씻어야 하는 과일	포도를 알알이 떼어내서 씻는 경우 흐르는 물에 30초 이상 세척하고, 송이채 씻는 경우 물에 1분 이상 담근 후 흐르는 물에 30초 이상 씻는다.
깻잎, 상추, 시금치	뒷면에 잔털이나 주름이 많아 다른 채소들보다 충분히 씻는다. 5분 정도 물에 담갔다가 흐르는 물에 30초 정도 씻는다.
파, 양파	뿌리 부분의 흙을 제거하고 시든 잎과 외피 부분을 벗겨낸 뒤 물로 세척한다. 뿌리 부분보다 잎 부분에 농약이 잔류할 가능성이 더 높으므로 잎까지 꼼꼼하게 씻는다.
배추, 양배추, 양상추	겉잎을 2~3장 떼어내고 흐르는 물에 꼼꼼히 씻어 준다.
오이	흐르는 물에 표면을 스펀지 등으로 문질러 씻은 뒤 굵은 소금으로 문지른 다음 흐르는 물에 다시 씻는다.
자두, 토마토, 고추	1분 정도 물에 담갔다가 흐르는 물에 헹군다. (고추는 끝부분에 농약이 남아 있다고 알려져 있으나, 실제로는 그렇지 않다.)
복숭아, 키위, 살구, 매실	잔털이 있어 알레르기 발생 우려가 있으므로 취급에 주의하고, 스펀지 등으로 표면을 부드럽게 문질러 씻은 다음 흐르는 물에 잘 헹구어 잔털을 제거한다.
새싹채소	새싹채소는 흐르는 물에서 1분 이상 씻어서 사용하고, 가정에서 새싹채소를 길러 먹을 때는 소독이 된 '싹 채소용' 씨앗을 구입하여 흐르는 물에 잘 씻는다.

산업 활동으로 발생하는 유해 화학 물질을 비롯해 다양한 오염 물질이 지구 전반으로 퍼지게 되었다. 오염 물질의 총량은 많지만 지구에 넓게 퍼진 만큼 그 농도는 낮아진다. 하지만 이것이 먹이사슬을 통해 다시 농축되고, 우리가 두려워하는 유해 화학 물질과 중금속이 농축된 음식물로 식탁에 오르게 된다. 최근에는 미세플라스틱에 대한 우려까지 더해졌다.

생선이나 조개류는 비타민과 무기질이 풍부한 식재료다. 특히 생선은 혈행 개선에 도움이 되는 오메가3 지방산이 풍부해 건강한 식재료임이 분명하며 성장 발달기 아이에게 권장해야 하는 식재료지만 중금속, 환경호르몬 등의 유해 물질은 훌륭한 영양 공급원을 주의가 필요한 식재료로 바꾸어 놓았다.

다양한 생선이나 굴, 가리비 같은 조개류는 양식 또는 자연산 식품으로 구할 수 있다. 통제된 조건에서 대량 생산이 가능하다는 점에서 양식 어패류는 소나 돼지와 같은 가축과 비슷한 느낌을 주고, 자연산은 유기농 제품과 비슷한 느낌을 준다.

실제로 비슷한 부류로 해석할 수 있지만 자연산 식품에서는 먹이사슬을 통한 생물 농축이 발생함에 주목해야 한다. 특히 생물 농축에 의해 축적되는 유해 물질은 중금속뿐 아니라 잔류성 유기 화합물 등 매우 다양하기에, 안전한 음식 섭취를 위해 우리가 기울여야 하는 노력이 점점 증가하고 있다.

통제된 조건 즉, 양식이나 사육된 가축의 경우 이러한 우려를 조금은 덜어낼 수 있으며, 일정한 품질의 식품으로 안정적인 공급이 가능해졌다. 하지만 이를 위해서는 성장 촉진제와 항생제를 사용해야 했다. 양식 어류나 가축에 사용되는 항생제가 꼭 나쁘다거나 인체에 해롭다고 주장할 수는 없지만, 양식산 식재료를 통해 과도한 항생제의 섭취로 문제가 일어날 수 있기에 이는 모두의 근심거리다. 문제는 우리가 먹는 이들 식품들에 관한 유해성 정보가 제한적이라는 데에 있다.

뒤에서 다시 언급하겠지만, 식약처는 생선을 안전하게 먹을 수 있도록 생선의 섭취 권장량을 제시하고 있다. 필요한 영양분을 공급받기 위해 섭취하되, 일일 권장량을 넘지 않도록 유의한다.

건강보조제와 영양제 속 여러 가지 첨가물

임신한 여성들은 태어날 자녀를 위해 고른 영양을 섭취하려고 노력하지만 그럼에도 부족한 부분이 있을 수 있어 보조제 또는 영양제를 함께 먹곤 한다. 대표적인 보충제가 바로 엽산이다. 엽산은 태아의 발달에 주요한 영양소이며 부족할 경우 기형을 유발할 수 있다. 때문에 임신 전부터 섭취하기를 권장하며, 남성의 경우도 건강한 정자 형성에 도움이 되는 것으로 알려져 있어 엽산 섭취를 권장한다. 건강한 사람이라면 영양제가 별도로 필요하지 않지만 임산부의 경우 부족한 부분을 충족시키는 데 영양제 등이 도움이 될 수 있다.

하지만 이와 같은 영양제에도 우리가 미처 몰랐던 주의사항이 있다. 보통 우리는 영양제나 보충제를 알약의 형태로 섭취한다. 이때 알약의 형태를 유지하고 보존 기간을 늘리기 위해 부형제라고 불리는 첨가제를 사용한다. 비타민, 엽산, 철분제 등 대부분 알약 형태의 영양제들에 부형제가 사용된다. 부형제뿐만 아니라 제품의 종류에 따라 가용화제, 용해 보조제, 안전화제, 착색제 등 다양한 첨가제들이 조합되어 사용된다. 다시 말하면 우리가 첨가제를 우려하는 가공식품들처럼 영양제에도 여러 가지 첨가제가 사용된다. 기본적으로 의약품에 들어가는 첨가제는 물론 인체에 무해한 선에서 사용되고 있지만, 주로 사용되는 일부 첨가제의 경우 그 안전성에 의문이 제기되고 있는 것 역시 사실이다.

실제 인체를 대상으로 한 구체적인 연구 결과가 없다는 것도 부정할 수 없다. 최근 첨가제를 사용하지 않은 영양제들도 판매되고 있기 때문에 영양제 선택에 있어서 성분 표기를 확인하는 것이 좋겠다. 허가된 의약품 첨가제에 대한 자세한 정보는 식약처의 온라인 의약 도서관 (http://drug.mfds.go.kr/html/menuLinkBody.jsp?p_menuId=0502#)에서 확인할 수 있다.

6장

화학 물질의 복합체, 화장품 안 쓸 수 없다면

화장품 광고를 떠올려 보면 자연을 배경으로 피부의 순수함을 되돌릴 수 있다는 식의 이미지와 함께 미백, 주름 개선, 잡티 제거 등의 기능성을 강조하고, 소비자들은 이러한 이미지와 함께 기능성을 고려하여 제품을 선택하게 된다. 화장품들의 주요 성분을 살펴보면 대부분 비슷하다. 기능성 제품에 따라 유효 성분의 차이가 있겠지만 피부를 진정시키고 건조함을 막는 데는 큰 차이가 없다.

화장품은 화학 물질의 복합체라고 할 수 있다. 요즘의 기능성 화장품들은 단순한 화장용이 아닌 노화를 방지하는 생명 연장 약으로 보이기도 한다. 기능성 제품의 유효 성분이 정말로 즉각적인 효과를 보일 만큼의 양이 들어 있으려면 아마 화장품의 범주를 넘어 의약품에 해당될 것이다. 또한 생물학적 활성 분자를 포함한 기능성 화장품일수록 미생물과 곰팡이가 살기 좋은 환경이 될 것이다. 따라서 어떤 형태로든 방부제를 첨가하게 된다. 화장품의 기능성 성분이 마음에 들어 화장품을 구매할 때는 어떤 종류의 방부제가 들어 있는지 확인하는 것이 필요하다. 여성의 경우 여러 종류의 화장품을 사용하는데 특히 화장품 구성 성분 중 방부제가 가장 우려되는 부분이다.

불가피한 방부제, 화장품 다이어트가 필요한 이유

어느 여성의 화장품 사용 습관을 살펴보자. 그녀는 아침에 일어나 세안을 하고 화장을 시작한다. 여러 종류의 화장품을 바르고 또 바른다. 퇴근 후 집에 돌아와서는 화장을 지우기 시작한다. 나이가 들수록 주름이 늘어나는 목에 탄력을 주려고 아침, 저녁으로 영양크림도 듬뿍 바른다. 필자의 어머니도 그러셨고 아내도 그러하다. 화장품 덕분에 얼굴 피부는 좋아 보이지만 두 여성은 늘 몸이 피곤하고 힘들다고 이야기한다. 혹시 화장품 속에 바디버든을 유발하는 물질이 있는 것은 아닐까?

여성들은 생리 활성 물질이 들어 있는 고가의 고기능성 화장품들을 좋아한다. 이들 제품에는 고기능성 생물학적 활성 인자가 들어 있는 경우가 많다. 이들 물질들은 피부 세포에 활력을 주는 소위 '좋은 물질'이다. 그렇다면 이들은 박테리아나 곰팡이에게도 당연히 유리한 성분이라 할 수 있다. 즉 쉽게 부패할 수 있는 것이다. 그래서 화장품 제조사들은 생산, 유통, 소비에 이르는 전 기간 동안 좋은 성분을 유지하면서도 박테리아나 곰팡이의 번식을 막을 수 있는 방부제를 첨가하게 된다. 가장 대표적인 것이 파라벤이다. 파라벤은 크게 네 종류가 있는데 이 중 부틸 파라벤과 프로필 파라벤의 독성이 강하다.

물론 화장품에 사용되는 파라벤의 농도는 허용치 이내에서 관리된다. 그러나 이러한 기준의 대부분은 내분비 교란 효과와 무관하게 설정된 것들이다. 과거 동물 실험 연구를 통해 파라벤이 다양한 내분비계 교란을 일으킨다는 것을 확인한 바 있다. 즉, 파라벤은 환경호르몬이다. 또한 파라벤을 투여받은 동물에서 갑상선 조직과 갑상선 호르몬의 변동이 확인되었다. 이는 파라벤이 여성 호르몬의 작용을 교란하는 것 외에 그동안 간과되어 온 부분이다. 인체에서 갑상선이 위치하고 있는 부위는 바로 목의 앞쪽이다. 아침과 저녁으로 갑상선 근처의 피부에 다량의 화장품을 바름으로써 파라벤과 같은 방부제를 포함해 다양한 환경호르몬이 동시에 발라진다. 그것도 흡수가 잘 되도록 두드리면서 말이다. 화장품 덕분에 목의 주름살은 덜 잡히거나 펴질지도 모른다. 그러나 주기적인 환경호르몬 노출에 의한 바디버든이 우려되는 부분이다.

필자는 파라벤의 내분비 교란 연구를 진행하면서 현대 여성의 갑상선 질환이 남자들보다 많은 이유가 궁금했다. 다행히도 갑상선 암 등의 질환은 생명을 위협하고 사망에 이르게 하는 질환은 아니다. 혹자는 최근 진단 기술의 발전과 건강검진의 확대로 인해 많이 확진된 탓에 과거에는 병에 걸린 줄도 모르고 살았던 갑상선 질환이 늘었다고 말한다. 그러나 필자는 생활 속 바디버든과 갑상선 질환이 상관이 있다고 본다. 그 원인 중 하나는 화장품 속의 방부제가 아닐까 생각된다.

10여 년 전 파라벤이 한동안 크게 문제되었던 때, 국내 굴지의 화장품 회사에서 필자에게 여러 가지 걱정스러운 질문을 해 온 적이 있다. 요즘은 화장품에 파라벤을 넣지 않는다고 하면서 다른 대체 물질은 파라벤 만큼의 방부 효과가 없다는 이야기였다. 바디버든을 유발하지 않는 좋은 방부제가 있다면 얼마나 좋을까? 그런 방부제란 없다는 것이 필자의 생각이다. 썩지 않는데 좋은 것이란 없고, 썩지 않게 하는 방부제는 자연스러운 생명의 활동을 막는 것이다. 자연스럽게 늙어가는 지혜가 요구된다.

최근에는 파라벤을 첨가하지 않은 화장품들이 많다. 파라벤이 문제가 되자 파라벤을 대신해 다른 종류의 화학적 보존제를 사용하는 것이다. 페녹시에탄올은 파라벤을 대체하여 방부제로 많이 사용된다. 5년 전 미국 식품의약국(FDA)은 이 성분이 신경계에 영향을 주어 구토나 설사, 호흡 저하 등을 일으킬 수 있다고 경고한 바 있다. 방부제 대신 헥산디올이라는 보습제를 쓰기도 하지만 파라벤 수준의 방부 효과를 기대하기 어렵다. 따라서 이러한 대체 보존제들은 파라벤과 함께 사용된다. 화장품 방부제로서 파라벤을 완벽하게 대체할 수 있는 물질은 아직 개발되지 않았다.

보존제가 없는 화장품은 안전할까? 방부제가 없는 화장품은 시간이 지나면서 미생물이 번식하게 될 것이다. 눈에 보이지 않지만 미생물이 득실거리는 로션을 바른다고 생각해 보라. 끔찍한 일이다. 결국 어떤 형태로든 방부제를 써야 하는 것이다. 따라서 방부제에 대한 경각심을 가지고 상품을 선택하되, 유통기한을 확인하고 개봉 후 일정 기간이 지나면 버리는 것이 좋다. 또한 사용하는 화장품 개수와 양이 늘수록 방부제 양도 많아짐을 고려하여 총량을 줄이려는 노력이 필요하다. 무방부제 화장품의 경우 변질을 막기 위해서는 이용 전에 손을 깨끗이 씻고, 저온에 보관하여야 한다.

화장품, 화장품 용기, 화장품 도구에 들어 있는 것들

화장품의 종류를 떠올려 보자. 사람에 따라 차이는 있겠지만 토너, 로션, 에센스(세럼), 수분크림, 영양크림 등의 기초화장품이 있을 것이고, 파운데이션, 비비크림, 컨실러 등의 베이스라인, 아이섀도, 립스틱, 매니큐어 등을 포함하는 색조 화장품, 여기서 다시 화장품을 지우기 위해 사용하는 클렌징워터, 오일 등의 세정제까지 화장품을 전혀 사용하지 않는 경우라면 몰라도 한 사람이 하루에 사용하는 화장품은 수십여 종에 이른다.

매일 사용하는 수많은 종류의 화장품에는 수십여 종의 화학 물질이 사용된다. 기능성이 있는 특별한 유효 성분이 들어 있음을 강조하는 제품들이 많지만, 화장품에는 기본적으로 유화제, 착향료, 색소, 방부제 등을 포함한 수십여 가지의 화학 물질이 사용된다. 서로 다른 수십여 가지의 화장품을 사용하는 것 같지만 결과적으로 일부 동일 성분의 화학 물질이 하루 동안 주기적으로 반복되어 피부에 스며들게 된다.

화장품을 담는 용기의 재질도 살펴볼 필요가 있다. 화장품이 담긴 용기나 브러시 등 구성품들은 상당수가 플라스틱이다. 이들 플라스틱은 식품용기가 아니기 때문에 유해 물질 규제로부터 비교적 자유롭다. 한 예로 매니큐어나 마스카라용 브러시의 경우 부드러운 형태의 플라스틱이 사용되는데, 이 플라스틱에는 프탈레이트 계열의 가소제가 사용되었을 가능성이 있다. 또한 샴푸, 마스크팩 용기도 연질 플라스틱의 경우 프탈레이트 가소제를 사용했을 가능성이 있으므로 주의할 필요가 있다. 화장품을 담는 용기로부터 환경호르몬이 나올 가능성이 있는 것이다. 내용물에는 방부제, 포장용기에는 환경호르몬이 있는 화장품을 얼굴과 목, 온몸에 바르는 것이다.

화장품을 포함하여 우리가 쓰는 대부분의 제품들이 안전성 테스트를 거친 제품이며 유해 물질이 들어 있더라도 인체에 유해하지 않을 정도로 소량 들어 있는 안전한 제품들이다. 하지만 미량이라 하더라도 매일 같이 수차례 반복되어 피부를 통해 들어온다면 그중 일부는 바디버든의 형태로 체내에 축적될 수 있다는 것을 염두에 두어야 한다.

외모가 경쟁력이라는 말이 있을 정도로 우리나라 사람들은 외모에 관심이 많다. 이를 방증하듯 한국에만 수십여 개의 유명 화장품 브랜드가 존재하고 유동인구가 어느 정도 있는 곳이면 어김없이 화장품 매장이 자리한다. 몇 해 전부터는 여러 브랜드를 한 장소에서 판매하는 드럭스토어가 번창하고 있다. 이러한 현상은 국내에 국한되지 않고 한류가 세계적으로 인기를 끌면서 한국 화장품 역시 유명세를 타고 있다. 화장품 산업이 발달하면서 기능성 화장품도 다양하게 등장하였고 연예인이 아니더라도 여성들의 화장대에는 수많은 종류의 화장품들이 자리하게 되었다.

화장품은 성인 여성의 전유물이 아니다. 과거 마초적 남성이 인기였던 시절이 있었지만 요즘은 꽃미남이 인기다. 많은 남성이 적극적으로 다양한 화장품을 사용하고 있으며 남성용 화장품 시장도 날로 성장세다. 화장 문화가 확대되면서 화장을 시작하는 연령도 낮아지고 있다. 내분비호르몬과 내분비계 교란물질에 대한 감수성이 예민한 청소년기부터 화장을 시작한다. 그러고는 죽을 때까지 바르게 된다. 청소년과 남성들도 화장품으로부터 발생하는 바디버든에서 예외가 될 수 없는 시대인 것이다.

기준치 이하의 유해 물질은 안전하다고 하지만 화장품을 사용하기 시작하는 연령대가 점차 낮아지면서 다시 생각해야 할 점이 있다. 2017년 화장품 사용 연령대에 대한 조사 결과에서 5,000여 명의 초·중·고등학생 중 약 70%가 화장품을 사용한 경험이 있으며, 이들 중 절반에 가까운 51%의 학생은 만 13세 이전에 화장품을 사용하기 시작한 것으로 나타났다.[161] 환경호르몬 등 유해한 화학 물질의 경우 성장기 또는 발달기 어린이나 청소년의 경우 기준치 이하의 소량에 노출되었더라도 어떠한 유해 영향을 불러일으키게 될지는 알 수 없다.

최근 화장품을 사용하기 시작하는 연령층이 낮아지는 것과 성조숙증이 증가하는 것의 상관성을 의심할 필요가 있다. 성조숙이란 말은 생식 연령에 일찍 도달한다는 의미지만, 성조숙증이 생기는 원인과 결과는 복잡하다. 유치원생 여아의 가슴이 커진다거나, 초등학교 저학년 여자어린이가 생리를 시작하는 것 자체도 문제지만, 성조숙증은 성년이 되어서 생식 기능에 문제를 야기한다. 성조숙증을 겪은 여자아이는 성인이 된 후 유방암은 물론 불임의 확률을 높이는 무월경, 생리 불순, 자궁내막증, 다낭성난소종 등 여성 생식기 계통 질환의 발병 위험이 높은 것으로 알려졌다.[162]

이는 결국 임신과 출산 등 생물학적 기능의 문제는 물론 다양한 경제 활동에 문제를 유발하여 개인의 행복을 침해한다. 화장품 사용 연령이 낮아지는 사회에 속한 아이들은 동시에 의식주와 관련해서 다양한 경로를 통해서 환경호르몬에 노출될 가능성 또한 높다. 결국 복합적 바디버든이 발생하고 이는 질병으로 이어지는 것이다.

우리는 남녀노소를 가릴 것 없이 화장품에서 비롯된 바디버든으로부터 예외가 될 수 없는 시대에 살고 있다. 바디버든을 유발하지 않는 좋은 물질로만 화장품이 만들어진다면 얼마나 좋을까? 불가능한 것은 아니지만 제품을 규격화하고 일정 기간의 유통기한을 유지해야 하는 공산품의 일종인 화장품에 있어서는 현실적으로 힘들 것이다. 개인의 경우 만들어 쓰는 것보다 사서 쓰는 것이 훨씬 효율적이고 간편한 방법이다.

그렇다면 화장품으로부터 비롯되는 바디버든을 피할 방법은 무엇일까? 바디버든을 줄이기 위해 무조건적으로 화장품을 쓰지 말라고 권하는 것은 아니다. 다만 화장품의 사용을 간소화하길 권한다. 화장품의 사용이 단계별로 이루어지는 만큼 화장품 사용 단계를 줄일수록 우리 몸에 쌓이는 바디버든의 부담을 줄일 수 있다.

7장

자녀에게 치명적인 독성 물질 피하는 최선의 선택

아이를 가진 여성들은 280여 일이나 되는 임신 기간 동안 아이가 건강하게 세상에 나올 수 있도록 많은 것을 희생한다. 하지만 그 노력과 정성만으로는 미처 다 피할 수 없을 정도로 우리 주변에는 수많은 유해 물질이 존재한다. 때로는 엄마가 인지하지도 못하는 사이에 유해 물질들이 아기에게 영향을 미치게 된다. 이는 노력과 정성이 모자라서라기보다는 우리에게 주어진 정보가 너무나도 제한적이거나 또는 편향적이어서 발생하게 되는 불상사이기도 하다.

첫 장에서 언급했던 탈리도마이드와 디에틸스틸베스트롤(DES)의 사례에서 알 수 있듯이 모체를 통해 잘못 복용된 약은 태아에 끔찍한 결과를 초래한다. 엄마가 먹는 모든 것이 태아에 영향을 미치기 때문에 임신부는 임신 기간 동안 먹는 것에 신경을 쓰게 되고 아프더라도 약을 먹지 않고 참는 경우가 많다. 모유 수유를 하는 경우 산모가 먹는 모든 것이 모유에 영향을 미친다고 생각해 모유 수유 기간 역시 모든 것을 조심하게 된다. 하지만 뱃속의 아이를 위해 임신부가 무조건 아픈 것을 참는 것이 꼭 옳다고 볼 수는 없다. 오히려 태아를 위한 임신부의 인내가 본인의 건강과 함께 태아에게도 치명적인 영향을 미칠 수 있다.

임신기는 수정부터 임신까지 4주, 배아기 5~10주, 그리고 10주 이후 태아기로 대략적인 구분이 가능하다. 임신 4주차까지는 엄마와 아이가 완전히 연결되지 않은 시기 즉, 모체에 의한 영향이 크지 않은 시기이므로 엄마가 먹는 것이 아이에게 상대적으로 적게 영향을 미친다. 하지만 모체와 연결이 완전히 이루어지고 신체 발달이 이루어지는 배아기 이후로는 엄마가 먹는 것이 아이에게 직접적으로 영향을 미치게 되므로 약물 복용에 주의를 기울여야 한다. 약의 복용이 필요하다면 반드시 주치의와 상담을 통해 처방받은 약만 복용해야 한다.

오염된 공기 때문에 유산 위험성 증가

임신부가 먹는 것이 태아에 영향을 미치듯이 숨 쉬는 것 역시 태아에 영향을 미치게 된다. 미세먼지를 포함한 대기오염이 폐에만 영향을 미칠 것이라 생각하기 쉽지만, 연구가 지속되면서 미세먼지가 심혈관 질환, 인지 능력 장애, 당뇨 등과 같은 대사 질환과 연관성이 있음이 보도되고 있다.[163] 미세먼지가 임산부와 태아에 악영향을 미칠 수 있다는 연구 결과 역시 발표되고 있다.

〈대기 오염과 사산의 위험성(Air Pollution and Stillbirth Risk)〉이라는 제목의 논문에 따르면 부부 501쌍을 대상으로 조사한 결과 임신 초기 단계의 임신부가 미세먼지에 노출될 경우 유산 위험성이 13% 이상 증가하는 것으로 나타났으며, 오존에 노출될 경우 역시 12% 증가하는 것으로 나타났다.[164] 임신부가 들이마신 미세먼지가 태아에 직접적으로 영향을 미칠 수 있으므로 미세먼지가 심한 경우 또는 대기오염이 심한 경우 야외 활동을 자제하는 것이 좋다.

출산 과정에서 아기가 엄마의 몸 밖으로 나오고 난 후 태반이 이차적으로 나온다. 태반에는 모체가 흡수한 다양한 유해 물질이 들어있는데 태반을 통해 상당량의 유해 물질을 배출하게 된다. 참으로 신비로운 인체의 기능이라 하겠다. 엄마 입장에서 보면 아기를 출산하면서 태반을 통해 바디버든을 줄일 수 있는 기회가 늘어나는 것이다. 다르게 말하자면 출산이 아니면 체내에 축적되었던 유해 물질이 줄어드는 일이 거의 없다.

그러나 돌고래를 통한 연구 결과에서 볼 수 있듯이 임신 과정에서 태아로 전달된 유해 물질은 어떻게 할 것인가? 앞서 언급했던 가공식품, 농작물, 어패류의 경우도 건강한 성인이라면 유해 영향이 크게 나타나지 않을 수 있지만 임신부의 경우는 달리 생각할 필요가 있다. 태아가 생성되어 엄마의 뱃속에서 자라는 동안 다양한 장기가 형성된다. 또한 출생 후에는 모유와 이유식을 섭취하면서 급격한 성장이 일어난다. 태아와 영·유아 시기의 성장 발달 과정에서 독성 물질에 노출된다면 생애 전반에 걸쳐 돌이킬 수 없는 결과를 초래할 수 있다.

임산부와 아이에게는 적정량의 독성 물질이라는 개념을 적용할 수 없다. 주변에 도사리고 있는 화학 물질로부터 완벽하게 피할 수는 없지만 임산부와 아이는 독성 물질에 취약하므로 특별한 주의가 필요하다.

'어린이용'이라고? 더 꼼꼼히 보자

'어린이용 음료'란 없다. 항생제, 설탕, 첨가물이 없는 '3무 식품'이라고 홍보하는 제품이 많지만, 이 외에 첨가되는 성분까지 모두 안전한 것은 아니다. 원재료를 먹이되, 부득이하게 가공품을 선택한다면 최소한의 화학 처리를 한 것을 선택하고 가공품을 먹일 때는 포장재에 주의한다. 가급적 통조림 식품을 피하고 통조림 채로 가열하는 것은 절대 금물이다. 물티슈 사태에서 본 것처럼 때로는 편리한 선택이 환경이나 아이에게는 부정적인 결과로 돌아오는 것들이 많다.

어린이 화장품은 안전한가? 어린이 화장품이라고 나오는 제품이 다 안전한 것이 아니다. 어떤 종류의 방부제가 들어 있는지 성분이나 성분표 등을 꼼꼼하게 확인한 후 사용하자. 특히 파라벤과 같은 방부제가 있다면 피해야 한다. 그리고 최소한의 방부제가 들어간 것으로 골라 쓰는 것이 좋다.

어린이 장난감을 구입할 때는 납과 프탈레이트를 조심해야 한다. 저가의 장난감인 경우 특히 더 유심히 살펴보아야 한다. 천연 목재로 제작된 장난감이라도 목재의 가공 단계와 최종 도색 단계에서 다양한 화학 물질이 첨가되었을 가능성이 있다.

어린이를 위한 놀이방 매트를 구매할 때에도 프탈레이트와 같은 가소제, 휘발성 유기화합물(VOCs), 중금속 등 유해 물질이 검출되지 않은 제품을 선택해야 한다. 즉, 제품의 재질, 환경호르몬 검출 유무 및 제조 과정까지 꼼꼼하게 살펴야 한다. 특히 어린이 제품은 〈어린이 안전 특별법〉에 준하여 출시되므로, 이를 통과한 제품인지 확인하는 것도 중요하다. 손상되고 마모된 플라스틱에서 유해 물질이 나올 수 있으므로, 장기간 사용하지 않는 것도 방법이다.

임산부와 성장기 아이들의 생선 안전 섭취 가이드

돌고래 등 고래 고기에서 과불화화합물이 검출되었듯이 먹이사슬 상위에 있는 동물일수록 생물 농축이 나타난다. 과불화화합물처럼 분해가 쉽게 일어나지 않는 화합물뿐 아니라 수은과 같은 중금속 역시 생물 농축이 나타나는 대표적인 물질이다. 우리가 회나 통조림으로 즐겨먹는 참치의 경우 먹이사슬의 상층부에 속하는 어류이며, 단번에는 아니지만 주기적으로 섭취할 경우 또는 태아에게는 소량이라도 충분히 영향을 미칠 수 있는 양의 수은이 존재하고 있다. 때

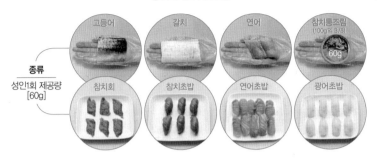

생선의 섭취 권고량

종류
성인1회 제공량
[60g]

고등어 / 갈치 / 연어 / 참치통조림 (100g의 3/5) 60g

참치회 / 참치초밥 / 연어초밥 / 광어초밥

일반 어류 및 참치통조림	임신 및 수유부	1~2세	3~6세	7~10세
권고량(g/주)	400g	100g	150g	250g
1회 제공량(g/회)	60g	15g	30g	45g
횟수(회/주)	6회	6회	5회	5회

다랑어, 새치류, 상어류	임신 및 수유부	1~2세	3~6세	7~10세
권고량(g/주)	100g	25g	40g	65g
1회 제공량(g/회)	60g	15g	30g	45g
횟수(회/주)	1회	섭취 제한	1회	1회

※다랑어류 등의 경우 메틸수은의 실제 오염양은 100g 당 0.03mg 수준이나 극단적인 오염 (관리 기준 0.1 mg)을 기준으로 함.
※참치통조림(가다랑어)은 참다랑어와 같은 다랑어류에 비해 메틸수은이 1/10 수준으로 검출.
※출처 : 식품의약품안전처, 〈생선 안전섭취 가이드〉2017. 06 참고

문에 임산부와 성장기 아이들에게는 섭취를 제한할 필요가 있다.

식약처는 이와 같은 우려를 인지하고 〈생선 안전섭취 가이드〉
와 같은 자료를 통해 적절하고 안전한 생선 섭취를 위한 정보를 제
공하고 있다. 식약처에서 제공하는 자료에 따르면 생선에 함유된 메
틸수은을 기준으로 고려했을 때 임신 및 수유기 여성의 경우 고등
어나 갈치, 연어와 같은 일반 어류의 경우 1주 권고량은 400g으로 1

회 60g씩 주 6회 섭취가 가능하다. 10세 이하의 경우 성인에 비해 그 섭취량을 더 제한해야 하는데 성장기 뇌신경계 발달 과정에 메틸수은이 영향을 미칠 수 있으므로 더욱 조심해야 하며, 그 함량이 높게 나타나는 대형어류인 참치 등의 생선은 1~2세 아이들은 섭취하지 않는 것이 좋다.[165]

최근에는 중금속 외에도 미세플라스틱이 우려 물질 중 하나로 떠오르고 있다. 더욱이 미세플라스틱은 이제야 연구가 시작되는 단계이기 때문에 인체에서 어떠한 영향을 불러일으킬지 어느 정도가 안전한 섭취량인지 그 기준이 아직 정립되지 않았다. 주의 없는 또는 분별없는 섭취가 태아나 발달기 영·유아에게 어떤 영향을 일으킬지 모르는 것이다. 일반적으로 내장에 쌓여 이를 제거하면 미세플라스틱에 대한 우려를 지울 수 있다고 알려져 있지만, 조개류의 경우 내장의 구분 없이 섭취가 이루어지기 때문에 주의를 기울일 필요가 있다.

어린이 체내에 축적된 환경호르몬이 성인의 1.6배

2014년 환경부 국립환경과학원이 2012년부터 2년간 전국의 초·중·고(만 6~18세) 어린이와 청소년 1,820명을 대상으로 체내 유해 물질 농도를 조사한 결과, 환경호르몬의 일종인 비스페놀A의 농도는 성인에 비해 1.6배, 프탈레이트 대사체는 최대 1.5배 높은 것으로 나타났다.[166] 값싼 일부 외국 장난감에서 다량의 프탈레이트가 검출되었고, 부모의 소득 수준 그리고 교육 수준이 낮을수록 자녀의 소변 프탈레이트 농도가 높았으며, 산업 단지에서 사는 어린이에게 더 높게 나타났다는 연구 결과도 있다.[167]

프탈레이트와 같은 대표적인 환경호르몬은 아이의 면역력 저하와 성장 발육 및 두뇌 발달 저해를 유발한다는 연구 결과가 있음을 고려한다면 건강한 아이를 위해 이들 물질에 대한 노출을 줄이는 식습관 및 생활습관이 매우 중요하다. 아이에게 "너는 왜 이렇게 주의가 산만하고 공부도 못하니?"라고 야단치기보다는 아이가 먹는 밥과 간식 등의 식습관과 생활습관에 관심을 가지는 것이 필요하다. 실제로 프탈레이트 노출을 줄이기 위해 식생활 등에서 노출 요인을 줄이는 노력을 진행한 후 신체 잔류량을 분석한 결과 프탈레이트류 대사산물 11종 가운데 디에틸프탈레이트(DEP)와 디이소노닐프탈레이트(DINP)의 대사산물 각 1종과 디에틸헥실프탈레이트(DEHP) 대사산물 2종 등 모두 4종의 농도가 유의미하게 감소하였다.

내분비계 교란물질, 중금속 등 유해 화학 물질의 경우 같은 양에 노출되더라도 인체에 미치는 영향이 성인에 비해 유아들은 더 치명적일 수 있기 때문에 유아기 자녀를 둔 주부들의 걱정이 더 클 수 있다. 그러므로 유아들이 자주 사용하는 제품에 대한 안전 기준 강화 및 소비 생활에서 안전한 사용에 대한 소비자의 요구를 잘 반영한 제품의 개발 및 소비자 교육이 이루어져야 할 것이다.[168]

체내에 유입된 유해 물질은 쉽게 배출되지 않는다. 환경호르몬과 중금속 등 대부분의 유해 물질이 지방 흡수와 함께 체내의 지방 조직에 축적되기 때문이다. 그 대표적인 예가 맹독성 환경호르몬인 다이옥신인데 동물의 지방에 저장된다. 트랜스지방이 많은 과자나 빵류 및 길거리 정크푸드를 자제하는 것도 한 방법이다. 환경호르몬은 주로 지용성이기 때문에 혈액 속에 트랜스지방이 많으면 그 흡수가 촉진되기 때문이다. 환경호르몬이 주로 지방에 축적되며 지방에 녹아 들어간 이후에는 배출되기 어려우므로 비만에 주의하는 것도 중요하다. 수은은 주로 생선 내장에 축적되므로 생선을 통한 수은 축적을 최소화하려면 생선의 내장, 알, 기름, 껍질을 제거하고 먹는 것이 좋다.

수은 등 중금속을 많이 배출시키기 위해서는 운동으로 땀 흘리기, 현미밥과 채식 위주의 식습관, 충분한 수분 섭취 등이 도움이 된다. 수은은 몸속에 한 번 들어오면 잘 배출되지 않는다. 단, 섬유질이 많은 채소나 곡류를 섭취하면 섬유질이 몸 밖으로 빠져나가는 과정에서 수은도 함께 배출시킨다. 미역·다시마·파래 등의 섬유질인 알긴산 성분이 수은 배출에 도움이 된다. 채소 쌈을 곁들이고, 나물 무침 등 채소 반찬을 함께 먹는 것도 좋다.

기름기 있는 얼룩은 물로는 쉽게 지워지지 않지만 계면활성제를 이용하면 물로도 충분히 지울 수 있는 것처럼, 기름진 음식의 소화도 이와 비슷하다. 우리가 섭취하는 영양소 중 지방은 주로 소장에서 소화 및 흡수가 이루어지는데, 물과는 섞이지 않는 지방을 쉽게 분해하기 위해 담즙이 분비되고 이 담즙은 큰 지방을 작은 지방으로 쪼개어 소화 효소가 잘 작용할 수 있도록 해 준다. 그리고 담즙은 체내에 쌓인 유해 화학 물질 및 중금속도 함께 배출해 주는 역할을 하는데, 식이섬유가 담즙과 결합하여 배변을 통해 유해 물질 배출을 촉진하기 때문이다.

우리가 허브티로 마시는 민들레는 수은·납 등 중금속과 다이옥신 등 환경호르몬을 해독하는 효과가 뛰어나다. 녹차 역시 중금속을 흡착해 침전시킴으로 중금속이 체내에 흡수되는 것을 방해하는 효과가 있다. 이는 민들레나 녹차에 있는 생리 활성 성분인 식물성 화학 물질 피토케미컬에 의한 것으로, 이들 성분이 풍부한 채소와 과일의 섭취가 현대인에게 있어서 중요하다.[169] 브로콜리·마늘·견과류·유제품 등에 풍부한 셀레늄은 수은이 세포를 공격하는 것을 막아 준다. 비타민C 역시 수은으로 인한 세포 손상을 막는 효과가 있다.

또한 환경호르몬 해독을 위해 엽산이 풍부한 녹색 채소류를 먹는 것이 좋다. 엽산과 비타민 B12는 비소에 의한 유방암 발생 위험을 감소시킨다.[170] 연구 조사에 의하면 하루 400μg 이상의 엽산을 섭취하는 여성은 그렇지 않은 여성보다 임신 성공률이 21% 높은 것으로 알려졌다. 중요한 것은 하루 400μg 이하의 엽산을 섭취하는 여성들 중 소변 내 비스페놀A 수치가 높은 여성들은 그렇지 않은 여성보다 임신 성공률이 68% 낮은 것으로 보고되었다.[171] 이는 비스페놀A 수치가 높을수록 임신이 어렵고, 엽산의 섭취가 비스페놀A에 의한 임신 실패의 완화에 도움이 된다는 사실을 의미한다. 충분한 엽산을 섭취하는 것은 도움이 된다. 꼭 보충제를 먹어야 하는 것은 아니다. 엽산은 녹색 채소류에 풍부하므로 충분한 채소를 섭취한다면 보충제를 먹어야 하는 것은 아니다.

평생 축적된 환경호르몬이 골골 노인을 만든다

의료 기술의 발전으로 인간의 평균 수명은 늘어나 100세 이상의 인구가 증가하는 '호모 헌드레드'(Homo Hundred, 100세 인간) 시대가 본격화되고 있다. 이에 따라 막대한 의료비 지출이 발생하고 본인과 가족, 국가에 큰 부담이 발생하고 있다. 건강한 100세를 살 수는 없는 것일까? 현대인에게 많이 발생하는 질환은 치명적인 암 외에도 당뇨, 심혈관계, 치매 등이 있으며 우리나라 국민의 사망 원인 중 심혈관 질환은 3위, 당뇨는 5위다.

프탈레이트와 비스페놀A 등 환경호르몬들은 스테로이드 호르몬 수용체에 작용하여 호르몬 교란을 일으키기도 하지만 동시에 세포에 활성산소라는 독성 물질의 생성을 유발한다. 이들은 과도한 유산소 운동시에도 형성되고, 과식, 음주, 흡연 등 좋지 않은 생활습관을 통해서도 증가된다. 활성산소는 정상적인 세포의 활동을 저해하거나 세포를 죽일 수도 있고 장기적으로 활성산소의 발생이 증가하게 되면 당뇨, 심혈관 질환 등을 유발하고 심지어 암의 발생을 촉진한다.

질병 유발 요인에 관한 메타분석, 역학조사들을 보면 이들 질병의 가장 주요한 원인은 개개인의 유전적 바탕에 의한 것으로, 흔히 가족력으로 쉽게 이해할 수 있다. 그러나 질병이 걸리기 쉬운 유전적 배경을 갖고 있는 모두에게 질병이 발병하는 것은 아니다. 따라서 질병 발생의 원인은 유전과 환경의 상호작용에 의한 것으로 보는 것이 타당하며, 환경호르몬 역시 질병을 유발하는 환경 요인 중 하나로 보아야 하고, 환경호르몬에 의한 후손의 질환 역시 환경과 유전의 상호작용으로 보는 것이 보편적인 결론일 것이다. 유전자 진단을 비롯해 다양한 사전 진단 기술이 급속히 발전하고 있는 오늘날 우리는 본인이 암과 다양한 만성 질환에 걸릴 가능성을 예측하고 어느 정도는 예방할 수 있게 되었다.

2015년 미국 내분비학회에서 발표한 수백 페이지 분량의 내분비계 교란물질에 대한 보고서에서는 여러 종류의 내분비계 교란물질들이 저용량에서 내분비 교란을 유발하고, 중간 농도에서는 그 효과가 사라졌다가, 고용량에서 다시 독성과 함께 내분비 교란을 유발한다고 되어 있다. '쌍봉낙타' 그래프로 표시되는 독특한 내분비 교란 패턴으로 이해하면 쉬울 것이다. 이는 저농도의 비스페놀A 등과 같은 환경호르몬에 오랜 기간 노출되었을 때 다양한 내분비 교란이 나타날 수 있음을 경고하는 것이며, 이로 인한 만성 질환과 유방암, 전립선암, 갑상선암과 같은 호르몬 민감성 암 질환뿐 아니라 비만, 생식, 순환기, 내분비계, 신경계 질환 등 만성 질환의 발생 위험이 증가할 수 있음을 경고한다. 생활의 편리함만을 좇아 환경호르몬에 무방비로 노출되는 생활 습관을 버리고 주의하는 것은 이러한 만성 질환의 위험을 줄이는 첩경이라 생각한다.

환경호르몬은 당장 우리 생명을 위협하지 않지만, 서서히 쌓여서 나뿐만 아니라 다음 세대에까지 해를 입힌다는 인식이 필요하다. 식약처는 체내로 들어오는 환경호르몬은 미량이고, 그나마 소변으로 배출되므로 안전하다는 입장이다. 그러나 필자의 견해는 다르다. 체내로 들어온 환경호르몬 대부분이 소변으로 배출된다 하더라도 일부는 체내에 쌓이는 생체 내 축적(bioaccumulation)이 생긴다. 적은 양이라도 계속 쌓이면 나이가 들어 예상하지 못한 질병을 유발시킬 수 있다. 미량은 괜찮을 것으로 생각하지만 평생 노출된 환경호르몬, 즉 생애주기 노출이 대사증후군이나 성인병의 원인이 될 수 있다.

환경호르몬의 허용치라는 것은 무의미하다. 성인에게는 괜찮은 약물이라도 태아나 임산부나 노약자에게는 위험한 약물이 있는 것처럼 환경호르몬은 사람에 따라 미치는 영향이 다르기 때문이다. 성별·지역·임신부·어린이·노인 등 다양한 조건 하에서 환경호르몬의 영향과 안전성 여부를 밝혀 낼 필요가 있다.

8장

환경호르몬과 산업의 딜레마

21세기 새로운 불평등의 문제가 된 환경호르몬

국가들 사이의 경제 규모와 국민소득 격차를 소위 '남북문제'라 말한다. 오늘날 빈부격차는 교육, 주거, 소비, 문화 등 여러 면에서 다양한 기회의 불평등을 초래한다. 개인과 가정 단위의 소득 격차가 환경호르몬 등 유해 환경오염 물질의 인체 축적인 바디버든의 차이로 나타난다면? 산업혁명 시대 이전에도 빈부의 격차가 분명히 있었지만 생활환경의 차이로 인한 바디버든은 큰 문제가 되지 않았을 것 같다.

　1, 2차 세계대전 이후 고도로 발전한 화학 산업 덕분에 화학 제품의 홍수 시대를 거치면서 다양한 생활화학 제품들이 우리의 삶

속에 깊숙이 스며들었다. 아이러니하게도 이 당시에는 부유한 사람들이 서민들보다도 플라스틱과 새로운 화학 제품, 화학 약품을 더 많이 사용하게 된다. 이 시기는 부자들의 바디버든이 높았던 시대다. 오늘날 바디버든을 유발하는 다양한 생활화학 제품을 소비하며 살고 있는 현대인들은 어떤가? 부자들은 신선한 식재료를 안전한 조리도구로 요리하여 환경호르몬이 나오지 않는 재질의 식기에 담아 먹는다. 대부분의 서민들과 그 자녀들은 저렴한 식당과 햄버거 가게에서 주로 플라스틱 그릇에 담기거나 포장지에 싸인 음식을 먹는다. 새벽에 일어나 아침밥도 못 먹고 출근하는 길, 늦은 밤 퇴근길에 먹게 되는 즉석식품과 테이크아웃 커피, 그리고 이들 식음료 포장 용기 속의 환경호르몬을 생각해 보라.

세계보건기구(WHO)의 보고서에 따르면 신생아에게서 나타난 잠복고환 증상은 국내총생산(GDP) 수준이 높은 국가에서 높게 나타났다. 1989년 우리나라 신생아에서 잠복고환의 비율은 0.7%로 의외로 낮았던 반면 2004년 덴마크는 9%로 매우 높았고, 1993년 미국은 3.7%, 영국은 4.2% 정도로 보고되었다.[172] 이러한 자료들은 환경호르몬 등 유해 화학 물질이 함유된 생활화학 제품의 사용량이 많은 서구의 경제 선진국에서 더 높음을 알 수 있다. 30년 전의 자료에서 우리나라 신생아의 잠복고환의 비율은 낮았다고 하는 소식은 과연 다행한 일인가?

최근 연구조사 자료에서 우울한 뉴스를 찾을 수 있다. 값싼 일부 플라스틱 장난감에서 다량의 프탈레이트가 검출되었다는 점과,

부모의 소득 및 교육 수준이 낮을수록 자녀의 소변에 검출된 프탈레이트 농도가 높았다는 내용의 기사를 보면, 환경호르몬은 21세기의 새로운 남북문제인 것이다. 내분비계 장애를 유발하는 제품을 최소로 사용하려는 노력은 학력 및 소득이 높을수록 더 적극적인 것으로 나타났다. 아마도 위해성에 대한 정보 수집 능력, 비싸더라도 대체재를 구매할 수 있는 경제적 능력이 높기 때문일 것이다. 그에 비해 소득이나 학력이 낮은 집단은 내분비계 교란물질에 대한 관심 자체도 낮고 또 대체 상품의 가격이 비싸므로 구입에 방해 요인이 될 수 있다.

그러므로 스스로 문제를 해결하기 어려운 경제적 취약 계층이 참여할 수 있는 다양한 소비자교육 프로그램 및 학력이 낮아도 쉽게 이해할 수 있는 교육 자료의 개발과 적극적인 교육이 요구된다.

화학 산업의 발달과 환경호르몬 규제의 딜레마

국가가 환경호르몬 규제 정책을 강하게 적용하지 않은 배경에는 화학 산업이 있다. 2012년 미국은 470만 톤의 화학 물질을 사용했고, 그해 비스페놀A 제조회사들은 80억 달러의 매출을 올렸다. 그러는 동안 비스페놀A의 위험성을 지적하는 다양한 연구 결과가 발표되자 국민들은 정부에 항의하고 환경호르몬 뉴스가 터질 때마다 관련 부처는 곤란에 처한다. 미국과 유럽은 영·유아용 컵에 비스페놀A의 사용을 자발적으로 중지했다. 우리 정부는 2012년 젖병 제조에 비스페놀A를 사용하지 못하게 했다. 그러나 일반 물병, 영수증 등에는 여전히 비스페놀A를 사용할 수 있다.

캐나다는 2010년 비스페놀A를 독극물로 지정했고, 프랑스는 2015년 사용을 금지했다. 유럽연합은 2019년 비스페놀A 영수증을 금지한다. 미국 매사추세츠주에서는 비스페놀A 영수증 사용을 금지했지만, 거대 화학 기업이 있는 미국은 비스페놀A에 대해 관대한 태도를 보인다. 최근 국제 환경보호 시민단체인 천연자원보호위원회(NRDC)는 미국 식품의약국(FDA)에 비스페놀A 사용금지 조치를 요청했으나 미국 식품의약국은 비스페놀A가 "사람에게 해가 된다는 확실한 증거가 없어" 판단을 거부했다. 세계보건기구(WHO)는 "동물에서는 일부 화학 물질이 영향을 미치는 명확한 증거가 있지만, 사람에서는 명확한 근거가 제한적"이라며 판단을 유보한 상태다. 화학 물질에 대해 각국이 다른 정책을 펴는 것은 국제사회가 통일된 지침을 마련하지 못했기 때문이다.

기업은 영리하고 강하다. 화학 물질의 유해성을 인정해서가 아니라, 비스페놀A가 있는 제품을 꺼리는 소비자를 의식한 기업들, 더 이상 이런 식으로는 장기적인 매출을 보장할 수 없다고 판단한 제조업체들은 주요 환경호르몬들에 대한 대체 물질을 개발하여 신제품을 출시하고 있다. 그래서 비스페놀S(BPS)나 비스페놀F(BPF)를 사용하기 시작했다. 국내에서도 2011년 비스페놀A에 대한 논란이 생기자 비스페놀S나 비스페놀F를 사용하는 기업이 생겨나고 있다. 기업은 비스페놀A를 쓰지 않은 제품에 '비스페놀A-Free'라는 광고

스티커를 붙여 '친환경 제품'인 것처럼 판매한다. 마치 환경호르몬이 없는 제품처럼 보인다. 비스페놀S나 비스페놀F도 비스페놀A와 화학식이 비슷한 환경호르몬임을 생각해 보면 이는 일종의 사기극이다.

일상생활에서 대량 소비되는 생활 속 화학 제품들의 안전성에 대한 소비자들의 관심이 날로 더해지고 있다. 이러한 일반 대중의 움직임은 이들 제품들의 안전성을 담보할 수 있는 생산과 유통 전반에 걸친 관리 방안에 관한 법제도의 강화를 요구하고 있다. 생산 기업의 입장에서 보면 이러한 제도의 개선과 규제의 강화는 당장은 힘들어도 결국 안전한 제품의 생산 분야에서 경쟁력을 갖게 할 것이므로 경제적 파급 효과가 클 것이다.

필자는 과학자로서 다양한 환경호르몬 추정 물질들의 생물학적 위해성을 밝히는 것과 함께 이들 물질을 대체할 수 있는 소재 개발에 바쁜 시간을 보내고 있다. 이러한 노력이 결실을 맺어 내분비계 교란 활성이 없거나 적은 대체 소재가 개발된다면 바디버든을 줄이는 데 일조하게 될 것이다.

환경호르몬 빅데이터 분석과 대체 물질 개발

2012년 식품의약품안전청이 임산부와 어린이 2,500명을 대상으로 일상생활 속 내분비계 교란물질의 인지도 설문 조사 결과 응답자 대부분이 막연한 불안감을 가지고 있었으며, '어느 정도 우려한다' 63.9%, '매우 우려한다' 32.1%, '우려하지 않는다' 4%로 국민 모두가 우려한다고 볼 수 있는 수준으로 나타났다. 공무원, 환경·소비자단체, 언론인, 연구자 대상의 유해 물질에 대한 조사에서도 내분비계 교란물질을 최우선 우려 물질로 대답했다. 이를 종합해 보면 환경호르몬은 일반 대중, 전문가, 여론 형성층 모두에서 우려 유해 물질로 자리 잡고 있음을 알 수 있다.

빅데이터를 활용하여 얻어진 정보는 기업의 제품 개발과 정부 정책 시행에 중요한 수단이 되고 있다. 최근 언론과 인터넷에 가장 많이 노출된 환경 이슈에 대한 빅데이터를 분석해 보면 녹조, 미세먼지와 함께 환경호르몬이 3대 이슈에 들어 있다. 이러한 국민 불안을 불식하기 위해 정부는 환경호르몬 저감 및 대체 물질 개발을 위한 R&D 사업을 시행하게 되었고, 필자로서는 환경호르몬 연구를 할 수 있는 기회가 확대되었다.

필자에게 주어진 숙제는 안전한, 정확하게는 덜 위험한 환경호르몬 대체 물질을 찾고, 이것을 이용하여 젖병, 플라스틱 용기, 세제 등을 만드는 일이다. 흔히 분자생물학 실험 연구와 논문 쓰기에 익숙한 필자에게 젖병을 만드는 일은 새로운 도전이었다. 먼저 대체 후보 물질을 찾기 위해 문헌과 인터넷, 기업 자료 등을 통해 화학물질에 대한 정보를 스크리닝하여 사용 가능성이 있는 후보 물질들을 찾았다. 이들 후보 물질들에 대한 생물학적 안전성을 세포 배양 실험을 통해 조사하여 독성이 있는 물질을 제외하고 소수 정예의 후보 물질들을 선별하였다.

흔히들 세포 배양 실험을 통해 안전성 검사를 통과한 화학 물질이라면 안전할 것이라고 생각할 수 있다. 최근 실험 동물의 생명을 존중하고 불필요한 생명의 희생을 줄이기 위해 세포 실험을 통해 독성을 확인하는 방법이 확대되는 추세에 있지만, 세포 수준에서 얻어진 결과만으로 안전성을 담보하기가 어려운 것이 사실이다. 특히 생활 화학 제품의 원료로 사용되는 물질을 대상으로 내분비계 교란 활성을 검사하고 여러 신체 장기에 미치는 물질의 영향을 파악하기 위해서는 동물 실험이 필요하다. 시간과 노력이 많이 요구되는 실험이었지만 몇 가지 대체 물질을 찾아낼 수 있었다.

이렇게 개발된 물질이라면 안전할까? 세상에 완벽하게 안전한 물질이란 없다. 생명 활동에 필요한 소금도 많이 먹으면 독이다. 대체 물질들은 기존의 환경호르몬을 대체하여 제품을 생산할 수 있는 물리적, 기계적 특성이 확보되면서 기존 환경호르몬 물질들보다 내분비계 교란 활성이나 세포 독성, 생체 독성 등에서 훨씬 좋은 성적을 내는 물질을 말한다. 이러한 연구 개발을 거쳐 선발된 원료 물질을 이용하여 생산된 생활 화학 제품들은 인간과 생태계에 조금 덜 해로운 영향을 미치게 되는 것이다.

또한 연구 개발 사이클이 반복된다면 안전성에 관련된 누적 효과가 상당한 수준에 이르게 되고 큰 염려 없이 사용해도 될 수 있는 수준의 생활 화학 제품들이 나오는 것이다. 이런 연구 개발의 성과는 인간과 생태계에서 환경호르몬의 피해를 완전히 없애기보다는 최소화하는 데 기여하고, 더 안전한 소비를 촉진하게 되므로 제조업체에게는 이익이 되는 기술이 된다.

그동안 작은 기술적 진보가 시장의 구조를 바꾸는 것을 여러 번 보아 왔다. 혁신적 기술이 아니어도 안전성에 관한 기술적 진보는 소비자의 마음을 바꾸는 것이다. 능동적으로 이런 개발 활동에 참여한 기업은 살아남겠지만 법의 테두리 안에서 아직 규제가 없다는 이유로 여전히 환경호르몬을 원료로 제품을 생산하는 기업들은 결국 시장에서 외면받게 될 것이다. 필자는 이러한 연구 개발 방향이 국민의 안전과 기업의 수익, 일자리 창출을 담보하는 시너지가 있는 활동이라 생각한다.

바디버든을 줄일 수 있는 현명한 법과 제도가 필요

내분비계 교란물질에 대한 위해성은 갑자기 나타나는 것이 아니고 장기간에 걸쳐 서서히 나타난다. 심지어는 당대에 모르고 넘어갔다가 자녀 세대에서 확인하게 될 수도 있다. 이런 특성 때문에 건강이나 질병 관련 문제가 발생하였을 때 내분비계 교란물질과의 관련성을 입증하기 어려운 한계가 있다. 유해 물질이 검출된 제품을 생산하는 기업은 허용 기준치보다 낮은 농도로 사용했다거나 국내에 허용 기준이 없다는 점을 들어 문제가 없다고 주장한다. 내분비계 장애를 유발할 우려가 있는 생활용품을 일상적으로 사용하는 소비자 입장에서는 '유해하다는 확정적인 증거가 없다'거나 '허용 수준 이내이기 때문에 안전하다'는 기업이나 정부의 발표에 신뢰가 가지 않는다. 이런 사례들에서 내분비계 교란물질 등 유해 물질을 관리하는 법과 제도의 한계가 드러난다.

화학 물질의 생산과 유통이 국가경제와 일자리 창출에 기여하는 규모는 매우 크다. 따라서 금지일색으로 내분비 교란 등 유해한 것으로 추정되는 화학 물질의 생산과 유통을 제한하게 될 경우 마땅히 사용할 제품을 찾지 못한 국민들은 큰 혼란에 빠지게 될 것이며 국가경제에도 충격이 생길 것이다. 따라서 내분비계 교란물질 등 유해 물질을 적절히 관리할 수 있는 현명한 법과 제도의 운용이 중요하다. 그 입법의 방향은 화학 물질의 안전성에 대한 기준을 점진적으로 강화하는 방향으로 나가야 할 것이다. 또한 기술적으로 대체할 수단이 없거나 대체가 가능하더라도 대체 원료나 최종 제품의 가격이 너무 비싸다면 소비가 부담스럽게 될 것이고, 결국 효과적인 대체가 불가능해진다. 또한 사회적 약자들은 내분비계 교란물질 등 유해 화학 물질의 공격에 취약한 계층으로 전락하게 될 것이므로 2차적으로 사회 갈등 요인이 될 수 있다.

따라서 국가는 대체재의 개발과 생산, 유통에 적극적으로 개입하고 대체재의 가격이 크게 부담스럽지 않은 수준이 될 수 있도록 재정적 지원과 함께 법제도적으로 지원이 가능한 구조를 보유해야 할 것이다. 생활 화학 제품들 중 일상적으로 꼭 소비해야 하는 제품들의 경우 소비자 또는 생산자인 기업에 대한 연구 개발 지원을 통해 보다 안전하고 저렴한 제품의 생산과 소비가 가능하도록 하는 지혜가 필요하다.

필자는 과학자로서 내분비계 교란을 유발하는 물질을 대체하여 교란 효과가 없거나 저감된 대체 물질 개발의 필요성을 절감하고 있다. 이미 수년 전부터 국가는 이러한 필요성을 알고 연구 개발을 지원하기 시작했다. 안전한 대체재들을 생산하기 위해서는 연구 개발 비용이 새로 들게 되므로 제품 가격이 높아질 수 있다.

좋은 대체재는 우리 국민들만 쓰고 끝나는 것이 아니다. 세계적인 시장이 열리는 것이다. 멀리 내다보면 바디버든을 줄이는 대체재 생산 기술은 새로운 경제적 가치를 만들어 내고 기존의 바디버든 원인 물질들을 시장에서 퇴출시키게 될 것이다. 이는 새로운 경제의 창출과 일자리를 만들어 내게 될 테니 아주 좋은 일이다.

정부도 환경호르몬에 대한 평가와 관리를 해야 하며, 공급자도 환경호르몬이 들어간 제품을 만들지 않아야 한다. 생활 화학 용품들에 대해서 전체 성분 표시제를 포함한 안전성 정보를 공개하는 것과 더불어 제품이 유통되기 이전에 위험한 유해 화학 물질을 원천적으로 차단할 수 있는 제품 모니터링의 확대가 시급하다.

법제도를 연구하는 학자나 입안하는 정책자들은 이런 점을 충분히 고려하여 바디버든을 유발할 가능성이 있는 화학 물질들의 생산과 이들을 이용하여 만드는 화학 제품들에 대한 균형감 있는 법제도의 정비와 지혜로운 운영이 필요한 시대이다. 이렇게 사회 전체가 움직일 때 환경호르몬과 같은 유해 화학 물질의 바디버든과 대물림되는 고리를 끊을 수 있다.

불편을 선택하는 용기

어머니 자궁 속에서 환경호르몬을 처음 만났다.

태어나서 먹은 엄마의 젖, 알고 보니 환경호르몬 밀크였다.

어릴 때 만지며 놀던 프탈레이트 범벅 장난감과 학용품,

비오는 날 쓰고 다니던 알록달록한 우산과 장화.

한 번도 그것들을 의심해 보지 않았다.

나는 늘 피곤하고 주의력이 떨어져 공부하기 싫어졌고,

짜증을 내는 나쁜 아이가 되었다.

어릴 때부터 지금까지 먹어 온 일회용 용기 속의

가공식품과 통조림 식품들, 그 속의 환경호르몬과

방부제에 대해 생각해 본 적이 없다.

결혼했으나 아이가 생기지 않아 찾아간 병원에서 원인 미상의

비유전성 정자감소증이란 진단을 받았다.

한 번도 내가 생각해 본 적 없던, 걱정해 본 적 없던
환경호르몬 때문인가? 처음으로 진지하게 생각해 보았다.
적당한 운동과 충분한 휴식, 균형 잡힌 식사를 하고 노력 끝에
시험관 아기 시술을 통해 자녀를 얻었다.
내 자녀만큼은 안전하게 키우기 위해 노력하고 있다.
그런데 이제 알고 나서 주위를 보니 도처에 환경호르몬이다.
나도 모르게 독성 물질이 쌓였고, 앞으로도 쌓여 갈 것이다.
물질적으로 풍요한 오늘날 편리함만 생각해 다른 걸 전혀 생각하지
않았다.
불편해질 용기가 필요하다. 환경 독성 물질의 다이어트.
나와 후손의 행복을 보장하는 유일한 길이다.

참고자료

1　윙스프레드 선언, 1991(Statement from the work session on chemically-induced alterations in sexual development: the wildlife/human connection)

2　CDC, National Report on Human Exposure to Environmental Chemicals

3　여성환경연대, 2016, 〈영수증 비스페놀 검출시험보고서〉

4　Hormann et al., 2014. Holding thermal receipt paper and eating food after using hand sanitizer results in high serum bioactive and urine total levels of bisphenol A(BPA). PLoS One 9.10:e110509

5　Liu et al., 2017. Prolonged Exposure to Bisphenol A from Single Dermal Contact Events. Environ. Sci. Technol., 2017, 51:9940 – 9949

6　〈뉴시스〉 "수도관 시공 원료는 비스페놀A" 2010.08.13

7　Yang et al., 2011. Most plastic products release estrogenic chemicals. Environ Health Perspect 119:989-996

8　Patisaul et al., 2009. Impact of neonatal exposure to the ERa agonist PPT, bisphenol-A or phytoestrogens on hypothalamic kisspeptin fiber density in male and female rats. Neurotoxicology, 30:350-357

9　Kim et al., 1990. Determination of potential migrants from commercial amber polyethylene terephthalate bottle wall. Pharm Res 7:176-179

10　〈조선일보〉 " '대한민국 쓰레기 대란' 중국 때문만은 아니다?" 2018.04.02.

11　〈프레시안〉 "종이컵에 뜨거운 물? 세상에 이런 일이!" 2011.02.10.

12　Kubwabo et al., 2009. Migration of bisphenol A from plastic baby bottles, baby bottle liners and reusable polycarbonate drinking bottles. Food Addit Contam Part A Chem Anal Control Expo Risk Assess. 26:928-937

13　Zhang et al., 2017. Fluorene-9-bisphenol is anti-oestrogenic and may cause adverse pregnancy outcomes in mice. Nature Communications 8:14585

14　Kim et al., 1990. Determination of potential migrants from commercial amber polyethylene terephthalate bottle wall. Pharm Res 7:176-179

15　Most Plastic Products Release Estrogenic Chemicals: A Potential Health Problem That Can Be Solved, 2011, doi: 10.1289/ehp.1003220

16　KBS 〈소비자고발〉 97회 "집중점검! 생수, 믿고 먹어도 되나" 2009.05.20.

17　Polyethylene terephthalate may yield endocrine disruptors, 2010, doi: 10.1289/

ehp.0901253

18   Antimony leaching from polyethylene terephthalate(PET) plastic used for bottled drinking water(https://doi.org/10.1016/j.watres.2007.07.048)

19   Osimitz et al., 2012. Lack of androgenicity and estrogenicity of the three monomers used in Eastman's Tritan™ copolyesters. Food Chem Toxicol 2012 50:2196-2205

20   Jang & Ji, 2015. Effect of chronic exposure to two components of Tritan copolyester on Daphnia magna, Moina macrocopa, and Oryzias latipes, and potential mechanisms of endocrine disruption using H295R cells. Ecotoxicology. 24:1906-1914

21   〈중앙일보〉 "굴, 게 체내에 미세플라스틱 검출확인" 2017.10.12.

22   〈JTBC〉 "국내 해산물서 미세플라스틱… 인체 영향 우려" 2017.10.12.(http://news.jtbc. joins.com/html/017/NB11533017.html)

23   〈orb Media〉 "INVISIBLES: The Plastic Inside Us"(https://orbmedia.org/stories/ Invisibles_plastics)

24   〈조선일보〉 "내 몸속에도 미세 플라스틱이?" 2018.10.24.(http://biz.chosun.com/site/ data/html_dir/2018/10/24/2018102400023.html)

25   Park et al., 2015. Association between phthalates and externalizing behaviors and cortical thickness in children with attention deficit hyperactivity disorder. Psychological Medicine 45.8:1601-1612

26   Kim et al., 2017. The effects of postnatal phthalate exposure on the development of auditory temporal processing in rats. International Journal of Pediatric Otorhinolaryngology 97:61-65

27   〈연합뉴스〉 "유해 물질 검출 어린이 제품 리콜 명령 받고도 회수율 낮아" 2017.09.17.; 〈아시아경제〉 "요가매트서 가소제 검출 '충격'…불임 · 조산 유발" 2017.08.29.

28   Migration of chemical compounds from packaging polymers during microwave, conventional heat treatment, and storage/ DOI: 10.1111/1541-4337.12028

29   Chronic toxicity studies on two epoxidized soybean oils in the rat and dog, https://doi. org/10.1016/0041-008X(60)90083-1

30   한국산업안전공단 산업안전보건연구원, 〈Perfluorooctanoic acid(PFOA)의 생식독성 작용 기전 규명 연구〉, 2007 연구보고서

31   The Madrid Statement on Poly- and Perfluoroalkyl Substances(PFASs), 2015, The Green Science Policy Institute

32   식약처, 〈과불화화합물에 대한 Q&A〉, 2017

33   박찬진 등, 2015. 〈내분비계 교란물질 대체소재의 안전성〉. 《환경생물》 33.4:361-374

34   〈연합뉴스〉 "환경호르몬 '프탈레이트'수혈세트에 사용 못한다" 2018.02.04.

35   김과 계, 2017. 〈프탈레이트의 유해성과 대체재 현황〉. 《환경생물》 35.1:21-36

36   Chen et al., 2018. Association between fetal exposure to phthalate endocrine disruptor and genome-wide DNA methylation at birth. Environ Res 2162:261-270

37   〈JTBC〉 "식약처, 아모레 등 '중금속 기준 위반' 화장품들 회수 조치" 2018.03.19

38   http://premium.chosun.com/site/data/html_dir/2014/08/21/20140821 02901. html?Dep0=twitter

39   Henley, Derek V., et al., 2007. Prepubertal gynecomastia linked to lavender and tea tree oils. New England Journal of Medicine 3 56.5:479-485

40   Chemicals in lavender and tea tree oil appear to be hormone disruptors, Endocrine Society, 2018.03.17.

41   GREENPEACE International. Dirty Laundry 2: Hung Out to Dry, 2011.07.13.

42   〈연합뉴스〉 "어린이날 코앞… 중금속 장난감 · 옷 조심" 2018.05.03.; 〈컨슈머와이드〉 "일부 유명 아동복.. 프탈레이트가소 제 · 납 · PH 등 무더기 초과 검출" 2018.05.04.

43   https://www.ewg.org/skindeep/

44   Yang et al., 2013. Inhalation toxicity of humidifier disinfectants as a risk factor of children's interstitial lung disease in Korea: a case-control study. PloS One 8.6:e64430

45   〈MBC NEWS〉 "'3차 흡연' 도 문제. 밖에서 피웠어도 옷에 유해 물질 잔존" 2014.07.08.

46   Merritt et al., 2012. The impact of second-hand tobacco smoke exposure on pregnancy

outcomes, infant health, and the threat of third-hand smoke exposure to our environment and to our children. Przegl Lek 69:717-20

47 Joehanes et al., 2016. Epigenetic signatures of cigarette smoking. Clinical Perspective. Circulation: Cardiovascular Genetics 9.5:436-447

48 〈시사저널〉 "울산 '암 발생' 왜 많나 했더니…석유 화학업체 '벤젠' 마구 배출" 2017.11.04.

49 〈연합뉴스〉 "뜨거운 여름 실외 어린이놀이터서 오래 놀면 고농도 톨루엔 노출" 2017.05.15.

50 http://www.mfds.go.kr/index.do? mid=675&seq=40034&sitecode=1&cmd=v

51 Sarkar et al., 2016. Effect of polybrominated diphenyl ether(BDE-209) on testicular steroidogenesis and spermatogenesis through altered thyroid status in adult mice. Gen Comp Endo 239:50-61

52 Lam et al., 2017. Developmental PBDE exposure and IQ/ADHD in childhood: A systematic review and meta-analysis. Environ Health Perspect 125:086001

53 〈부산일보〉 "방학기간 학교 석면 '엉터리 철거' 여전" 2018.01.17. (http://news20.busan.com/controller/newsController.jsp? newsId=20180117000311)

54 〈헤럴드경제〉 "MSG · 천일염 혼합 사용하면 나트륨 섭취량 대폭 줄일 수 있다" 2017.04.05.

55 〈경향신문〉 "미국산 쇠고기, 발암성 성장촉진제 검출" 2017.11.29.

56 http://news.mt.co.kr/mtview.php?no=2018020111294812205

57 위키백과 https://ko.wikipedia.org/w/index.php?title=%EB%AF%B8%EB%82%98%EB%A7%88%ED%83%80_%EB%B3%91&oldid=20673865

58 〈경향신문〉 "원인 모르는 '불임' 많다…3쌍 중 1쌍은 글쎄요…" 2007.03.04.

59 미국 질병통제예방센터, CDC, Known Health Effects for DES Daughters

60 Hsieh et al., 2005. Prolonged menstrual cycles in female workers exposed to ethylene glycol ethers in the semiconductor manufacturing industry. Occupational and Environmental Medicine 62.8:510-516; Blatter and Zielhuis, 1993. Menstrual disorders due to chemical exposure among hairdressers. Occupational Medicine 43.2:105-106

61 Hiroi et al., 2004. Differences in serum bisphenol a concentrations in premenopausal normal women and women with endometrial hyperplasia. Endocrine Journal 51.6:595-600

62 건강보험공단 2012 자료

63 〈한겨레〉 "정자 수 감소로 인류 멸종 위기" 2017.07.26.

64 〈동아일보〉 "난임 남편 4년 새 50% 증가. 정자 기증 지침 없어 음성거래도" 2017.10.13.

65 Balabanic et al., 2011. Negative impact of endocrine-disrupting compounds on human reproductive health. Reproduction, Fertility and Development 23.3:403-416; Patel et al., 2015. Effects of endocrine-disrupting chemicals on the ovary. Biol Reprod 93.1:1-9

66 Schug et al., 2011. Endocrine disrupting chemicals and disease susceptibility. J Steroid Biochem Mol Biol 127.3-5:204-215; Akingbemi and Hardy, 2009. Oestrogenic and antiandrogenic chemicals in the environment: effects on male reproductive health. Ann Medicine 33.6:391-403

67 Agarwal et al., 2005. Role of oxidative stress in female reproduction. Reprod Biol Endo 28.3:1477-7828; Vitale et al., 2009. Gender differences in the cardiovascular effect of sex hormones. Nature Reviews Cardiology 6:532 - 542

68 Lao et al., 2018. Exposure to ambient fine particulate matter and semen quality in Taiwan. Occup Environ Med 75:148-154

69 〈나우뉴스〉 "대기오염이 불러온 中 남성 정자 위기" 2016.12.02.

70 Lin et al., 2008. Sperm chromatin structure assay parameters are not related to fertilization rates, embryo quality, and pregnancy rates in in vitro fertilization and intracytoplasmic sperm injection, but might be related to spontaneous abortion rates. Fertility and Sterility 90.2:352-359; Zidi-Jrah et al. 2016. Relationship between sperm aneuploidy, sperm DNA integrity, chromatin packaging, traditional semen parameters, and recurrent pregnancy loss. Fertility and Sterility 105.1:58-64

71 Hauser et al. 2006. DNA damage in human sperm is related to urinary levels of phthalate monoester and oxidative metabolites. Human Reproduction 22.3:688-695

72 Park et al., 2012. Butyl paraben-induced changes in DNA methylation in rat epididymal

spermatozoa. Andrologia 44(Suppl 1):187-193

73   Keelan et al., 2018. Intrauterine inflammatory activation, functional progesterone withdrawal, and the timing of term and preterm birth. J Reprod Immunol 125:89-99

74   Chu et al., 2018. Low-dose bisphenol A activates the ERK signaling pathway and attenuates steroidogenic gene expression in human placental cells. Biol Reprod 98:250-258

75   Li et al., 2016. Chronic exposure to bisphenol a impairs progesterone receptor-mediated signaling in the uterus during early pregnancy. Receptors Clin Investig 3:3; Li et al., 2016. Chronic exposure to bisphenol A affects uterine function during early pregnancy in mice. Endocrinology 157:1764-1774

76   Peng et al., 2016. A study on phthalate metabolites, bisphenol A and nonylphenol in the urine of Chinese women with unexplained recurrent spontaneous abortion. Environ Res 150:622-628

77   Mu et al., 2015. Levels of phthalate metabolites in urine of pregnant women and risk of clinical pregnancy loss. Environ Sci Technol 49:10651-10657

78   Wen et al., 2017. Prenatal and childhood exposure to phthalate diesters and sex steroid hormones in 2-, 5-, 8-, and 11-year-old children: A pilot study of the Taiwan Maternal and Infant Cohort Study. J Epidemiol 27:516-523

79   Delbès et al., 2006. Estrogen effects on fetal and neonatal testicular development." Reproduction 132.4:527-538

80   Patisaul & Adewale, 2009. Long-term effects of environmental endocrine disruptors on reproductive physiology and behavior. Frontiers in Behavioral Neuroscience 3:10

81   천주홍 등, 2010. 〈소아비만과 주의력결핍/과잉행동장애의 연관성〉, 《Korean Journal of Family Medicine》, 가정의학회지 Vol. 31, No. 11 Nov 2010

82   〈한국경제〉 "소아비만과 ADHD, 어떤 상관관계가 있을까?" 2015.01.28.

83   〈한국경제〉 "키 성장 방해하는 성조숙증, 유방암 원인 될 수도 " 2015.04.01.

84   Balzer et al., 2015. The effects of estradiol on mood and behavior in human female adolescents: a systematic review. Eu J Pediat 174.3:289-298

85   박기원 원장 외, 2012, 《학교폭력 눈높이 선도》, 한국경제신문

86   B.-N. Kim et al., 2015, Association between phthalates and externalizing behaviors and cortical thickness in children with attention deficit hyperactivity disorder, Psychological Medicine, Volume 45, Issue 8(June 2015), pp.1601-1612

87   Jane Houlihan et al., 2005, Body Burden: The Pollution in Newborns, Environmental Working Group, July 14, 2005

88   Jin et al., 2016. Exposure of methyl mercury in utero and the risk of neural tube defects in a Chinese population. Reprod Toxicol. 2016; 61:131-5

89   〈조선일보〉 "몸에 쌓인 중금속이 당뇨병 위험 높인다" 2018.05.04. (http://health.chosun.com/site/data/html_dir/2018/05/03/20180503 03539.html)

90   〈의학신문〉 "'갑상선 기능 저하증' 태아 뇌 발달 영향" 2010.10.05.

91   Aung et al., 2017. Thyroid hormone parameters during pregnancy in relation to urinary bisphenol A concentrations: A repeated measures study. Environ Int 104:33-40

92   한국환경보건학회 심포지엄(헬스조선 http://health.chosun.co.kr/site/data/html_dir/2007/05/28/2007052800846.html)

93   Maher et al., 2016. Magnetite pollution nanoparticles in the human brain. PNAS 113.39:10797-10801

94   Richardson et al., 2014. Elevated serum pesticide levels and risk for Alzheimer disease. JAMA Neurology 71.3:284-290

95   Richardson et al., 2009. Elevated serum pesticide levels and risk of Parkinson disease. Arch Neurol 66:870-875

96   Li et al., 2015. Common pesticide, dichlorodiphenyltrichloroethane(DDT), increases amyloid- β levels by impairing the function of ABCA1 and IDE: Implication for Alzheimer's disease. J Alzheimers Dis. 46:109-122

97   Richardson et al., 2014. Elevated serum pesticide levels and risk for Alzheimer disease.

JAMA Neurol. 71:284-290

98   Gong et al., 2013. Bisphenol A accelerates toxic amyloid formation of human islet amyloid polypeptide: a possible link between bisphenol A exposure and type 2 diabetes. PloS one 8.1:e54198

99   Park et al., 2015. Association between phthalates and externalizing behaviors and cortical thickness in children with attention deficit hyperactivity disorder. Psychological Medicine 45.8:1601-1612

100   Lyall et al., 2017. Polychlorinated biphenyl and organochlorine pesticide concentrations in maternal mid-pregnancy serum samples: association with autism spectrum disorder and intellectual disability. Environ mental Health Perspectives 125.3:474

101   Tanabe et al., 1982. Transplacental transfer of PCBs and chlorinated hydrocarbon pesticides from the pregnant striped dolphin(Stenella coeruleoalba) to her fetus. Agricultural and Biological Chemistry 46.5:1249-1254

102   Fair et al., 2010. Contaminant blubber burdens in Atlantic bottlenose dolphins(Tursiops truncatus) from two southeastern US estuarine areas: Concentrations and patterns of PCBs, pesticides, PBDEs, PFCs, and PAHs. Sci Total Environ 408.7:1577-1597

103   Choi et al., 2017. Current status of organochlorine pesticides(OCPs) and polychlorinated biphenyls(PCBs) exposure among mothers and their babies of Korea-CHECK cohort study. Sci Total Environ 618:674-681

104   〈연합뉴스〉 "태아에게 환경호르몬 전달하는 주범은 '제대혈'" 2015.06.17.

105   〈SBS 뉴스〉 "모유 속 실리콘 성분 맞다…중금속 11종 첫 검출. 파열된 실리콘젤 보형물 아기가 먹었는데…안전할까?" 2017.03.07.

106   Radford et al., 2014. In utero undernourishment perturbs the adult sperm methylome and intergenerational metabolism. Science 345.6198:1255903

107   Sahu ed. 2016. Stem Cells in Toxicology and Medicine. John Wiley & Sons

108   Chamorro-Garcia & Bruce, 2014. Transgenerational effects of obesogens and the obesity epidemic. Current Opinion in Pharmacology 19:153-158

109   Ariemma, Fabiana, et al., 2016. Low-dose bisphenol-A impairs adipogenesis and generates dysfunctional 3T3-L1 adipocytes. PLoS One 11.3: e0150762

110   Lee et al., 2008. Can persistent organic pollutants explain the association between serum γ-glutamyltransferase and type 2 diabetes? Diabetologia 51.3:402-407

111   Lee et al., 2010. Low dose of some persistent organic pollutants predicts type 2 diabetes: a nested case – control study. Environ Health Pers 118.9:1235

112   The conversation, Agent Orange, exposed: How U.S. chemical warfare in Vietnam unleashed a slow-moving disaster. 2017.10.04

113   〈New Scientist〉 "Sperm age calculator tells men how decrepit their sperm are" 2017.10.13.

114   〈중앙선데이〉 "이정모의 자연사 이야기 지구 생물 6번째 대멸종, 산업혁명과 함께 시작됐다" 2014.12.28.

115   Fry & Toone, 1981. DDT-induced feminization of gull embryos. Science 4510:922-924

116   〈SBS 뉴스〉 "수컷이 암컷으로 변해…환경호르몬의 공포" 2007.03.10.

117   〈중앙일보〉 "고등 암컷 사라져" 2002.11.27.

118   Kovekovdova et al., 2017. Toxic and active elements(Fe, Zn, Cu, Hg, As, Cd, Pb, Se, Mn) in tissues and organs of gray whales and pacific walrus harvested in the Mechigmensky bay(western Bering sea, RUSSIA), 2008-2016. IWC Scientific Committee Meeting, At Bled, Slovenija 09-23 May 2017, Volume: 67a, SC/67A/E/08

119   Damian Carrinton, 2017.03.02, UK killer whale died with extreme levels of toxic pollutants, The Guardian

120   Cai & Calisi, 2016. Seasons and neighborhoods of high lead toxicity in New York City: The feral pigeon as a bioindicator. Chemosphere 161:274-279

121   〈SBS스페셜 481화〉 "바디버든-독성유전" 2017.03.05.

122   Lea et al., 2016. Environmental chemicals impact dog semen quality in vitro and may be associated with a temporal decline in sperm motility and increased cryptorchidism. Sci

Rep 6:31281

123   Insecticide Exposure: Creating Higher Risk for Diabetes. Chronobiology.com. 2017-01-27

124   Kang et al., 2010. Effect of carbaryl on survival and development in Bombina orientalis(Boulenger) embryos. Bull Environ Cont Toxicol 84.5:550-553

125   Kang, et al., 2016. The incidence of abnormalities in the fire-bellied toad, Bombina orientalis, in relation to nearby human activity. Journal of Ecology & Environment 39.1

126   〈연합뉴스〉 "난방제품에 대한 규정이 없기 때문에 PVC 바닥재 안전기준이 적용. 전기장판에서 기준치 250배 넘는 환경호르몬 검출" 2018.01.16.

127   송 등, 2017. 〈비스페놀류의 사용 현황과 위해성〉. 《환경생물》 35:581-594

128   〈시사저널〉 "침묵의 살인자 라돈, 유치원도 덮쳤다" 2018.05.04.

129   〈SBS 뉴스〉 "라돈침대 리콜 시작됐지만 소비자는 여전히 불안" 2018.05.08.

130   〈프레시안〉 "환경호르몬 걱정 없는 '착한' 컵라면을 찾습니다. 시중 컵라면 친환경 인증 '無'…플라스틱 재질도 여전" 2007.10.16.

131   〈SBS 뉴스〉 "참기름 묻으면 깨져요. 황당한 냉장고 선반" 2017.04.24.

132   〈KBS 뉴스 12 이지연의 톡톡매거진〉 "뜨거운 물 담긴 종이컵, 과연 건강엔?" 2014.02.11.

133   국립환경과학원, 소변 중 비스페놀A 노출 수준 및 관련 식품 섭취빈도의 연관성(http:// nocutnews.co.kr/news/4543523#csidx5dfd6ecd38d16a9a36b912ddc1aa00e)

134   UV Properties of Plastics: Transmission and Resistance (https://www.coleparmer.com/ tech-article/uv-properties-of-plastics)

135   Al-Saleh et al., 2011. Phthalates residues in plastic bottled waters. J Toxicol Sci 36.4:469-478

136   Pourzamani et al., 2017. Freeze – melting process significantly decreases phthalate ester plasticizer levels in drinking water stored in polyethylene terephthalate(PET) bottles. Water Science and Technology: Water Supply 17.3:745-751

137   Al-Saleh et al., 2011. Phthalates residues in plastic bottled waters. J Toxicol Sci 36.4:469-478

138   Yang et al., 2011. Most plastic products release estrogenic chemicals; a potential health problem that can be solved. Environ Health Perspectives 119.7:989; Bittner et al., 2014. Chemicals having estrogenic activity can be released from some bisphenol A-free, hard and clear, thermoplastic resins. Environmental Health 13.1:103

139   Cooper JE, Kendig EL, Belcher SM. 2011. Assessment of bisphenol A released from reusable plastic, aluminium and stainless steel water bottles. Chemosphere. 85:943-947

140   〈MBC 뉴스〉 "통조림 캔 가열하면 환경호르몬 검출. 주의 필요" 2014.02.22.

141   Pizza boxes could harm human health, Rupert Neate, The Telegraph, 2008.07.23

142   오정민 등, 2012. 〈식품 포장재로서 재활용 및 비재활용 종이 상자의 안전성 분석〉. 《한국포장 학회지》. 18.1:27-32

143   식품안전정보원, 2017. 〈식품안전정책 조사보고서 2017-04 식품용 기구용기포장 관리제도〉

144   소비자안전센터, 2015. 〈식품포장재 안전실태조사〉

145   김일영 등, 2013. 〈식품 포장재 중의 퍼플루오로옥탄설포네이트 분석〉. 《한국식품위생안전성학회지》 Vol.28, No.4, pp.376~380

146   Provisional Health Advisories for Perfluorooctanaoic Acid(PFOA) and Perfluorooctyl Sulfonate(PFOS), 2009

147   http://health.chosun.com/site/data/html_dir/2018/04/05/2018040503105.html

148   〈머니투데이〉 "내가 먹은 해장국, 환경호르몬 범벅이라고?" 2018.02.02.

149   FAQs about aluminium in food and products intended for consumers, 2015.02.20.(http:// www.bfr.bund.de/en/faqs_about_aluminium_in_food_and_products_intended_for_consumers-191148.html)

150   Vorsicht mit der Alufolie, Aluminium aus Folien kann in bedenklicher Menge in Lebensmittel übergehen, scienxx.de, 2015.06.29.(http://www.scinexx.de/wissen-aktuell-19016-2015-06-29.html/)

151   〈헬스조선〉 "폐암 여성 90%가 비흡연자… '요리 매연'이 주요 원인" 2017.11.01.(http:// health.chosun.com/site/data/html_dir/2017/11/01/2017110100242.html)

152 녹색소비자연대. 2014, 〈실리콘주방용품 9개 가운데 2개 제품 표시사항에 기재된 내열온도 에서 변형, 변색이 나타나. 화학 물질의 잔류 및 용출 시험에서는 모두 적합〉 2014.11.10

153 〈헬스조선〉 "일주일에 2번 이상 연어 · 고등어 섭취, 조기사망 위험 낮춘다" 2018.03.19.

154 Blanchet et al., 2005. Fatty acid composition of wild and farmed Atlantic salmon(Salmo salar) and rainbow trout(Oncorhynchus mykiss). Lipids 40.5:529-531

155 Farmed salmon has 'more fat than pizza', The Telegraph, By Rebecca Smith, Medical Editor, 2014.09.14

156 Foran et al., 2005. Quantitative analysis of the benefits and risks of consuming farmed and wild salmon. The Journal of Nutrition 135.11:2639-2643

157 Krewski et al., 2008. Human health risk assessment for aluminium, aluminium oxide, and aluminium hydroxide. J Toxicology Environmental Health B Crit Rev 11:147

158 〈시사인〉 "밀가루 · 커피 · 당면 등 알루미늄 함량 유럽 기준치 초과" 2015.12.17.

159 〈헬스경향〉 "명반 등 알루미늄 함유 식품첨가물 사용량 제한된다" 2017.12.26.

160 Dolan et al., 2010. Naturally occurring food toxins. Toxins 2.9:2289-2332

161 〈뷰티한국〉 "화장품 사용연령대 낮아지고 있다" 2017.06.19.

162 Jenner et al., 1972. Hormonal changes in puberty: IV. Plasma estradiol, LH, and FSH in prepubertal children, pubertal females, and in precocious puberty, premature thelarche, hypogonadism, and in a child with a feminizing ovarian tumor. J Clin Endo Metabol 34.1:521-530

163 〈SBS 뉴스〉 "미세먼지, 젊은 층 조기치매 부른다" 2018.04.02.; 〈중앙일보〉 "미세먼지의 건 강 악영향 6개, 예방수칙 6개" 2018.04.14.

164 Ha et al., 2018. Ambient air pollution and the risk of pregnancy loss: a prospective cohort study. Fertility and Sterility 109.1:148-153

165 식약처. 2017. 〈임신 · 수유 여성과 어린이를 대상으로 생선안전섭취 가이드〉

166 http://www.nier.go.kr/NIER/cop/bbs/selectNoLoginBoardArticle.do? menuNo=16002&bbsId=BBSMSTR_000000000330&nttId=15405&Command=READ

167 B.-N. Kim et al., 2015, Association between phthalates and externalizing behaviors and cortical thickness in children with attention deficit hyperactivity disorder, Psychological Medicine, Volume 45, Issue 8(June 2015), pp.1601-1612

168 http://www.hani.co.kr/arti/society/environment/815581.html#csidx4c861c72cb4433 3892d4c4c9ba8c51c

169 Chung RT. 2017. Detoxification effects of phytonutrients against environmental toxicants and sharing of clinical experience on practical application. Environmental Science and Pollution Research 24:8946-8956

170 Romagnolo et al., 2016. Epigenetics of breast cancer: Modifying role of environmental and bioactive food compounds. Mol Nutr Food Res 60:1310-1329

171 Mínguez-Alarcón et al., 2016. Dietary folate intake and modification of the association of urinary bisphenol A concentrations with in vitro fertilization outcomes among women from a fertility clinic. Reprod Toxicol 65:104-112

172 WHO. State of The Science of Endocrine Disrupting Chemicals. 61

이미지 출처

45 Photo by Oregon State University(CC BY-SA 2.0: https://www.flickr.com/photos/orego nstateuniversity/21282786668)

46 The 5 Gyres Institute 제공

136 CC-BY-SA 3.0 [CC BY-SA 3.0 de (https://creativecommons.org/licenses/by-sa/3.0/de/ deed.en)], via Wikimedia Commons

170 CC BY 2.0 , via Wikimedia Commons: https://commons.wikimedia.org/wiki/ File:Albatross_at_Midway_Atoll_Refuge_(8080507529).jpg

화학 물질의 습격
위험한 시대를 사는 법

1판 1쇄 2018년 12월 7일 발행
1판 5쇄 2023년 7월 1일 발행

지은이 · 계명찬
펴낸이 · 김정주
펴낸곳 · ㈜대성 Korea.com
본부장 · 김은경
기획편집 · 이향숙, 김현경
디자인 · 문 용
외주디자인 · 디자인비스
영업마케팅 · 조남웅
경영지원 · 공유정, 임유진

등록 · 제300-2003-82호
주소 · 서울시 용산구 후암로 57길 57 (동자동) ㈜대성
대표전화 · (02) 6959-3140 | 팩스 · (02) 6959-3144
홈페이지 · www.daesungbook.com | 전자우편 · daesungbooks@korea.com

© 계명찬, 2018
ISBN 978-89-97396-86-3 (03330)
이 책의 가격은 뒤표지에 있습니다.

이 도서의 국립중앙도서관 출판예정도서목록(CIP)은 서지정보유통지원시스템 홈페이지
(http://seoji.nl.go.kr)와 국가자료공동목록시스템(http://www.nl.go.kr/kolisnet)에서
이용하실 수 있습니다. (CIP제어번호: CIP2018037333)